DROIT PUBLIC ET PRIVÉ

LA NATIONALITÉ

(DROIT INTERNE)

COMMENTAIRE DE LA LOI DU 26 JUIN 1889

SUIVI DE MODÈLES ET DE FORMULES

ACCOMPAGNÉ DE TABLES ALPHABÉTIQUE ET ANALYTIQUE

PAR MM.

L. LE SUEUR

Docteur en droit
Attaché au Ministère de la Justice

Eug. DREYFUS

Docteur en droit
Attaché au Ministère de la Justice

OUVRAGE HONORÉ D'UNE SOUSCRIPTION DU MINISTÈRE DE LA JUSTICE

PARIS

A. DURAND ET PEDONE-LAURIEL, ÉDITEURS

LIBRAIRES DE LA COUR D'APPEL ET DE L'ORDRE DES AVOCATS

G. PEDONE-LAURIEL, Successeur

13, RUE SOUFFLOT, 13

1890

LA NATIONALITÉ

Imp. G. Saint-Aubin et Thevenot, St-Dizier (Hte-Marne), 30, Passage Verdeau, Paris.

DROIT PUBLIC ET PRIVÉ

LA NATIONALITÉ

(DROIT INTERNE)

COMMENTAIRE DE LA LOI DU 26 JUIN 1889

SUIVI DE MODÈLES ET DE FORMULES

ACCOMPAGNÉ DE TABLES ALPHABÉTIQUE ET ANALYTIQUE

PAR MM.

L. LE SUEUR

Docteur en droit
Attaché au Ministère de la Justice

Eug. DREYFUS

Docteur en droit
Attaché au Ministère de la Justice

OUVRAGE HONORÉ D'UNE SOUSCRIPTION DU MINISTÈRE DE LA JUSTICE

PARIS

A. DURAND ET PEDONE-LAURIEL, ÉDITEURS

LIBRAIRES DE LA COUR D'APPEL ET DE L'ORDRE DES AVOCATS

G. PEDONE-LAURIEL, Successeur

13, RUE SOUFFLOT, 13

1890

TABLE ANALYTIQUE

PRÉFACE

Nos travaux de chaque jour au Ministère de la justice (service du sceau) nous avaient amenés à étudier de près la matière si difficile de la nationalité. L'apparition d'une loi nouvelle, dont nous avions suivi avec soin la longue élaboration, et qui à coup sûr marquera la fin d'une étape dans l'histoire de la législation sur la nationalité, nous a paru donner quelque utilité à la publication d'une étude des règles nouvelles, où pouvait nous guider la connaissance des précédents et des travaux préparatoires.

Les solutions que contient cet ouvrage sont en général celles qu'admet la Chancellerie ; le plus souvent nous n'avons eu qu'à enregistrer les décisions qu'elle prend dans les questions du ressort de la pure administration qui lui sont soumises, et les avis qu'elle émet sur les questions de droit dont elle se trouve saisie et dont la solution définitive appartient exclusivement aux tribunaux de l'ordre judiciaire.

Mais, nous devons en prévenir le lecteur, nous ne nous sommes nullement crus tenus de défendre et d'adopter ces décisions ni ces avis, lorsqu'ils nous ont semblé critiquables ; il est des cas où nous avons enseigné une doctrine diamétralement opposée à celle que la Chancellerie a cru devoir suivre.

C'est ainsi que nous avons considéré comme *né en France d'un étranger qui lui-même y est né* — et comme par suite saisi par la nouvelle disposition de l'article 8 du code civil (n° 3 de la deuxième partie), — l'individu qui est né en France d'une mère qui y est née elle-même, mais d'un père né à l'étranger (p. 28), alors que le service du sceau ne paraît pas disposé, jusqu'à présent, à étendre l'application de la disposition précitée à cette hypothèse.

C'est ainsi encore que l'abrogation de la loi du 14 février 1882 nous a paru laisser dans la condition commune des étrangers — c'est-à-dire soumis à la nécessité de solliciter la naturalisation par décret pour devenir Français — les enfants des naturalisés encore mineurs au moment de la promulgation de la loi nouvelle (p. 90) : la Chancellerie a eu souvent l'occasion d'adopter une autre doctrine, d'après laquelle ces individus doivent être considérés comme devenus Français par la naturalisation de leurs parents (art. 12 § 3).

Le Ministère de la justice n'admet pas que les individus nés et domiciliés en France, majeurs avant le 26 juin 1889, mais se trouvant encore dans les délais impartis par la loi, puissent souscrire la déclaration de l'article 9 du code civil : nous croyons au contraire qu'ils doivent être autorisés à devenir Français par cette voie (p. 170).

La Chancellerie n'envisage pas comme déchu de la qualité de Français l'individu qui a pris du service militaire à l'étranger, étant encore mineur : l'opinion contraire nous a paru préférable (p. 195).

Au surplus, toutes ces questions sont de celles que le Département de la justice ne saurait trancher définitivement. Mais il est un dernier point, dans la matière même qui rentre exclusivement dans ses attributions, où nous avons préconisé une solution différente de celle qu'il applique : la Chancellerie accorde la réintégration à des ex-Français mineurs, qui se trouvent d'ailleurs dégagés de tout lien de sujétion envers le gouvernement duquel ils relèvent, tandis que la réintégration, qui constitue un véritable changement de nationalité, ne nous semble devoir être conférée à ce titre qu'à des individus majeurs (p. 208).

Telles sont, en l'état actuel, les seules divergences un peu graves que nous ayons à signaler. Nous avons cru devoir le faire, quoique leur importance soit bien relative, afin d'éviter toute cause d'erreur.

LA NATIONALITÉ

(LOI DU 26 JUIN 1889)

INTRODUCTION

La loi du 26 juin 1889 constitue aujourd'hui le code de la nationalité (1). Avant sa promulgation, les dispositions qui régissaient l'acquisition, la perte et le recouvrement de la qualité de Français, se trouvaient disséminées soit dans le code civil, soit dans des textes postérieurs, sans lien, sans cohésion entre eux. Le jurisconsulte s'orientait difficilement dans l'enchevêtrement de ces lois et ne parvenait qu'à grand peine à dégager les idées générales de la matière. La loi nouvelle présente d'ensemble les règles sur la nationalité ; elle a opéré leur réunion au code civil et facilité ainsi l'œuvre du juge et de l'interprète.

Mais cette loi n'a pas eu seulement pour but, en incorporant au code civil toute la législation relative à la nationalité, d'apporter en cette matière les bienfaits de la codification. Sa portée doctrinale est plus haute : elle consacre, en ce qui touche le fondement même de la nationalité, c'est-à-dire l'acquisition de la qualité de Français par la naissance, des innovations considérables.

L'esprit général qui a présidé à ces modifications essentielles doit être noté dès maintenant. Dans la pensée de son promoteur, cette loi devait être tout d'abord une loi d'ordre purement juridique, utile certainement, mais d'une utilité restreinte ; elle est devenue une loi d'ordre social, une loi de défense contre des dangers dont on a fait grand bruit dans ces dernières années, contre un dépeuplement menaçant, dû à des causes multiples et contre l'envahissement progressif d'une population étrangère.

---

(1) Le texte de cette loi est rapporté intégralement plus loin.

On avait songé à élever une digue contre cet envahissement en proposant des mesures restrictives, telles que l'établissement d'une taxe de séjour contre les étrangers (1). Cette digue eût peut-être résisté ; il est plus problable cependant qu'elle eût été rompue tôt ou tard ; en tout cas, l'autre mal dont nous souffrons n'en eût pas été moins aigu. Des esprits plus hardis ont pensé tout au contraire qu'on trouverait un remède plus efficace dans l'abaissement des barrières qui séparent de nous, non pas tous les étrangers, mais certains d'entre eux, fixés déjà dans notre pays, déjà français de mœurs, ou dont les dispositions natives permettraient d'espérer la prompte assimilation (2). Leur opinion l'a emporté ; toutes les décisions importantes de la loi du 20 juin 1889 se rattachent à cette préoccupation : fondre dans l'unité nationale le plus grand nombre possible des étrangers déjà francisés en fait.

Nous rencontrerons au cours de cette étude des manifestations fréquentes de cette idée.

Avant d'entreprendre l'exposé des dispositions de la loi, il convient, croyons-nous, de rappeler les précédents historiques et l'état de la législation antérieure ; on pourra ainsi se rendre un compte plus exact de la portée des innovations dont nous venons de signaler l'existence et apprécier plus sainement la valeur théorique et pratique de l'œuvre du législateur de 1889. Nous aurons ensuite à rechercher quels sont, d'après la législation nouvelle, les Français de naissance, en étudiant successivement l'influence de la filiation et celle de la naissance sur le territoire français, au point de vue de l'acquisition de la nationalité. Nous examinerons en troisième lieu tout ce qui touche la naturalisation, en traitant sous cette rubrique de la naturalisation par décret d'abord, puis de la naturalisation de faveur ou plus généralement des déclarations de nationalité. L'étude des règles relatives à l'acquisition de la nationalité française par le mariage viendra naturellement à la suite. Nous devrons enfin

(1) Cette proposition vient d'ailleurs d'être reprise. (V. les nᵒˢ 63, 81, 119, 124, 127 des distributions parlementaires, *Chambre des députés*, session de 1890). V. *infrà*.

(2) V. Leroy-Beaulieu, *Journal des Débats*, nᵒ du 1ᵉʳ juillet 1887.

commenter les textes concernant la perte et le recouvrement de la qualité de Français (1).

Une loi sur la nationalité entraîne nécessairement des conflits avec les législations étrangères. Les auteurs de la loi nouvelle n'ont pas tenté de les régler ; ils ont écarté de parti pris toutes les questions de droit international, estimant sans doute qu'on ne peut parvenir à leur donner législativement des solutions satisfaisantes, et, qu'en présence de l'infinie variété des lois étrangères, il est superflu d'entrer dans une autre voie d'arrangement que la voie diplomatique. Nous nous bornerons à l'examen presque exclusif des dispositions de la loi nouvelle au point de vue du droit interne ; cependant nous aurons l'occasion d'étudier avec quelque détail le mécanisme d'une institution nouvelle, le permis de naturalisation, que le législateur de 1889 a mis à la disposition du gouvernement et qui permettra de trancher certains conflits de lois dans un sens favorable aux intérêts généraux. Mais nous n'aborderons point autrement l'étude en elle-même des conflits de législations dont l'importance est trop grande pour qu'on puisse les traiter incidemment et qu'il paraît préférable de réserver pour un travail d'ensemble.

CHAPITRE I. — Historique.

L'ancien droit, sous l'empire des idées féodales, considérait l'homme comme une dépendance, un accessoire du sol : « L'homme et la terre, a dit Boissy d'Anglas, étaient une seule et même chose, et l'un se confondait dans la nature de l'autre ». De là, le principe de la législation ancienne, d'après lequel la naissance sur le sol français déterminait seule la nationalité, à l'exclusion de la filiation. Pothier résume ce système en ces ter-

(1) Deux chapitres spéciaux seront consacrés à la combinaison de la loi militaire et de la loi sur la nationalité et à l'étude succincte de la naturalisation aux colonies. Nous ne traiterons pas de l'acquisition ou de la perte de la nationalité résultant des annexions et des séparations de territoire ; nous aurons cependant à en parler incidemment, mais nous n'avons pas cru devoir entrer dans l'étude d'une matière si ample, et qui a déjà été développée avec tant de compétence dans l'ouvrage de M. Cogordan sur la Nationalité.

mes : « On ne considère pas si les enfants sont nés de parents français ou de parents étrangers, si les étrangers sont domiciliés dans le royaume ou s'ils n'y sont que passagers : la seule naissance dans le royaume donne les droits de naturalité, indépendamment de l'origine des père et mère, et de leur demeure ».

La rigueur du principe féodal avait même été poussée si loin que l'enfant né sur le sol étranger d'un Français naissait étranger : la qualité de Français n'était acquise qu'à l'enfant né sur le territoire français, quelle que fût d'ailleurs la nationalité de son père : « Tout homme, dit Bacquet, natif hors du royaume, est aubain, sans distinction si les père et mère de l'aubain sont Français ou étrangers ; on regarde seulement le lieu de naissance, et non pas d'où l'on est originaire, c'est-à-dire où les parents étaient nés. » Il importe d'observer cependant que, sur ce point spécial du moins, le principe de la filiation tendit vers la fin de l'ancien régime à s'établir concurremment avec celui de la naissance sur le sol. On admit assez généralement à cette époque que l'enfant né d'un Français à l'étranger naissait Français.

La législation intermédiaire consacra les règles anciennes ; d'ailleurs les enfants nés de Français à l'étranger furent déclarés Français ; ils devaient, aux termes de la Constitution de 1791 (Tit. II, art. 2), fixer leur résidence en France, prêter le serment civique. Les enfants nés en France d'un père étranger étaient de même Français, sous la seule condition de fixer leur domicile en France.

La Constitution du 5 fructidor an III (art. 8) et celle du 22 frimaire an VIII (art. 2) n'introduisirent à cet égard aucun changement notable dans la législation : l'individu né en France, fût-ce d'un père étranger, était Français ; il était même citoyen, mais à la condition qu'à l'âge de 21 ans accomplis, et il en était ainsi de tous les Français, il se fût fait inscrire sur le registre civique de son arrondissement communal, et eût demeuré depuis cette époque pendant une année sur le territoire de la République. L'étranger ordinaire était astreint, d'après ces constitutions, à des conditions analogues, s'il voulait acquérir la nationalité française ; mais la durée de la résidence exigée était portée à sept ans par l'une, à dix ans par l'autre (1).

Ainsi sous la législation ancienne et sous la législation intermédiaire, on sent la lutte entre deux principes qui peuvent être appelés à déterminer la nationalité : le principe de la filiation, qui est un principe relativement nouveau, et le principe de l'influence du sol, le principe féodal, auquel les lois de l'époque révolutionnaire ont cependant fait une place ; c'est ce que les auteurs ont appelé le *jus sanguinis* et le *jus soli*.

Quel est celui des deux principes qui va triompher avec le code civil ? La naissance sur le sol français suffira-t-elle pour conférer la qualité de Français, même à l'enfant né d'un père étranger ? Quelle part convenait-il de faire au principe de la filiation ? Les rédacteurs du code ont longuement agité ces questions.

Le premier consul proposa de consacrer la tradition ancienne avec un texte ainsi conçu : « Tout individu né en France est Français ». Le Conseil d'État adopta cette disposition. Mais elle fut vivement critiquée par le Tribunat : les Sections de législation des deux assemblées durent se réunir, et finirent par arrêter un texte transactionnel. L'enfant né en France ne devait plus être Français, s'il n'était pas né d'un père français ; une faculté toutefois lui était donnée, celle d'acquérir la nationalité française par une simple manifestation de volonté (2). L'enfant, né à l'étranger de parents français, était Français : les deux assemblées avaient consacré cette application du *jus sanguinis* sans difficulté.

Le principe nouveau, celui d'après lequel la filiation établit la nationalité, l'emporte donc en 1804 : le code renverse le système de l'ancien droit, il substitue le *jus sanguinis* au *jus soli*. Toutefois ce dernier principe conserve une certaine influence : suivant l'expression de Treilhard, le code a considéré l'enfant né sur le territoire français d'un étranger « comme un enfant

(1) V. au chapitre de la naturalisation l'historique spécial à la matière.

(2) L'acquisition de la nationalité française était immédiate ; c'est là ce qui constituait la différence de situation entre cet étranger et les étrangers ordinaires, au moment de la promulgation du Code civil. V. *infrà*, l'historique des déclarations de nationalité.

adoptif, qu'il ne faut pas repousser quand il promettra de se fixer en France et quand il y établira de fait son domicile ». Tel est le système mixte adopté par le code civil et consacré par les articles 9 et 10.

Cette influence du sol sur la nationalité, maintenue dans une si faible mesure par l'article 9, avait pris depuis le code un certain développement. Nous nous bornerons à rappeler une loi du 22 mars 1849 qui permit aux individus, nés en France et ayant le droit d'acquérir la qualité de Français par une simple manifestation de volonté, de faire utilement leur déclaration non seulement de 21 à 22 ans, mais *à tout âge*, s'ils servaient ou avaient servi dans l'armée française, ou s'ils avaient satisfait à la loi du recrutement. Ce n'était là qu'une simple mesure d'équité et de faveur, qui n'étendait pas sensiblement la sphère d'application du *jus soli*.

Mais il en avait été autrement de la loi du 7 février 1851 qui avait pour objet de remédier à une situation reconnue dangereuse pour les intérêts français. Les étrangers nés en France et établis sur notre territoire mettaient en général peu d'empressement à user de la faculté, que leur conférait l'article 9 du code civil, et se gardaient de réclamer la qualité de Français. Dans les départements frontières se développait ainsi une population de nationalité douteuse, qui vivait au milieu des populations françaises, participait aux avantages résultant de la qualité de Français, mais savait en éviter les charges, particulièrement le service militaire, en invoquant son extranéité.

A plusieurs reprises, notamment en 1831, à l'occasion du projet de loi sur le recrutement, en 1849, à l'occasion de la loi du 3 décembre sur la naturalisation et le séjour des étrangers en France, des solutions diverses avaient été proposées pour conjurer le mal. Ces tentatives aboutirent à la loi du 7 février 1851. Elle dispose en ces termes : « Est Français l'individu né en France d'un père qui lui-même y est né, à moins qu'il ne répudie cette nationalité au cours de sa 22e année. » Au lieu d'attribuer la qualité d'étranger, sauf à lui faciliter l'acquisition de la qualité de Français, à l'individu étranger né en France, on lui attribua la qualité de Français, tout en lui permettant de réclamer la nationalité étrangère. On avait pensé que les individus qui négligeaient de bénéficier des dispositions de l'article 9 du code civil, accepteraient la situation qui leur était faite ; que les déclarations formelles d'extranéité seraient rares. D'ailleurs la loi ne visait pas tous les étrangers nés en France ; le danger auquel on voulait remédier provenait de la présence en France d'étrangers établis d'une manière permanente et une présomption suffisante d'un établissement durable avait paru résulter d'une double naissance en France dans la même famille, de ce fait que le fils naissait en France alors que le père y était lui-même né. C'est à ces individus seulement que s'appliquait la nouvelle loi.

Mais ce ne fut qu'un palliatif insuffisant ; la loi du 7 février 1851 manqua son but. Antérieurement, les individus, désormais touchés par cette loi, pouvaient à leur gré réclamer ou répudier la qualité de Français suivant leur intérêt ; depuis cette époque, ils furent sans doute déclarés Français en principe ; mais, grâce au pouvoir qu'on leur accorda de décliner cette qualité, au moyen d'une déclaration expresse, leur nationalité en définitive demeura aussi incertaine que précédemment. Ils continuèrent à invoquer alternativement l'une ou l'autre nationalité, suivant leur intérêt ; une simple manifestation de volonté leur permettait en effet d'échapper à cette nationalité française dont les charges les menaçaient, et cependant ils avaient peut-être perdu leur nationalité d'origine. La loi de 1851 eût été suffisante, si c'était par suite d'une simple négligence que des étrangers nés sur notre territoire eussent omis de réclamer la qualité de Français ; elle ne devait produire aucun effet sensible, puisque le point de départ de cette omission était un calcul d'intérêt, calcul toujours susceptible d'être réalisé.

Il fallut chercher autre chose et le remède parut tout proche. Il n'y avait qu'à subordonner la réclamation d'une nationalité étrangère à la preuve que cette nationalité appartenait bien encore au réclamant ; tel fut le but principal de la loi du 16 décembre 1874. A la déclaration d'extranéité, souscrite en vertu de la loi de 1851 par l'individu né en France d'un individu qui lui-même y était né, devaient être jointes des justifications de nature à établir que cet individu avait bien conservé sa nationalité d'origine.

Ces deux lois constituaient une extension notable d'influence au profit du *jus soli*. Mais il faut reconnaître qu'elles n'étaient nullement l'indice d'un retour aux idées anciennes ; il n'y avait là qu'une simple coïncidence. On n'abandonnait pas le principe de filiation, mais on y dérogeait à raison d'un intérêt pressant, d'une défense nécessaire contre le danger que nous avons signalé. Ces dispositions n'avaient pas été dictées par des considérations doctrinales ; elles n'avaient au contraire été consacrées que sous l'empire de considérations purement pratiques.

On aura dans ses grandes lignes l'état de la législation sur la nationalité en 1882, si l'on joint aux textes dont nous avons parlé ceux qui ont trait à la naturalisation *stricto sensu,* c'est-à-dire à la nationalité conférée par un acte du gouvernement, et dont nous parlerons dans un chapitre spécial.

On le voit, une codification s'imposait qui relierait entre eux ces textes épars, qui les animerait d'un même esprit.

Ce fut là le but que se proposa tout d'abord M. Batbie, en déposant, en avril 1882, sur le bureau du Sénat, une proposition de loi *sur la naturalisation.* Cette proposition se bornait à coordonner, à éclaircir les dispositions diverses qui avaient fait l'objet de lois postérieures au code et qui avaient trait à la naturalisation entendue dans un sens large ; à peine contenait-elle quelques modifications de détail, facilitant la naturalisation par décret.

Prise en considération, la proposition/fut, sur la demande de son auteur, renvoyée au Conseil d'État, qui devait apporter à son élaboration le concours de ses lumières spéciales.

La proposition de M. Batbie fut étudiée longuement par cette Assemblée ; elle ne revint au Sénat qu'en novembre 1886 (1).

L'œuvre du Conseil d'État était beaucoup plus étendue que

(1) Avant même que la proposition de M. Batbie fût déposée, il avait paru nécessaire de voter, pour répondre à des réclamations pressantes, la loi du 14 février 1882 relative aux droits des enfants nés d'un père étranger naturalisé après leur naissance ; une nécessité analogue fit consacrer, depuis le dépôt de la proposition Batbie, une loi du 28 juin 1883 relative aux enfants mineurs nés d'une femme française mariée avec un étranger.

celle de M. Batbie ; elle englobait toutes les dispositions de nos lois sur la nationalité, et dut dès lors prendre le titre de loi *sur la nationalité*.

Il ne s'agissait plus désormais d'une simple codification : on procédait à un remaniement complet, quant au fond aussi bien que quant à la forme, de tous les textes sur la nationalité. Cette refonte était d'ailleurs faite dans un esprit tout particulier. Le Conseil d'État partait de cette idée : la nationalité française est une faveur pour ceux à qui elle est concédée ; nul, par suite, ne doit en être investi sans des épreuves sérieuses ; il en tirait la conséquence suivante : les formalités de la naturalisation *stricto sensu*, devenaient plus sévères ; elles s'imposaient même à ceux auxquels le code avait reconnu jusqu'alors un véritable droit d'acquérir la nationalité française (art. 9, art. 10 § 2). A peine leur faisait-on grâce de quelqu'une des épreuves imposées à l'étranger ordinaire ; la naturalisation de faveur des articles 9 et 10 § 2 du code civil devenait une naturalisation presque aussi difficile à obtenir que la naturalisation ordinaire. Ainsi la naissance sur le sol français perdait à peu près toute influence ; on appliquait d'une manière presque absolue le principe exclusif de l'acquisition de la nationalité par la filiation.

La commission du Sénat, dont M. Batbie fut le rapporteur, tout en acceptant volontiers l'extension du projet de loi, se refusa à admettre l'esprit de restriction dans lequel était conçue cette œuvre. Elle estima au contraire qu'il y avait lieu d'ouvrir plus largement la porte aux étrangers ; peu à peu elle effaça tous les vestiges des principes qui avaient dicté les résolutions du Conseil d'État, et ceux qu'elle laissa subsister disparurent dans les discussions publiques. Enfin la commission du Sénat donna au projet sa forme définitive : elle en fit un projet de *modification* au *Code civil*, où devaient se trouver ainsi insérées pour la première fois les dispositions relatives à la naturalisation.

C'est cette proposition qui fut adoptée par le Sénat et transmise à la Chambre des députés en février 1887.

Si le Sénat s'était montré disposé à rendre plus accessible l'acquisition de la qualité de Français, il n'avait cependant pas modifié d'une manière très sensible la législation ancienne ; en un point surtout, en ce qui concerne les dispositions des lois de 1851 et 1874, il avait maintenu les règles anciennes, quoiqu'elles fussent fortement attaquées.

La commission de la Chambre des députés se montra plus hardie. Reprenant un amendement, repoussé par le Sénat à une faible majorité d'ailleurs, elle supprima la faculté d'option pour la nationalité étrangère que les lois de 1851 et 1874 avaient réservée aux individus nés en France d'un étranger qui lui-même y était né ; innovation importante, résultat de l'inefficacité constatée de la loi de 1874.

La Chambre des députés accueillit favorablement cette extension nouvelle de l'influence du *jus soli*. Dès lors la proposition ne subit plus de modifications essentielles ; votée par la Chambre en mars 1889, elle fut transmise au Sénat qui l'adopta avec quelques changements de détail, le 6 juin 1889.

Ces modifications furent acceptées par la Chambre sans discussion et le projet de loi devint la loi du 26 juin 1889, dont nous devons maintenant présenter le commentaire dans ses parties essentielles.

CHAPITRE II. — DE LA NATIONALITÉ D'ORIGINE.

L'article 8 du code civil contient l'énumération des personnes qui, aux termes de la loi nouvelle, jouissent de la qualité de Français. D'une manière générale, la nationalité française résulte de la filiation, de la naissance sur le territoire français et de la naturalisation. Ce sont les deux premières de ces causes dont nous allons tout d'abord entreprendre l'étude.

SECTION I. — De la filiation.

L'acquisition de la qualité de Français par la filiation, l'origine, le *jus sanguinis*, pour employer l'expression ancienne, est encore la base de la théorie légale sur la nationalité. Les dispositions de la loi sur la matière commencent par le rappel de ce principe, et la place qui lui est donnée montre bien dans quel esprit la loi a été conçue.

L'article 8, II, débute (1) en effet ainsi : « Sont français : 1° Tout individu né d'un Français, en France ou à l'étranger ». C'est le principe pur de la transmission de la nationalité par la filiation.

Une autre disposition se rattache au même principe ; c'est celle de l'article 10. Mais ce texte ne confère pas la qualité de Français à l'individu qu'il a en vue ; il lui donne simplement, en raison de l'influence du sang, le moyen d'acquérir la nationalité française d'une manière simplifiée ; c'est un cas de naturalisation de faveur sur lequel nous aurons à revenir.

Cet article 8, II, 1° n'est que la reproduction de l'ancien article 10 § 1 du code civil ; la loi nouvelle répare toutefois l'oubli des rédacteurs du code et attribue formellement à la filiation la vertu de conférer la qualité de Français, quel que soit le lieu de la naissance ; elle n'omet pas de mentionner le cas où la naissance a lieu en France.

Mais cet article a laissé subsister la difficulté qui s'était élevée au sujet de l'ancien article 10, dans l'hypothèse où le père et la mère, bien qu'unis en légitime mariage, ont une nationalité différente. Cette éventualité peut encore aujourd'hui se produire assez fréquemment, malgré la tendance bien accusée de la loi nouvelle à maintenir l'unité de nationalité dans la famille. C'est ainsi que, d'après la loi nouvelle elle-même, la femme française qui épouse un étranger demeure française, si son mariage ne lui confère pas la nationalité de son mari (art. 19, C. civ.); de même la femme du Français qui se fait naturaliser à l'étranger ne perd point, par cela seul, la nationalité française ; d'autre part, la femme mariée à un étranger qui se fait naturaliser français n'obtient point la qualité de Française si elle ne la demande expressément (art. 12, § 2) : enfin, la femme mariée à un ex-Français réintégré n'acquiert ou ne recouvre la qualité de

---

(1) La longueur un peu excessive de cet article 8 nous a conduit pour la commodité des citations, à le fractionner en quatre parties distinctes qui commencent chacune ainsi : I. Tout Français... — II. Sont Français : 1° Tout individu... 2° Tout individu, etc. — III. Peuvent être naturalisés : 1° Les étrangers... 2° Les étrangers etc.. — IV. Il est statué par décret, etc... En sorte que l'art. 8, II, 3° par exemple désigne le 3° de la deuxième partie de l'art. 8, celle qui commence par ces mots : Sont Français. V. au surplus *infrà* le texte divisé comme nous venons de l'indiquer.

Française que sur sa demande formelle (art. 18). Dans toutes ces hypothèses, quelle sera la nationalité de l'enfant légitime issu de parents dont l'un est Français et l'autre étranger?

La loi ne dit rien sur ce point. Mais il est certain qu'il y a lieu d'appliquer ici l'ancien adage romain « *liberi patrem sequuntur* » (1) et de décider que l'enfant légitime acquiert la nationalité de son père. Il est impossible en effet de prétendre avec certains auteurs que si le père exerce sur l'enfant la puissance paternelle, celle-ci n'existe que dans l'intérêt de l'enfant et ne peut conférer au père le droit d'imposer sa nationalité à l'enfant; que d'autre part la mère aussi bien que le père transmet à l'enfant son sang et les caractères héréditaires de la race, partant la nationalité. La conséquence logique d'un pareil système — ses partisans sont forcés de le reconnaître eux-mêmes — serait d'accorder à l'enfant dont la nationalité demeurerait ainsi incertaine, le droit de choisir, à son gré et à quelque époque que ce soit, la nationalité de son père ou celle de sa mère ; elle suffit à entraîner sa condamnation. D'ailleurs il est juste, dirons-nous avec M. Cogordan (2), que le père, chef de la famille, qui transmet son nom à son fils, lui transmette aussi sa nationalité.

Malgré ces considérations, un auteur, tout en admettant que l'enfant légitime doit suivre en principe la nationalité du père, aurait voulu que la loi nouvelle consacrât une innovation au système traditionnel, en laissant à l'enfant la faculté d'opter dans l'année de sa majorité pour la nationalité de sa mère. Cette réserve d'une faculté d'option lui paraît nécessaire dans l'hypothèse où l'influence maternelle a prévalu dans l'éducation, ce qui arrivera, selon lui, dans un grand nombre de cas (3). Mais on peut rétorquer contre cette théorie l'argument même que son auteur oppose au système analysé plus haut et qui, sans attribuer en principe à l'enfant la nationalité du père, lui laisse à toute époque de sa vie la faculté d'opter entre la nationalité de son père et celle de sa mère. Nous dirons avec lui, en lui empruntant ses

---

(1) Ulp. Reg. IV, § 8.

(2) *Nationalité*, 2e édition, p. 29 ; — Vincent, *Nationalité*, n° 7, étude parue dans *les Lois Nouvelles*, 1889, n° 20.

(3) L. Beauchet, *Gazette du Palais*, n° du 16 janvier 1887.

propres expressions, qu'il a eu tort « de se placer au point de vue exclusif de l'intérêt de l'enfant ou plutôt de son droit ; qu'il a oublié l'intérêt de la société qui doit primer l'intérêt particulier. » Il est en effet désirable que la nationalité, source des droits et des devoirs les plus importants, soit définitivement fixée le plus tôt possible ; l'incertitude en cette matière, ne durât-elle qu'une seule année, est la cause des inconvénients les plus graves, nous aurons l'occasion d'insister sur ce point en étudiant les déclarations de nationalité. Quelque limitée qu'elle soit quant au temps, cette instabilité est toujours trop longue et puisqu'il faut imposer une nationalité à l'enfant, le choix, dirons-nous encore avec cet auteur, « doit porter irrévocablement sur la nationalité du père, chef de la famille légitime, investi à la fois du droit de puissance paternelle et du droit de puissance maritale, maître de l'éducation de l'enfant dont il dirigera certainement les sentiments vers sa patrie à lui. »

Nous déciderons d'ailleurs sans difficulté, que si le père n'a aucune nationalité, tandis que la mère légitime en possède une, l'enfant suit par exception la nationalité de la mère.

La filiation confère donc à l'enfant légitime la nationalité du père ; ajoutons que c'est au jour de la conception qu'il importe d'envisager cette nationalité pour déterminer celle qui doit appartenir à l'enfant, lorsque le père a changé de nationalité dans l'intervalle de la conception à la naissance. La question est devenue classique et nous n'avons pas à l'examiner ici en détail. Il suffit d'en rappeler les termes généraux : s'il est vrai que l'enfant n'existe pour la société qu'au moment de sa naissance et s'il peut paraître bizarre qu'on lui attribue une nationalité avant qu'il soit véritablement entré dans la société (1), il n'en est pas moins incontestable que dès la conception l'œuvre du père est terminée et que, par suite, c'est à ce moment qu'il faut rationnellement fixer la condition originaire de l'enfant issu de son sang. Le plus grand nombre des auteurs qui veulent qu'on se place au moment de la naissance pour déterminer la nationalité de l'enfant légitime lui reconnaissent d'ailleurs le droit

---

(1) Cogordan, *Nationalité*, 2ᵉ édition, p. 35.

d'invoquer la règle *infans conceptus pro nato habetur, quoties de commodis ejus agitur* ; il pourrait donc revendiquer la nationalité qu'avait son père au moment de la conception, si tel était son intérêt ; mais alors, il en résulte que sa nationalité peut demeurer incertaine, et c'est là une raison de plus pour consacrer le système traditionnel déjà sanctionné par le droit romain (1).

La question de savoir quelle nationalité doit être attribuée à l'enfant naturel, dont la filiation est établie par reconnaissance ou jugement, est plus délicate ; elle a fait l'objet au Sénat (2) d'un débat intéressant entre M. Clément et le rapporteur de la loi, M. Batbie. Le texte proposé tout d'abord par la commission du Sénat était ainsi conçu : « L'enfant naturel dont la filiation est établie pendant la minorité par reconnaissance ou par jugement, suit la nationalité du père ou celle de la mère si la filiation n'est pas établie à l'égard du père ». Il prévoyait deux situations :

1° La filiation n'a été établie qu'à l'égard de la mère. Aucune difficulté : l'enfant suit la nationalité du seul auteur qui existe aux yeux de la loi.

2° La filiation a été établie à l'égard du père et de la mère qui, par hypothèse, sont de nationalité différente. Le projet décidait que l'enfant naturel devait suivre dans tous les cas la nationalité de son père. Il rompait ainsi ouvertement avec la règle du droit romain, d'après laquelle l'enfant issu du concubinat suivait toujours la condition de la mère : *partus ventrem sequitur*. Ce principe avait été admis dans notre ancien droit et quelques auteurs le considéraient comme devant être encore appliqué de nos jours. Tel n'était point cependant l'avis de la cour de cassation qui, par arrêt du 22 décembre 1874, décidait qu'il fallait attribuer à l'enfant naturel reconnu par ses deux auteurs la nationalité de son père, aucun motif de distinguer n'existant à cet égard entre l'enfant naturel et l'enfant légitime, puisque dans l'un et l'autre cas le père exerce la puissance paternelle et transmet son nom. Cette doctrine avait en même temps été consacrée par la plupart des auteurs modernes.

(1) Comp. Aubry et Rau, T. I, § 69, texte et note 2 ; — Weiss, *Droit International Privé*, p. 25 ; — Vincent, *Nationalité*, n° 9, *Lois Nouvelles*, 1889, n° 20.
(2) Séances des 13 novembre 1886 et 3 février 1887.

Sa valeur théorique paraît incontestable ; mais elle ne pouvait échapper à un reproche très grave. Supposons un enfant reconnu d'abord par sa mère qui est Française ; il suit la nationalité française. Ultérieurement il est reconnu par un père étranger ; dans le système de la cour de cassation et de la commission du Sénat, il changeait de nationalité et devenait étranger. M. Clément signalait alors avec raison la situation suivante : un enfant naturel né en France d'une Française n'a pas été reconnu dans l'acte de naissance par son père naturel ; il a été élevé en France et toutes ses habitudes sont françaises. Était-il admissible, disait avec raison l'honorable sénateur, qu'il pût être tout à coup ravi à la nationalité française et revendiqué par un Anglais ou un Allemand, quand il aurait atteint l'âge de dix-huit ou vingt ans, quand il serait à l'École polytechnique ou à St-Cyr, quand il serait dans l'armée française ou employé à un service public quelconque en France (1) ? — En conséquence M. Clément proposait que la nationalité de l'enfant naturel fût fixée par son acte de naissance : s'il avait été reconnu par son père dans l'acte de naissance, il devait suivre la nationalité du père ; s'il n'y avait été reconnu que par la mère, celle-ci seule lui conférait la nationalité. Dans cette dernière hypothèse, M. Clément consentait toutefois à admettre que si, à une époque très voisine de la naissance, l'enfant était reconnu par son père, il devait suivre sa nationalité et devenir étranger *jure sanguinis*. A la suite des observations de l'honorable sénateur, la disposition relative aux enfants naturels fut renvoyée à la commission.

Lorsqu'elle revint devant le Sénat, M. Clément proposa à ses collègues de voter un texte ainsi conçu : « Lorsque la filiation est établie pendant sa minorité, l'enfant né hors mariage suit la nationalité de la mère, à moins qu'il n'ait été reconnu par le père dans l'année de la naissance ». Le rapporteur, M. Batbie, fit observer à juste titre que l'on consacrerait avec la rédaction de M. Clément une sorte de nationalité provisoire ne devant durer

---

(1) Bien des auteurs, sous l'empire de l'ancienne législation, reconnaissaient combien était choquante cette solution, tout en constatant qu'elle était inévitable. V. notamment, Bard, *Précis de Droit International*, n° 107 ; Weiss, *Droit International*, p. 31.

qu'un an ; que ce délai était absolument arbitraire et que l'incertitude de la nationalité allait devenir pour l'enfant la source
de difficultés inévitables. Ces inconvénients devaient disparaître
au contraire si l'on décidait que la nationalité serait irrévocablement conférée à l'enfant naturel par celui des deux auteurs vis-
à-vis duquel la filiation aurait été d'abord établie. En conséquence le Sénat adopta le texte qui est devenu l'article 8, II, 1° § 2
du code civil et qui est ainsi conçu : « L'enfant naturel dont la
filiation est établie pendant la minorité par reconnaissance ou
par jugement suit la nationalité de celui des parents à l'égard
duquel la preuve a d'abord été faite ». Il va de soi qu'il ne peut
revendiquer la nationalité de l'un de ses auteurs que lorsqu'elle
est définitivement établie et spécialement n'invoquer un jugement à cet effet que lorsqu'il a acquis l'autorité de la chose jugée.

La disposition que nous venons d'analyser ne statue, il importe de le remarquer, que sur la nationalité de l'enfant naturel
dont la filiation est établie pendant la minorité. Il suit de là que
l'enfant naturel reconnu en majorité ne change plus de nationalité ; toute reconnaissance, tout jugement déterminant sa filiation sont inopérants, s'ils n'interviennent au profit de l'enfant que
lorsqu'il a atteint sa majorité. Spécialement s'il est né en France,
il y aura lieu de le considérer comme né de parents inconnus et
de le déclarer par suite irrévocablement Français en vertu de
l'article 8, II, 2° du code civil modifié, encore qu'après sa vingt et
unième année une reconnaissance ou un jugement vienne établir sa filiation vis-à-vis d'un auteur de nationalité étrangère (1).

L'article 8, II, 1° § 2 *in fine* prévoit ensuite l'hypothèse où la
preuve de la filiation résulte pour le père et la mère (le texte
emploie à tort la conjonction *ou* aux lieu et place de la conjonction *et*), du même acte ou du même jugement : s'ils sont de nationalité différente, l'enfant suivra la nationalité du père. La loi
abandonne ainsi l'ancienne théorie que nous avons rappelée plus
haut et qui dans tous les cas attribuait à l'enfant naturel la na-

---

(1) V. dans le même sens, Cogordan, *Nationalité*, 2ᵉ édition, p. 34 ; — Vincent, *Nationalité*, n° 14. — V. en ce qui concerne la détermination de la majorité, la déclaration du rapporteur de la commission de la Chambre, citée
infra.

tionalité de la mère, encore qu'il eût établi simultanément ou postérieurement sa filiation vis-à-vis de son père.

En résumé, le code consacre d'une manière définitive le principe aux termes duquel le père naturel comme le père légitime transmet sa nationalité à l'enfant issu de ses œuvres et dont la filiation est bien et dûment prouvée. Toutefois dans l'hypothèse où la filiation a été établie en premier lieu vis-à-vis de la mère, pour éviter un changement de nationalité, l'article 8, II, 1° § 2 décide que la nationalité de la mère est irrévocablement acquise à l'enfant, malgré tout événement postérieur.

La loi nous dit que l'enfant suit la nationalité du père, lorsque la preuve de la filiation résulte pour le père et la mère *du même acte* ou *du même jugement* (art. 8, II, 1° *in fine*). Les termes dont se sert la loi sont trop restrictifs. Supposons que les parents étant de nationalité différente reconnaissent l'un et l'autre leur enfant le même jour, mais dans des lieux différents et par actes différents. Il nous paraît absolument certain que l'enfant devra suivre la nationalité de son père. Tel est en effet, nous l'avons constaté, le fondement du système légal, et, si l'hypothèse ne rentre pas exactement dans les termes de l'article 8, II, 1° § 2 *in fine*, il n'en est pas moins vrai qu'il y a concomitance et non préexistence dans l'établissement de la filiation, que c'est, partant, à la nationalité du père qu'il convient exclusivement de s'attacher. Il en serait de même dans le cas où la preuve de la filiation vis-à-vis des deux auteurs résulterait de deux jugements distincts, mais ayant acquis l'autorité de la chose jugée à la même date.

La reconnaissance d'un enfant naturel ou le jugement qui établit sa filiation sont-ils purement déclaratifs? En d'autres termes, confèrent-ils à l'enfant auquel ils s'appliquent la nationalité qu'avait l'auteur au moment de la naissance de cet enfant, ou lui attribuent-ils au contraire la nationalité qu'il possédait au moment où ces actes sont devenus définitifs? Avant la promulgation de la loi du 26 juin 1889, on admettait communément que la nationalité d'une personne ne peut être changée sans une manifestation de sa libre volonté; que d'autre part la reconnaissance ne fait qu'apporter une rectification dans l'état civil et établir publiquement ce qui existait en droit antérieurement ; la reconnaissance ne pourrait, par suite, que confirmer chez l'enfant la nationalité qui appartenait à l'auteur de la reconnaissance au moment de la naissance de l'enfant (1). Il en doit être évidemment de même des jugements qui sont par essence déclaratifs de droits préexistants.

Mais aujourd'hui il n'est plus possible d'affirmer que les principes de notre droit s'opposent à ce que la nationalité d'une personne soit changée sans son consentement ; les articles 12, 18 et 19 du code civil modifié étendent dans une certaine mesure les effets de la naturalisation et de la réintégration aux enfants mineurs de la personne qui les a obtenues. Dès lors nous devrons décider que la reconnaissance confère la nationalité qui appartient à l'auteur au moment où elle intervient, puisque nous serions forcés d'admettre qu'un changement subséquent de la nationalité de cet auteur modifierait celle de son enfant mineur.

Mais d'autre part il importe de distinguer suivant que l'auteur de la reconnaissance était ou non Français au moment de la naissance. Nous verrons, en effet, au cours de cette étude que si, en vertu des articles précités, les effets de la naturalisation et de la réintégration s'appliquent, sauf faculté de répudiation à la majorité, aux enfants mineurs de l'étranger et de l'ex-Français qui obtiennent l'un ou l'autre de ces bénéfices, il n'en est pas de même de la naturalisation acquise par un Français en pays étranger. Les articles 12, 18 et 19 du code civil constituent en effet une dérogation au droit commun, que le Sénat n'a consacrée qu'à grand peine, et qui par suite doit être interprétée restrictivement. Aucun texte n'établissant la réciprocité, nous nous verrons obligés de décider plus bas que la naturalisation acquise par un Français à l'étranger ne concerne que sa propre personne sans produire effet sur la personne de ses enfants mineurs. En conséquence, il convient de distinguer deux hypothèses :

1° L'auteur de la reconnaissance était étranger à l'époque de la naissance de l'enfant et est en possession de la qualité de Français au moment où il reconnaît son enfant. L'enfant est

(1) Cogordan, *Nationalité*, 1re édition, p. 32.

français, dirons-nous, sauf faculté de répudiation à sa majorité, conformément aux articles 12 et 18.

2° L'auteur de la reconnaissance était Français à l'époque de la naissance de l'enfant et est devenu étranger au moment où il reconnaît son enfant. L'enfant est français, en vertu de ce qui précède, car la loi ne concède pas au Français le droit de modifier la nationalité de ses enfants mineurs en acquérant pour lui-même la naturalisation en pays étranger (1).

Les mêmes solutions doivent être étendues au cas où la preuve de la filiation résulte d'un jugement devenu définitif.

Quant à la légitimation, elle ne peut exercer, à notre avis, aucune influence sur la nationalité de l'enfant. Sans doute celui-ci devient enfant légitime et il semblerait par suite qu'il doive suivre la nationalité de son père. Mais la légitimation n'est point, chez nous, comme en Allemagne (loi du 1er juin 1870, art. 2), un mode d'acquisition de la nationalité. En l'absence d'un texte formel sur ce point, les principes nous empêchent de reconnaître à cet acte la vertu de faire perdre ou acquérir la nationalité française (2).

Restent les enfants adultérins ou incestueux et les enfants adoptifs. Les premiers sont traités comme les enfants de parents inconnus dont nous allons nous occuper plus bas ; toutefois si leur filiation est établie, ils doivent être assimilés aux enfants naturels simples au point de vue de la nationalité (3). Quant aux enfants adoptifs, l'adoption n'a aucune influence sur la nationalité, ils conservent celle que leur a conférée leur filiation naturelle (4). Il est intéressant d'observer en même temps que la législation allemande ne lui attribue point la vertu qu'elle reconnaît à la légitimation (loi du 1er juin 1870, art. 2).

L'article 8, II, 2° règle la situation des enfants nés en France de parents inconnus ou dont la nationalité est inconnue ; il les déclare Français. Cette règle se rattache, non pas au principe de

---

(1) V. Cogordan, *Nationalité*, 2e édition, p. 35.

(2) *Sic*, Cogordan, *Nationalité*, 2e édition, p. 36.

(3) Cogordan, p. 35 ; — Weiss, *Droit International*, p. 28 ; —Vincent, *Natio nalité*, n° 15.

(4) V. Cass., 22 mai 1825. *Adde* : Cogordan, p. 37.

la naissance sur le sol, mais bien au principe de la filiation ; ce n'est pas en effet parce que ces enfants sont nés sur le territoire français qu'ils sont déclarés Français, mais parce qu'il y a une présomption que l'enfant trouvé en France est né de parents français (1).

Le code civil était muet sur ce point. Mais la solution expresse de la loi nouvelle était celle de la majorité des auteurs ; il importe, en effet, à l'ordre public qu'il n'y ait pas d'individus sans nationalité (2).

Section II. — De la naissance sur le territoire.

Ainsi que nous l'avons déjà indiqué, l'influence du sol, du *jus soli*, sur l'acquisition de la qualité de Français s'est très sensiblement accrue dans la législation actuelle. Trois dispositions se rattachent à cette idée : celle de l'article 8, II, 3°, celle de l'article 8, II, 4° et celle de l'article 9. Ces deux derniers textes, sauf une controverse que nous aurons à examiner en son lieu, à propos de l'article 8, II, 4°, ne concèdent pas toutefois la qualité de Français aux personnes qu'ils visent, dès le jour de leur naissance ; ils se bornent à leur donner le moyen de l'acquérir d'une manière simplifiée et constituent des cas de naturalisation de faveur : la nationalité française peut, dans les hypothèses prévues par ces articles, être acquise par une simple manifestation de volonté, soit formelle (art. 9), soit même tacite (art. 8, II, 4°). Ces dispositions d'ailleurs sont fondées sur un intérêt d'ordre public ; elles dominent toute la matière de la nationalité ; dérogations au *jus sanguinis*, elles l'écartent absolument toutes les fois qu'elles se trouvent en conflit avec lui (3).

L'article 8, II, 3° est ainsi conçu : « Sont Français... 3° Tout individu né en France d'un étranger qui lui-même y est né ».

---

(1) V. cependant, Vincent, n° 17.

(2) Cogordan, *Nationalité*, p. 102.

(3) V. *infrà*. — L'influence prépondérante que semble devoir prendre dans les législations modernes la résidence et le domicile (art. 8, II, 4°) au point de vue de l'attribution de la nationalité avait été signalée bien avant le vote de la loi de 1889. V. notamment, Bard, *Précis de Droit International*, n°s 102 et 112.

On connaît l'origine de cette disposition : c'est le texte de la loi du 7 février 1851, à laquelle la loi du 16 décembre 1874 avait déjà fait subir une modification sensible, et que la loi actuelle retouche encore plus profondément. L'individu que la loi de 1851 visait était présumé Français, mais pouvait faire tomber cette présomption en démontrant qu'il avait conservé sa nationalité originaire. Le texte actuel établit une présomption irréfragable ; cet individu est Français, et suivant la loi nouvelle, il l'est irrévocablement ; il ne peut donc dépouiller notre nationalité par d'autres moyens que le Français d'origine.

Les mêmes motifs qui avaient dicté le texte de 1851, puis le texte de 1874, ont dicté le texte de 1889. Sans doute, il convient de rattacher cette disposition à un principe général, à la théorie du *jus soli* ; mais en réalité, et bien que le législateur ait parfaitement connu qu'il revenait, ici comme en d'autres dispositions, à la théorie ancienne, il a été guidé uniquement par des considérations pratiques. Si la Chambre a pensé qu'il ne suffisait pas de reproduire dans la loi nouvelle le texte de la loi de 1874, comme l'avait d'abord fait le Sénat, c'est qu'elle a pu constater l'insuffisance des dispositions anciennes pour arrêter l'envahissement constamment progressif (1) d'une population qui, française de mœurs, s'obstinait à demeurer étrangère, afin d'échapper aux charges qu'impose la nationalité française. L'expérience le démontrait, le seul remède était de retirer purement et simplement à l'individu visé par les lois de 1851 et de 1874, la faculté d'option entre les deux nationalités

(1) D'après le dénombrement de 1872, il y avait en France, 35. 362. 253 Français et 730.844 étrangers, soit une proportion de 2, 03 0/0 ; — en 1876, on compte 36.104.034 Français et 801.754 étrangers, soit 2, 17 0/0 ; — en 1881, 36.404.200 Français et 1.001.200 étrangers, soit 2,68 0/0 ; — en 1886, nous arrivons à 1.115.214 étrangers contre 37.103.689 ; la proportion s'élève à près de 3 0/0.

Dans le département du Nord, le chiffre des étrangers, de 77.000 en 1851, s'est élevé à 183.000 en 1866 et à 305.524 en 1886 ; en Algérie, il y avait, en 1865, 122.119 Français et 98.871 étrangers ; en 1886, 219.627 Français et 202.212 étrangers (rapports de MM. Dubost et Delsol). Il faut d'ailleurs observer qu'on ne comprend guère, parmi les étrangers, que les étrangers *résidants* ; pour ceux qui viennent en France faire une saison de travail, ils échappent à peu près au recensement. C'est ainsi qu'on évalue à 500.000 le nombre des seuls italiens immigrants chaque année en France (Élisée Reclus).

que lui laissait encore le projet du Sénat. Comme le disait le rapporteur de la commission de la Chambre, M. Dubost : « C'est en cela que consiste la différence essentielle, fondamentale entre la proposition de loi adoptée par le Sénat, et celle de votre commission. A mes yeux, c'est toute la loi qui vous est soumise. Elle sera pleinement utile et pleinement efficace ou elle ne sera qu'une loi d'ordre secondaire, présentant, il est vrai, les avantages d'une meilleure coordination et de quelques améliorations accessoires, mais ne remédiant en rien à la situation périlleuse que nous avons signalée, suivant qu'on adoptera ou qu'on repoussera ces dispositions (1) ».

Le législateur de 1889, en modifiant la loi de 1851 sur ce point d'ailleurs essentiel, n'a rien entendu changer aux conditions d'application de texte. Les difficultés que présentait l'application de la loi de 1851 se rencontreront pour l'application de la loi de 1889 ; il est évidemment regrettable qu'on n'ait point songé à les régler. D'autre part le législateur a négligé de trancher un certain nombre de questions transitoires très importantes ; leur solution ne laisse pas que d'être délicate et aurait dû être donnée par la loi elle-même.

L'idée dominante de la disposition nouvelle, c'est que la qualité de Français résulte d'une manière irrévocable du fait que deux générations successives sont nées sur le sol français. On n'a exigé aucune autre condition ; on a écarté notamment toute condition de résidence, source perpétuelle de controverses, et on a considéré qu'une double naissance sur le sol français ne pouvait être en général le résultat d'un pur accident, mais constituait au premier chef la présomption d'un établissement durable en France (2).

Cette présomption est irréfragable, *juris et de jure*, comme disent les anciens auteurs. Si donc, par exception, le père et le fils sont tous deux nés en France accidentellement, la loi n'en recevra pas moins son application ; pour une hypothèse qui ne se présentera peut-être jamais en pratique, le législateur n'a pas

---

(1) Rapport de M. Dubost, *Chambre des Députés*. — Session 1887. n° 2083.
(2) Comp. Baudry-Lacantinerie, t. 1, supplément, p. 4; — Vincent, *Nationalité*, n° 23. ·

voulu constituer à la règle une dérogation qui eût été la source de sérieuses difficultés.

Il ne faut pas méconnaître d'ailleurs que cette disposition si absolue est de nature à faire naître des conflits de législation ; elle aura pour effet d'attribuer la nationalité française à un certain nombre d'individus qui dans leur pays d'origine n'auront pas perdu leur nationalité antérieure ; mais peut-être trouvera-t-on, dans une certaine mesure du moins, un remède à ces inconvénients dans la faculté qui appartient au Gouvernement d'accorder des permis de naturalisation (1). Dans tous les cas, il ne faut pas l'oublier, la mesure prise était nécessaire au point de vue français, et on ne peut blâmer le législateur de 1889 de lui avoir sacrifié un intérêt purement doctrinal (2).

Au surplus on peut se demander si ce texte absolu ne comporte point une restriction, en faveur des enfants des agents diplomatiques et consulaires des gouvernements étrangers. Au cours des travaux préparatoires, on s'est ému de la situation qui allait être faite à ces enfants s'ils se trouvent nés en France d'un père qui lui-même y est né ; on a fait remarquer que leurs auteurs résidaient en France pour s'acquitter de leurs fonctions ; que par leurs fonctions mêmes ils affirmaient la volonté de conserver leur nationalité originaire ; d'ailleurs il ne pouvait être question dans ce cas spécial du danger auquel la loi nouvelle voulait parer. Aussi à plusieurs reprises avait-on cherché à faire insérer dans la loi une exception en leur faveur. En dernier lieu, la commission du Sénat, saisie du projet modifié par la Chambre des Députés (juin 1889), avait été sollicitée d'introduire dans la loi une disposition formelle à cet égard.

Cette tentative a échoué ; non pas que la réclamation parût

(1) La même idée est exprimée par M. Cogordan, *Nationalité*, 2ᶜ édition, p. 111.

(2) De la disposition nouvelle de l'art. 8, II, 3°, il résulte que les actes de l'état civil des individus nés en France d'étrangers qui eux-mêmes y sont nés ne doivent plus être compris au nombre des actes dont les conventions conclues avec certains pays étrangers (Italie, Belgique, Luxembourg et principauté de Monaco) stipulent les communications réciproques. Ces individus sont en effet déclarés français et il n'y a pas à examiner si les lois étrangères les considèrent comme ayant conservé leur nationalité d'origine : la loi française est la seule dont le gouvernement français ait à se préoccuper.

peu justifiée : le seul reproche qu'on pût faire à la disposition visant cette hypothèse, c'était le petit nombre d'applications dont elle serait susceptible... Mais, au dire du moins du rapporteur, M. Delsol, une disposition spéciale était inutile ; l'exception découlait selon lui, des principes généraux : « En effet, dit-il dans son rapport (1), on ne peut assimiler à un séjour spontané et impliquant l'intention de se fixer en France le séjour qui n'a d'autre raison d'être que l'exercice d'une fonction diplomatique conférée par un gouvernement étranger. — Ensuite l'article 8 contient lui-même une disposition ainsi conçue : « Est assimilée à la résidence en France le séjour en pays étranger pour l'exercice d'une fonction conférée par le gouvernement français ». La réciproque est manifestement vraie et il n'est pas douteux que le séjour en France de l'agent diplomatique étranger doit être assimilé à sa résidence dans le pays même qu'il représente. — L'enfant dont le père ou le grand-père ne résidait en France que pour l'exercice d'une fonction diplomatique, ne tombera donc pas sous l'application du paragraphe 3 de l'article 8 ».

En s'exprimant ainsi, l'honorable sénateur oubliait que l'article 8, II, 3° n'édicte pour son application aucune condition de résidence. Nous avons eu soin de le faire remarquer plus haut, le fait des deux naissances sur le sol français confère par lui-même, et à lui seul, la qualité de Français. Cette condition nécessaire est également suffisante ; peu importe qu'il y ait eu simple passage, ou longue résidence, avec ou sans intention de se fixer en France ; peu importe que la résidence ait été volontaire ou forcée. M. Delsol semble ainsi avoir complètement perdu de vue le texte dont il s'agissait d'éviter l'application et qu'il venait d'approuver. Peut-être pourrait-on arguer ici du bénéfice d'exterritorialité reconnu aux agents diplomatiques; mais encore faudrait-il que l'exterritorialité fût, ce qui n'est pas, susceptible d'une extension pareille (2).

En second lieu le rapporteur veut faire découler l'exception dont il s'agit d'un prétendu principe de réciprocité ; mais il semble bien qu'il ne soit pas possible d'admettre l'idée d'une ré-

(1) *Sénat*, Session 1889, n° 160.
(2) Cogordan, *Nationalité*, 2ᵉ édition, p. 111.

ciprocité autre que celle qui peut être réglée par les traités diplomatiques. Si le principe contraire devait être retenu, il faudrait décider, en vertu de l'article 12 § 3, que l'enfant mineur du Français naturalisé à l'étranger devient étranger comme son père ; or une semblable solution a été formellement écartée par les travaux préparatoires (1). Et c'est avec raison : le principe absolu de la réciprocité entraînerait des conséquences que le législateur ne pourrait mesurer et constituerait un danger certain.

D'ailleurs, nous l'avons dit, et c'est là l'argument essentiel, il importe peu qu'il y ait eu ou non séjour en France ou à l'étranger : du moment qu'il y a eu naissance sur le sol français, fait contre lequel la fiction de réciprocité ne saurait être invoquée, l'article doit recevoir son application.

Ainsi les prétendus principes généraux, d'où l'exception réclamée devait découler comme d'elle-même, font défaut : l'exception, semble-t-il, ne doit donc pas être admise.

Et toutefois un doute subsiste encore ; le rapporteur, quelque inexacts que soient ses motifs, a nettement formulé l'opinion que l'exception existe. Cette opinion n'est-elle pas l'expression même de la pensée du législateur ? Ne doit-on pas la considérer comme implicitement consacrée par la loi ? Nous ne le pensons pas : il est de principe constant que les opinions émises au cours des travaux préparatoires, même par les rapporteurs, ne sont que des idées personnelles, qui peuvent être adoptées si elles sont fondées en raison, mais que l'on peut rejeter, si elles ne semblent pas exactes ; la doctrine de M. Delsol est à coup sûr basée sur une erreur ; elle n'a été consacrée par aucune modification apportée au texte, elle peut donc être absolument négligée. En conséquence, nous nous croyons tenus de décider que les enfants des agents diplomatiques partageront, au point de vue de l'application de l'article 8, II, 3° du code civil, le sort des enfants des autres étrangers (2). C'est d'ailleurs dans cette hypothèse surtout que le gouvernement pourra user des per-

(1) V. *Sénat*, séance du 7 juin 1889, la réponse de M. Delsol à M. Clément.
(2) V. dans le même sens, Vincent, *Nationalité*, n° 29.

mis de naturalisation, ainsi que nous l'avons déjà indiqué, pour tempérer la rigueur de la loi.

En dehors de cette question, les difficultés que pourra rencontrer l'application de l'article 8, II, 3° seront, comme nous l'avons observé plus haut, les difficultés déjà soulevées pour l'application de la loi de 1851.

A. — Parmi ces difficultés, les unes se réfèrent aux individus que la loi a entendu désigner par ces expressions : « *étranger qui lui-même y est né* (*en France*) ». D'une part, la loi a-t-elle entendu parler non-seulement des étrangers, mais aussi des *étrangères*? D'autre part, a-t-elle prétendu mettre sur la même ligne les individus nés en France et qui étaient étrangers au moment de leur naissance, et les individus nés en France, et qui ne sont devenus étrangers que postérieurement? En d'autres termes, l'individu né en France d'une étrangère qui elle-même y est née, l'individu né en France d'un ex-Français tombent-ils sous le coup de l'article 8, II, 3°?

B. — Toute une série d'autres difficultés se rattache à l'interprétation de ces mots : « *en France* ». D'abord les territoires coloniaux ou de protectorats doivent-ils être assimilés au point de vue qui nous occupe au territoire de la France proprement dite? Doit-on en second lieu envisager comme nés *en France* les individus nés sur des territoires français au moment de leur naissance et qui ont cessé de l'être; les individus nés sur des territoires étrangers au moment de leur naissance et qui sont devenus français depuis cette époque?

Telles sont, d'une manière générale, les questions que nous aurons à examiner.

A. — **Quels individus sont désignés par les expressions :** *Étranger qui lui-même est né* (art. 8, II, 3°)? — La loi nouvelle dispose sur ce point comme la loi ancienne : « Est français l'individu né en France d'un étranger qui lui-même y est né ». Elle n'a visé expressément qu'un seul des auteurs de l'enfant auquel s'impose la nationalité française, ce qui constitue évidemment une lacune; plusieurs questions peuvent en effet se poser à cet égard.

a). — *De l'enfant né en France d'une étrangère qui elle-même y est née.* — Le fils d'étranger né en France est un enfant légitime.

Si les deux auteurs de l'enfant sont nés en France, ou si celui des deux auteurs qui y est né est le père, point de difficulté : l'article doit recevoir son application. Mais que décider si le père étant né à l'étranger, la mère est née en France ? Assez généralement, on admettait dans cette hypothèse que l'ancienne loi n'était point applicable. En mariage, disait-on, la nationalité des enfants se détermine d'une manière absolue par la nationalité du père ; la nationalité de la mère ne doit avoir aucune influence. Il en doit être de même, et à plus forte raison, de ce fait matériel : la mère est née sur le territoire français. — On objectait, avec quelque apparence de raison, que la loi ne s'attachant nullement à une idée de nationalité, mais bien à ce fait matériel, la naissance sur le sol français, on devait laisser de côté la règle générale concernant la nationalité ; que le prétendu argument *a fortiori* n'avait ainsi aucune valeur (1) et que la loi devait recevoir pleinement son application. Il semble bien en effet que l'idée de nationalité doive être complètement exclue en cette matière ; ce que la loi envisage uniquement, c'est ce double fait : deux naissances sur le sol français..., fait d'après lequel on présume une longue résidence en France, et par suite, des mœurs, des habitudes françaises.

Ces deux théories se reproduiront avec la loi actuelle ; mais il faut remarquer que la seconde puise une force nouvelle dans la rédaction modifiée de l'article 10 du code civil. Une discussion, analogue à celle que nous venons d'indiquer, s'élevait sur l'article 10 § 2 (ancien) : elle est aujourd'hui tranchée en faveur de l'interprétation extensive. Ainsi que nous le verrons, l'enfant de l'*ex-Française*, comme l'enfant de l'ex-Français, à la faculté de réclamer l'application de l'article 10, alors que généralement on le lui refusait autrefois. Dès lors, n'est-on pas en droit de dire, bien qu'une modification semblable n'ait point été apportée à la loi de 1851 (art. 8, II, 3°) qu'une solution analogue s'impose ? L'idée qui a prévalu dans la rédaction de l'article 10 ne doit-elle point prévaloir dans l'interprétation de l'article 8 ? Ne doit-on pas dire que les habitudes françaises, éga-

(1) Aubry et Rau, t. I, § 70, texte et note 36 ; et aussi, texte et note 17.

lement existantes chez l'enfant né d'un père né en France et chez l'enfant né d'une mère née en France, doivent être dans les deux cas également puissantes ? Ne faut-il pas dans les deux hypothèses attacher au fait de la double naissance en France la vertu d'attribuer irrévocablement la nationalité française ? Il nous semble que l'extension, admise pour l'article 10, entraine une extension semblable de l'article 8, d'autant que les principes généraux n'y sont nullement opposés (1).

Cette solution pourra paraitre en désaccord avec celle que nous avons admise plus haut, relativement aux individus nés du mariage d'un étranger et d'une femme demeurée française ; elle rompt l'unité de la famille que nous avons jugé devoir être conservée. Mais cependant les circonstances ne sont pas les mêmes : la mesure de l'article 8, II, 3° est une mesure d'ordre social, et l'intérêt attaché à l'application absolue de cette mesure l'emporte sur l'intérêt qu'il peut y avoir à respecter l'unité de la famille.

Si le fils d'étranger né en France est un enfant naturel, sa situation sera exactement la même que celle d'un enfant légitime, au cas où il aura été reconnu par ses deux parents ; dans une opinion, il sera Français, si l'un quelconque de ses deux auteurs est né en France ; dans une autre opinion, il ne sera Français que si celui des auteurs dont il devrait suivre la nationalité est lui-même né en France. Si l'enfant naturel n'a été reconnu que par l'un de ses parents, il n'y a point de difficulté ; il sera Français, même si l'auteur qui l'a reconnu et qui est né en France est la mère.

b). — *De l'enfant né en France d'un ex-Français.* — Nous arrivons à la seconde des questions que nous avons indiquées plus haut : l'individu né en France d'un ex-Français est-il Français de plein droit ? Se trouve-t-il saisi par l'art. 8, II, 3° ? ou bien au contraire sa situation est-elle régie exclusivement par l'art. 10 ?

On faisait remarquer déjà avant la loi nouvelle — et la remarque subsiste aujourd'hui — que le texte résiste un peu à l'interprétation d'après laquelle cet individu est Français de plein

---

(1) Weiss, *Droit International,* p. 58 ; — Baudry-Lacantinerie, t. I, suppl., p. 4 ; — Vincent, *Nationalité,* n° 24.

droit. *Un étranger qui lui-même y* (en France) *est né*, dit l'article ; or, ajoute-t-on, l'ex-Français qui est né en France n'était pas *étranger*, de sorte que l'hypothèse ne rentrerait plus dans les termes précis de la loi. Cependant il faut avouer que le texte peut s'appliquer, sans aucunement en forcer les termes, à la situation dont il s'agit : il ne parle pas d'un individu *né étranger* en France ; il se borne à viser l'auteur étranger qui est né en France, sans distinguer entre le cas où cet étranger l'était déjà au moment de sa naissance et celui où il l'est devenu depuis. Dès lors une sorte d'*a fortiori* s'impose : les mœurs de cet enfant, ses habitudes sont toutes françaises ; elles le sont même plus que celles de l'enfant né d'un étranger d'origine, et il faut le déclarer Français. Telle était la doctrine enseignée par quelques auteurs (1), et nous signalerons plus loin un arrêt de la cour de Cassation qui l'a consacrée implicitement (2).

Il importe d'ailleurs de reconnaître qu'en admettant cette doctrine extensive, la disposition de l'article 10 d'après laquelle l'enfant de l'ex-Français *né en France* peut obtenir la qualité de Français par une naturalisation de faveur, disposition introduite par la loi nouvelle pour trancher une ancienne controverse, rencontrera fort peu d'applications. Il faudra évidemment supposer que l'ex-Français était né à l'étranger pour que son fils, né en France, puisse se trouver dans la situation prévue par l'article 10. Cette rareté d'application de la disposition nouvelle est bien certainement un argument contre notre interprétation de l'article 8, II, 3° ; mais cet argument n'est pas péremptoire. Il suffit en effet que le texte nouveau soit susceptible d'une seule application pour qu'on n'en puisse pas faire sortir la condamnation d'une solution qui se justifie pleinement par d'autres raisons.

Cette solution offre un très-grand intérêt pratique quand on la combine avec la solution que nous avons donnée précédemment, dans le cas où la mère de l'enfant né en France est une Française qui elle même est née sur le territoire français, et qui est devenue étrangère par son mariage.

(1) De Folleville, *Naturalisation*, p. 158.
(2) Cassation, 7 déc. 1883. *Gaz. Pal.* 84.1.38. Voir aussi l'arrêt de Rouen du 22 févr. 84. *Gaz. Pal.* 84. 1. 440.

Ainsi les individus nés en France soit d'un père, soit d'une mère étrangers de naissance, et qui eux-mêmes sont nés sur le territoire français ; ceux qui sont nés en France d'un père ou d'une mère, Français de naissance et devenus étrangers par un fait postérieur, mais d'ailleurs nés en France, rentrent dans les hypothèses prévues par l'article 8, II, 3º.

On doit excepter bien entendu les individus ayant par eux-mêmes perdu la qualité de Français qui leur appartenait du *fait de leur origine* : il est clair que l'article doit s'appliquer seulement aux individus qui, en l'absence de ces dispositions, seraient étrangers au moment de leur naissance.

B. — **Quels territoires sont désignés par l'expression :** *en France.*— Des difficultés plus sérieuses se produisent, quand il s'agit de déterminer exactement le territoire que l'art. 8, II, 3º, a entendu viser.

a) — *Des colonies et protectorats français.* — Et d'abord, en ce qui concerne les territoires coloniaux, il est certain que l'article 8, II, 3º, leur est applicable. Lors de la rédaction de l'article 9 du code civil, il fut formellement entendu que la naissance dans les colonies équivaudrait à la naissance en France relativement à l'exercice de la faculté qu'édictait cette disposition (1) ; et cette interprétation des mots « *en France* » s'étendit sans difficulté aucune à la loi du 7 février 1851 (2). Il en est bien évidemment de même pour la disposition actuelle. S'il était besoin d'une confirmation, on la trouverait dans les travaux préparatoires de la loi de 1889 elle-même ; l'une des grandes préoccupations du législateur a été de remédier en effet à l'envahissement de l'Algérie par une population (3) qui cessait d'être étrangère, sans devenir Française.

Quant aux territoires de protectorats, il semble qu'il en doive être autrement ; ces territoires appartiennent à une souveraineté indépendante dans une certaine mesure ; les conditions

(1) Locré, t. I, p. 249.
(2) Beudant, *Revue critique*, t. IX, juillet 1856.
(3) Rapport de M. Dubost, *Chambre des Députés*, Session 1887, nº 2083 ; rapport de M. Delsol, *Sénat*, Session 1889, nº 160.

sont donc tout autres, et l'application de notre disposition n'aurait plus sa raison d'être.

b) — *Des territoires démembrés ou annexés.* — Nous arrivons à la seconde série des difficultés relatives à l'interprétation des mots *nés en France*, nous voulons parler des difficultés qui proviennent des annexions et des démembrements de territoire. Il faut tout d'abord écarter les hypothèses où l'individu dont la nationalité est en question a acquis ou perdu par lui-même la qualité de Français en vertu de l'annexion ou de la séparation du territoire ; sa nationalité a été définitivement réglée à ce moment. Ces hypothèses exclues, deux autres peuvent encore se présenter : 1° un individu naît en France d'un père né sur un territoire démembré ; 2° un individu naît en France d'un père qui est né sur un territoire annexé, et qui n'a pas acquis la qualité de Français par l'annexion ou qui l'a perdue depuis ; l'article 8, II, 3° doit-il leur être appliqué ?

a) — *Des territoires démembrés.* — Considérons d'abord la première difficulté : elle a été longuement discutée et diversement résolue sous l'empire de la loi de 1851 ; toutefois, depuis un arrêt de principe rendu par la cour de Cassation le 7 décembre 1883 (1), les tribunaux s'étaient à peu près inclinés, et la pratique de la Chancellerie s'était conformée à une doctrine qui d'ailleurs était celle des rares auteurs ayant examiné la question. On décidait donc qu'il fallait considérer comme Français en vertu de la loi de 1851 l'individu né en France d'un père né sur un territoire qui, étant français au moment de la naissance de cet auteur, avait cessé de l'être depuis cette époque.

Mais il semble qu'avec la loi du 26 juin 1889, la question doive reprendre un nouvel intérêt, à raison de la suppression de la faculté de répudiation qu'admettait la loi de 1851. Au surplus les termes de la controverse demeurent absolument les mêmes.

Tout d'abord on a quelque peine à concevoir les motifs qui ont pu retarder jusqu'en 1883 le triomphe de la doctrine consacrée par la cour de Cassation ; l'individu né sur un territoire qui a cessé d'être français, mais qui appartenait à la France au

(1) *Gaz. Pal.* 84. 1. 38 ; *adde* : Rouen, 22 février 1884. *Gaz. Pal.* 84. 1. 440 (arrêt rendu sur le renvoi de l'arrêt de cassation précité).

moment de sa naissance, est bien littéralement *né en France*...
Contre cette interprétation si simple de la loi, on invoquait un
principe général du droit des gens d'après lequel les traités portant cession de territoire impliqueraient rétroactivité : les territoires cédés, les habitants de ces territoires devraient être considérés comme n'ayant jamais relevé d'une autre souveraineté
que la souveraineté dont ils relevaient depuis la cession.

Si ce principe devait réellement être retenu, toute difficulté
serait écartée ; la loi de 1851 (aujourd'hui l'article 8, II, 3°) serait
inapplicable : l'individu né sur le territoire cédé devrait être considéré comme né à l'étranger. Mais l'existence d'une pareille règle
peut être révoquée en doute. Les anciens auteurs n'en font aucune mention ; bien au contraire les termes qu'ils emploient
écartent toute idée de rétroactivité ; c'est ainsi que Pothier nous
dit : « (Au cas de démembrement, les habitants), de citoyens
qu'ils étaient par leur naissance jusqu'au temps du démembrement de la province, deviennent étrangers (1) ».

Dans deux circonstances récentes (2), les personnages les plus
autorisés pour rappeler ce prétendu principe, le ministre des
affaires étrangères en Belgique, et le ministre des affaires étrangères en France, se sont gardés de le faire : il semble donc
vraiment, comme l'a dit un auteur également bien placé pour le
connaître si jamais il avait été formulé ou appliqué, que « ce
principe n'a jamais existé ailleurs que dans l'imagination des
théoriciens (3) ».

D'ailleurs il convient de reconnaître que cette règle du droit
des gens n'a guère été invoquée par les auteurs ou les arrêts
qu'à propos des démembrements dus aux traités de 1814. En
ce qui concerne ces traités en particulier, sans doute lors de la
rédaction de la loi du 14 octobre 1814, relative à la naturalisation
des habitants des départements réunis à la France depuis 1791,
bien des indices démontrent qu'on était préoccupé d'une certaine
idée de rétroactivité. Mais cette préoccupation se reliait à des
considérations toutes spéciales sur lesquelles nous aurons à in-

(1) Pothier, *Traité des personnes*, Partie, I, tit. II, sect. I.
(2) V. *Infrà*.
(3) Cogordan, *Nationalité*, 2ᵉ édition, p. 72.

sister plus bas, et qui ne doivent nullement être considérées comme l'expression d'une théorie générale ou d'un principe du droit des gens. Quant aux traités de 1814 eux-mêmes, il ne semble pas qu'on puisse établir d'une manière absolue leur caractère rétroactif. Il importe de constater tout d'abord leur silence à cet égard ; s'ils avaient voulu, contrairement à ce qui paraît constituer le droit commun des traités de démembrement, consacrer exceptionnellement une fiction de rétroactivité, ils auraient dû tout au moins s'en expliquer formellement.

C'est seulement lorsqu'on jugea nécessaire de régler la situation des habitants des pays démembrés en 1814, lorsqu'il s'agit de la rédaction de la loi précitée, qu'une idée de rétroactivité se fit jour. Il est certain qu'à cette époque quelques esprits étaient préoccupés de renouer les temps actuels à ceux qui avaient précédé la convocation des États-Généraux de 1789, en faisant complètement abstraction des périodes révolutionnaire et impériale. Cette préoccupation s'est-elle traduite par quelques dispositions dans la loi ? a-t-on vraiment traité les personnes originaires des provinces démembrées comme des étrangers ordinaires ? nous aurons à examiner ce point. Toujours est-il qu'en ce qui concerne du moins les territoires eux-mêmes, la loi de 1814 contient des expressions pleinement démonstratives, desquelles il semble bien résulter au contraire qu'une telle fiction de rétroactivité n'a pas été établie à leur égard : d'abord l'intitulé même de la loi ; puis cette formule dans l'article 3 : « A l'égard des individus nés et encore domiciliés *dans des départements qui, après avoir fait partie de la France, en ont été séparés par les derniers traités* », prouve surabondamment que l'on n'a pas voulu traiter les provinces démembrées comme ayant toujours été étrangères. Au surplus, nous le répétons, il faudrait pour qu'une telle fiction pût être invoquée, qu'elle fût clairement établie, et il est loin d'en être ainsi.

Nous avons déjà indiqué que les départements ministériels des affaires étrangères, en France comme en Belgique, ont eu l'occasion, à plusieurs reprises, de proclamer l'existence d'un principe de rétroactivité, ou de réclamer l'observation des traités de 1814 à ce point de vue, et ne l'ont point fait.

L'une de ces affaires a eu des phases diverses et assez curieuses pour que nous la rappelions ici. Le sieur Gillebert était né en France d'un père qui était né en Belgique en 1799 ; son attitude violente contre le préfet de la Manche le fit expulser par un arrêté ministériel du 15 juillet 1880, qui le traita comme un étranger. Il réclama la protection de son gouvernement : le ministre des affaires étrangères de Belgique, M. Frère-Orban, refusa d'intervenir en sa faveur. Un député, M. Demeur, porta alors la question à la tribune : le ministre répondit qu'après examen il n'y avait pas lieu d'intervenir, le sieur Gillebert étant Français ; que telle était l'opinion adoptée par un jugement d'un tribunal français (1), « et, qu'en effet, Gillebert était né en France d'un père né en Belgique à une époque où la Belgique faisait partie du territoire français ; que, par suite, en vertu de la loi de 1851, article 1, le sieur Gillebert était de plein droit Français, aux yeux de la loi française » (2). Pas un mot de la prétendue fiction de rétroactivité. Il convient de retenir cette interprétation donnée à la fois à la loi de 1851 et aux traités de 1814 par un ministre des affaires étrangères à la tribune de la Chambre belge, sans qu'elle ait soulevé aucune contestation. L'arrêté d'expulsion fut néanmoins maintenu : Gillebert, considéré en Belgique comme Français, demeurait étranger, aux yeux de la loi française, d'après une interprétation qui semblait dominante.

Rentré en France, il y est poursuivi pour infraction à un arrêté d'expulsion et condamné par le tribunal de la Seine, qui d'ailleurs omet d'examiner la question de nationalité ; la cour de Paris confirme le jugement après avoir tranché la question préjudicielle dans le sens courant : « Considérant qu'au point de vue des droits individuels, conférés à chacun par le lieu de sa naissance, les provinces belges annexées à la France à la fin du dernier siècle et séparées d'elle en 1814, sont réputées n'avoir

(1) *Tribunal de St.-Lô*, 24 août 1881. A l'occasion d'un procès qui lui était intenté par la dame Gillebert, le sieur Gillebert conclut à l'incompétence du tribunal, à raison de l'extranéité des deux parties ; le tribunal n'accueillit pas cette exception, mais en se fondant surtout sur le long séjour de Gillebert en France, qui lui attribuait compétence d'après la jurisprudence ; ce n'est que tout incidemment qu'il admit l'idée que Gillebert pourrait bien être Français.
(2) Chambre des Députés de Belgique. — Séance du 3 mars 1882.

jamais été françaises ; que leurs habitants, nés pendant la période de réunion, sont par une sorte de *postliminium* devenus étrangers d'une manière absolue, sans pouvoir être rangés dans la catégorie spéciale des étrangers qui sont nés en France ; que les faveurs et les charges, résultant de la loi de 1851, ne s'appliquent qu'aux enfants nés en France de parents étrangers, nés eux-mêmes dans les pays restés français » (1).

Mais sur le pourvoi en cassation, l'affaire change de face. C'était en somme la première fois que les tribunaux avaient à examiner la question de la rétroactivité des traités de 1814. Jusqu'alors, et avant la loi de 1851, ils avaient eu à statuer sur la condition des individus nés en France d'un père d'origine belge, et *mineurs* lors de la séparation ; ils avaient pu déclarer, sans aucune fiction de rétroactivité, quoi qu'on ait dit, que ces mineurs avaient cessé d'être Français, en même temps que leur père : les mineurs n'avaient eu en effet en 1814 aucune faculté d'option particulière (2). La cour suprême cassa l'arrêt de la cour de Paris par les motifs suivants (3) : « ..... Attendu que, né dans un pays qui était, au moment de sa naissance, un territoire français, le père de Gillebert doit être considéré, dans les termes généraux des lois précitées, comme né en France ; — Attendu que si la loi du 14 octobre 1814 n'a accordé aux habitants des provinces séparées de la France, par le traité du 30 avril précédent, qu'une naturalisation de faveur, et si elle leur a imposé une partie des formalités prescrites pour la naturalisation des étrangers, il n'est pas nécessaire, pour expliquer ces dispositions, de recourir à une fiction d'après laquelle ces provinces seraient réputées n'avoir jamais été françaises ; qu'il suffit d'admettre que leurs habitants avaient, aux yeux des rédacteurs de la loi du 14 octobre 1814, perdu leur qualité de Français par l'effet même du traité antérieur de démembrement..... ».

Enfin la cour de Rouen, saisie du renvoi, statua conformément à la doctrine de la cour de Cassation (4).

(1) 11 juin 1883.
(2) Voir les conclusions de M. l'avocat général Desjardins, *Gaz. Trib.* 17 et 18 décembre 1883.
(3) Cassation 7 déc. 1883, *Gaz. Pal.* 84.1.38.
(4) 22 févr. 1884, *Gaz. Pal.* 84.1.440.

Tel est l'historique de cette mémorable affaire ; depuis cette
époque, et quoiqu'il y ait eu des dissidences (1), la jurisprudence semble avoir adopté le système de la cour de Cassation ;
la question n'a d'ailleurs plus été soumise à la cour suprême
depuis 1883.

Il semble bien en effet que la doctrine de la cour de Cassation
soit fondée en droit. L'idée de rétroactivité ne peut guère se soutenir en l'absence d'un texte formel ; il y avait là une sorte de
tradition, à laquelle on ne touchait guère, parce que les décisions
qu'elle pouvait couvrir se justifiaient d'autre façon ; le jour où il
devint nécessaire de l'examiner, on s'en est détaché.

Mais on a invoqué d'autres arguments pour écarter l'application de la loi de 1851 dans notre hypothèse. Cette loi, a-t-on dit, si
l'on en recherche l'esprit, a entendu viser uniquement les individus nés sur des territoires qui sont encore français au moment
où la question de nationalité s'agite. C'est exclusivement dans ces
conditions que se présente le danger auquel on a voulu parer.
Mais la loi ne distingue pas ; dans ces conditions il est sûrement
plus sage de ne point admettre de distinction.

Cette application de la loi de 1851 peut paraître fâcheuse, lorsqu'il s'agit d'une naissance sur un territoire dont la réunion à la
France a été de peu de durée ; mais il faut considérer combien
la solution inverse paraîtrait regrettable, lorsqu'il serait question d'une naissance sur un territoire qui, pendant de longues,
années, des siècles peut-être, aurait fait partie du territoire
français et en aurait malheureusement été distrait. On ne
pourrait vraiment, sans heurter le bon sens, traiter les provinces cédées en 1871 comme n'ayant jamais été françaises ; si le
fait d'une annexion purement passagère peut être envisagé
comme aboli rétroactivement par la séparation, il ne saurait en
être de même, lorsque l'annexion a eu une certaine durée. Mais
alors quel critérium adopter ? Faudra-t-il que la réunion ait duré
25 ans, 50 ans ? Sera-ce une question de faits, de circonstances, abandonnée à l'appréciation des juges, qui auront à examiner si l'assimilation à la France a été suffisante ? En présence

(1) V. Roche, *Journal de Droit International privé*, année 1888, p. 731.

de l'arbitraire où conduit forcément l'autre doctrine, quand on ne veut pas qu'elle mène à l'absurde, la doctrine de la cour de Cassation dans son interprétation large de la loi de 1851 paraît devoir être préférée.

Nous avons rappelé un peu longuement cette controverse, qui doit se reproduire dans les mêmes termes avec la rédaction de l'article 8, II, 3° du code civil modifié par la loi du 26 juin 1889 ; mais, ainsi que nous l'avons dit tout d'abord, elle empruntera un intérêt plus grand à la rigueur absolue de la règle nouvelle.

Les résultats pratiques de la doctrine adoptée en 1883 par la cour de Cassation et que nous croyons préférable encore aujourd'hui, sont assez heureux, puisqu'ils permettront l'incorporation immédiate et définitive à la nationalité française d'un certain nombre d'individus qui, retirant tous les bénéfices de la qualité de Français, conserveraient encore la faculté de se soustraire aux charges qu'elle impose.

Toutefois il faut bien reconnaître que son application offre quelques difficultés ; la preuve de la réunion du pays, où est né le père de l'individu dont la nationalité est en question, ne peut pas toujours être faite et surtout ne peut pas être administrée d'une manière uniforme. Il y aura donc des inégalités choquantes ; il est à craindre que beaucoup d'individus n'échappent encore à l'application de la règle générale. Une nomenclature officielle des lieux réunis à la France, puis démembrés, serait le seul moyen d'éviter ces inégalités et de régulariser cette application.

Cette doctrine a d'ailleurs, il faut l'observer, une portée beaucoup plus générale. Elle a pour point de départ cette constatation : les traités de cession n'ont point d'effet rétroactif... Il en résulte d'une part, et la doctrine que nous venons de discuter ne fait que tirer une conséquence de cette idée, il en résulte que les individus nés dans les pays cédés sont toujours traités comme nés en France. Par suite, et s'ils n'ont pas par eux-mêmes perdu la qualité de Français, ils tombent sous le coup de l'article 8, II, 4° et de l'article 9. D'autre part, les habitants des provinces cédées doivent bien être considérés comme ayant été Français ; ils peuvent donc personnellement obtenir la réintégration dans la qualité de Français, et leurs enfants au premier degré sont en droit de réclamer le bénéfice de l'article 10 du code civil. Nous retrouverons plus loin ces autres faces de la question.

En ce qui concerne les individus qui au lieu d'être nés en France sont nés sur les territoires démembrés, et dont les parents sont eux-mêmes nés en France ou sur ces territoires, il y aura lieu de leur étendre la même doctrine, si du moins le traité de séparation ne leur a pas fait perdre la nationalité française.

Nous avons admis que l'article 8, II, 3° s'appliquait aux enfants d'ex-Français nés en France ; il importe donc peu que le père de l'individu dont la nationalité est en question, père né sur le territoire français, soit né étranger ou Français...

b) — *Des territoires annexés.* — Nous avons à examiner maintenant la situation de l'individu né en France d'un père, dont la naissance a eu lieu sur des territoires annexés postérieurement; il faut supposer, ou que ce père n'a pas acquis la qualité de Français par l'annexion, ou bien que, l'ayant acquise, il l'a perdue depuis, peut-être par la séparation postérieure des territoires réunis pendant quelque temps. Les solutions que nous avons adoptées précédemment, en ce qui concerne les séparations de territoire, dictent les solutions à admettre en ce qui concerne les annexions : le territoire cédé devient français, mais n'en a pas moins été étranger jusqu'au jour de l'annexion (1), et cette solution que nous aurons à reproduire sous l'article 8, II, 4° et sous l'article 9 est absolument conforme à l'esprit qui a inspiré ces différents textes.

Il y aura lieu de se demander ensuite si ces individus ne doivent pas être traités comme des enfants d'ex-Français, lorsque leur père a été Français à un moment quelconque de son existence; la solution affirmative dépendra dans un grand nombre de cas de la question de savoir si le traité en vertu duquel la séparation a été opérée n'a point un effet rétroactif quant aux habitants des provinces cédées (2).

C. — **Question transitoire.** — L'article 8, II, 3° déclare Français les individus nés en France d'étrangers qui eux-mêmes y

(1) Cogordan, *Nationalité,* 2° édition, p. 77.
(2) V. *Infrà.*

sont nés ; mais la loi nouvelle a négligé de trancher, relativement à l'application de cette disposition, une question transitoire des plus importantes. La qualité de Français n'a-t-elle été conférée qu'aux individus de cette catégorie, nés postérieurement à la promulgation de la loi du 26 juin 1889? Faut-il, partant, maintenir au profit des individus dont la naissance est antérieure, la faculté de répudier la nationalité française, dans l'année qui suivra leur majorité, conformément aux lois de 1851 et de 1874?

Il paraît certain tout d'abord que la loi nouvelle n'a pu atteindre les individus majeurs de 22 ans au moment de sa promulgation. La nationalité est en effet l'une des qualités constitutives de l'état des personnes; or l'état des personnes est une véritable propriété, à laquelle il ne peut être porté atteinte que par une disposition légale formelle, sorte d'expropriation. La loi du 26 juin 1889 ne contenant aucune dérogation au principe général de l'art. 2 du code civil, nous déciderons qu'elle est dépourvue d'effet rétroactif et déclarerons par suite irrévocablement étrangers les individus qui, nés en France d'un étranger qui lui-même y est né, ont usé avant la promulgation de la loi nouvelle de la faculté de répudiation que leur laissaient les lois de 1851 et de 1874.

La question devient singulièrement plus délicate, lorsqu'il s'agit de déterminer la condition des individus visés par l'article 8, II, 3° et qui, au moment où cette disposition est entrée en vigueur, étaient mineurs de 22 ans. Ces individus étaient déclarés Français par les lois de 1851 et de 1874, comme ils le sont par le texte nouveau, mais avec une faculté de répudiation ; leur maintenir l'exercice de cette faculté, ce serait ajourner jusqu'à l'expiration d'un délai de 22 années l'application de la loi nouvelle. Tel n'a pu être évidemment le but du législateur de 1889 qui, par cette disposition surtout, à laquelle il a attaché une importance exceptionnelle, a essayé d'augmenter le nombre des Français pour parer au danger actuel résultant de la décroissance, peut-être momentanée, de la population française (1). Mais les déclarer Français *hic et nunc*, en leur enlevant toute faculté de décliner cette qualité, ne serait-ce pas d'autre part

---

(1) Voir le rapport de M. Dubost, cité plus haut.

faire rétroagir la loi, malgré le silence qu'elle a gardé et peut-être contrairement aux principes généraux ?

Somme toute, la question est uniquement de savoir s'il faut considérer la faculté de répudiation, qui appartenait à ces individus en vertu de la législation antérieure, comme un droit acquis. Nous ne le pensons point ; le droit acquis est à proprement parler l'avantage qui nous appartient d'une manière irrévocable, qui ne peut nous être ravi par celui du fait de qui nous le tenons. Or il s'agit d'une simple faculté légale, d'une pure faveur que la loi a concédée, mais qu'elle peut aussi retirer à son gré ; les effets entraînés par l'exercice de cette faculté constituent sans doute des droits acquis, mais cette faculté elle-même, lorsqu'elle n'existe encore qu'à l'état latent, est une simple expectative, non point un droit. Une faculté toute analogue est la faculté reconnue à tous les Français de dépouiller leur nationalité en se faisant naturaliser à l'étranger. Supposons qu'une loi intervienne qui supprime cette faculté ; il est certain qu'elle frapperait immédiatement tous les Français existants, et non point seulement ceux qui naitraient à partir du jour où elle aurait été promulguée. La situation est identique relativement à l'application de l'article 8, II, 3° ; en vertu même des lois de 1851 et de 1874 qu'on invoque, les individus visés par cette disposition étaient présumés Français : les autoriser à user de cette faculté de répudiation nonobstant la loi nouvelle, ce serait en définitive autoriser des Français à se dépouiller à l'avenir de leur qualité par un mode que la loi a expressément aboli.

Mais faut-il appliquer les mêmes principes aux individus qui, nés en France d'un étranger qui lui-même y est né, étaient au moment de la promulgation de la loi du 26 juin 1889 âgés de vingt et un ans et n'avaient pas encore décliné la qualité de Français, qu'ils se proposaient peut-être de répudier avant l'accomplissement de leur vingt-deuxième année ? La faculté que leur avait concédée la législation antérieure avait chez ces individus pris plus de consistance que chez les mineurs de vingt et un ans ; ils avaient atteint l'âge où cette faculté aurait pu être exercée. Ce n'était pas à vrai dire une simple expectative ; mais ce n'était pas davantage un droit acquis, cette faculté n'ayant pas encore été exercée et n'ayant produit aucun effet déterminé. Les circonstances demeurent donc les mêmes : les individus majeurs de vingt et un ans et mineurs de vingt-deux ans ne pourraient pas plus aujourd'hui se réclamer des lois de 1851 et de 1874 qu'ils ne pourraient demain se réclamer de l'article 17 du code civil, si une loi prochaine venait abroger l'un des modes par lesquels il est permis à nos nationaux de se dépouiller actuellement de la qualité de Français.

En résumé, nous estimons que, parmi les étrangers nés en France d'un étranger qui lui-même y est né, ceux-là seuls ne sont pas devenus irrévocablement Français qui, antérieurement à la promulgation de la loi du 26 juin 1889, ont fait leur déclaration d'extranéité, conformément aux lois des 7 février 1851 et 16 décembre 1874.

Nous avons ainsi terminé l'examen des deux catégories légales qui comprennent les individus français de naissance. L'article 8, II du code civil semble par sa contexture y ajouter une autre série d'individus français de naissance et qui peuvent seulement perdre cette qualité par une répudiation faite suivant certaines formes.

Mais, ainsi que nous le verrons plus tard, il n'y a là qu'une apparence : les individus visés par le 4° de l'article 8, II demeurent étrangers jusqu'à l'époque de leur majorité ; ils ne deviennent Français qu'à cette époque, et s'ils se trouvent dans les conditions prévues par la loi ; ils ne peuvent donc être placés parmi les individus dont la situation au point de vue de la nationalité vient d'être étudiée.

CHAPITRE III. — DE LA NATURALISATION.

La nationalité résulte normalement du fait de la naissance ; nous avons eu à étudier et nous connaissons désormais les règles de notre droit qui la déterminent pour chacun. Mais elle peut également résulter d'un fait postérieur. Nul en effet ne doit être tenu de conserver contre son gré sa nationalité originaire : la doctrine de l'allégeance perpétuelle, consacrée encore par les législations qui s'inspirent des idées féodales, a disparu de la plupart des lois modernes (1). Or la perte de la nationalité d'origine a pour corrélatif ordinaire l'acquisition d'une nationalité nouvelle ; cette acquisition se fait par la naturalisation, dont nous allons maintenant rechercher les règles, en tant que mode d'acquisition de la nationalité française.

Section I. — Généralités et historique.

I. — Dans son sens le plus général, la naturalisation est « l'admission d'un étranger au nombre des nationaux d'un État » (2). Elle nous apparaît de nos jours comme devant revêtir la forme d'un contrat libre entre l'étranger et l'État. La nationalité constitue en effet un bien dont l'individu ne doit pas être privé malgré lui et que l'État ne peut être contraint d'accorder ; pour qu'un individu perde sa nationalité d'origine, il faut qu'il consente à s'en dépouiller ; pour qu'il acquière une nationalité nouvelle, il faut que ceux qui la possèdent veuillent bien la partager avec lui.

Il n'en a pas toujours été et il n'en est pas partout ainsi ; il y a eu et il y a encore des législations qui imposent la nationalité indigène aux étrangers remplissant certaines conditions, notamment à ceux qui résident dans le pays depuis un certain laps de temps. On peut bien dire qu'au fond il y a un consentement tacite de la part de l'étranger qui perd ainsi sa nationalité d'origine ; mais ce n'est évidemment pas un consentement pleinement libre, dont en bonne législation on puisse se contenter. On ne peut admettre une pareille pression sur la volonté de l'étranger, que chez « les peuples nouveaux, dont la population s'accroit par des immigrations venues de tous les points du globe » (3).

La naturalisation doit donc d'abord être subordonnée au consentement libre de l'intéressé. Quant à la volonté de l'autre contractant, de l'État, elle n'a jamais pu, bien évidemment, être al-

---

(1) Bard, *Précis de droit international pénal et privé*, p. 144 et suivantes ; Cogordan, *Nationalité*, 2ᵉ édition, p. 8 et suivantes.

(2) Cogordan, *Nationalité*, 2ᵉ édition, p. 117.

(3) Exposé des motifs, Prop. Batbie, *Sénat*, Session 1882, nᵒ 15.

térée en fait au même titre que celle de l'individu. Elle se manifeste sous deux formes distinctes : tantôt le consentement est donné par avance, la naturalisation est accordée à tout étranger qui remplit certaines conditions déterminées d'une manière préalable et générale : c'est le système de la naturalisation de *plein droit* ; tantôt au contraire l'État attend la demande de l'étranger et son consentement n'intervient que lorsque l'espèce est favorable : ce système plus souple, plus arbitraire aussi, est le système de la naturalisation de *faveur* (1).

Aujourd'hui la question est dans presque toutes les législations du monde civilisé résolue de la même manière : la naturalisation ne constitue pas un droit, elle n'est accordée à celui qui la réclame qu'à titre de pure faveur ; l'État, dans la plénitude de son pouvoir d'appréciation, demeure toujours libre de la concéder ou de la refuser. En effet si, dans les pays nouveaux, « le nombre des émigrants est si considérable qu'on a dû simplifier la naturalisation en fixant des conditions légales auxquelles elle serait attachée, au lieu de soumettre tous les arrivants à l'obtention d'une concession individuelle » (2), il doit en être tout autrement lorsque les étrangers qui se fixent dans un pays avec l'intention de s'y établir sont relativement peu nombreux. D'ailleurs, et notre loi même en donne un exemple, il est très possible de faire vivre parallèlement les deux systèmes : le système de la naturalisation octroyée à titre de faveur constituera la règle et, dans quelques hypothèses particulièrement intéressantes, la naturalisation résultera de plein droit de l'accomplissement de certaines conditions légales.

Mais s'il est incontestable que l'État doive conférer la naturalisation à titre de mesure individuelle, des doutes sérieux peuvent naître quand il s'agit de déterminer le pouvoir qui, dans l'État, doit exercer cette prérogative. Aux États-Unis de l'Amérique du Nord, c'est le pouvoir judiciaire, représenté par certaines

---

(1) Quelques auteurs veulent réserver à cette seule forme le nom de *naturalisation* (Weiss, *Traité de Droit international privé,* 2ᵉ édition, p. 330 ; — Vincent, *la Nationalité,* nᵒ 55, *Lois nouvelles,* 1889, nᵒ 28). Mais il semble qu'il n'y ait aucune raison pour restreindre ainsi cette expression. V. *infrà.*

(2) Exposé des motifs, Prop. Batbie, *Sénat,* Session 1882, nᵒ 15.

cours de justice, qui est appelé à statuer sur les demandes tendant à obtenir la qualité de citoyen des États-Unis (1). Mais les demandes de naturalisation soulèvent, nous le constaterons bientôt, des questions d'intérêt général ; les tribunaux auxquels il est défendu, même en matière exclusivement judiciaire, de prononcer par voie de disposition générale et réglementaire, ne paraissent pas destinés, dans l'organisation des pouvoirs, à trancher des questions qui sont connexes à la sûreté intérieure de l'État aussi bien qu'à ses rapports avec les autres gouvernements : l'autorité judiciaire ne peut donc participer à cet égard à l'exercice de la souveraineté et si l'on conçoit qu'elle serve d'auxiliaire dans l'instruction de la demande (2), il semble qu'il faille réserver exclusivement aux pouvoirs législatif ou exécutif le droit de concéder la naturalisation.

Tel est d'ailleurs le système suivi dans la plupart des autres pays. En France, la question, qui d'ailleurs ne se posait qu'entre ces deux derniers pouvoirs seulement, fut définitivement résolue lors de la discussion de la loi du 3 décembre 1849. Plusieurs orateurs, notamment MM. Valette, Jules Favre, Crémieux et Leroux, proposèrent que le droit de statuer sur les demandes de naturalisation, attribué par le projet au pouvoir exécutif, fût transféré au pouvoir législatif : la naturalisation, disaient-ils, est un acte de souveraineté par excellence; or la souveraineté appartient à la nation et ne peut être exercée que par ses mandataires, les membres des assemblées législatives. Les adversaires, notamment M. de Vatimesnil, répondaient qu'à la vérité la naturalisation est un acte de souveraineté, mais que la souveraineté réside, non pas uniquement dans le pouvoir législatif, mais dans l'universalité des citoyens, représentés à la fois par les deux pouvoirs. La conséquence, c'est qu'il fallait leur accorder à tous deux une participation à l'acte, faire poser par le pouvoir législatif les

---

(1) *Acte sur la naturalisation* (1re Sess. du 43e Congrès, 1873-1874) Section 2165.

(2) Au Canada c'est le secrétaire d'État qui confère la naturalisation ; mais au préalable l'impétrant est tenu de présenter aux cours de justice le certificat constatant qu'il a prêté et souscrit les serments de résidence et d'allégeance. (Acte concernant la naturalisation des étrangers. Sess. législ. de 1881, 44, Victoria, chap. XIII, art. 13).

règles de la naturalisation et laisser au pouvoir exécutif le soin de les appliquer. D'ailleurs la nature même de la naturalisation, ses applications fréquentes, la nécessité de faire une enquête sur l'impétrant semblaient de sérieux motifs pour qu'on admit l'intervention prépondérante du pouvoir exécutif (1). L'opinion de M. de Vatimesnil l'emporta devant l'Assemblée nationale : c'est au pouvoir exécutif que fut maintenu le droit de conférer la naturalisation (2).

D'ailleurs l'acte n'en conserve pas moins son caractère d'acte de souveraineté ; le gouvernement, en conférant la naturalisation, agit comme représentant la nation entière : c'est toujours l'État qui contracte avec l'étranger.

Aussi les règles, que le goûvernement doit suivre pour accomplir cet acte, appartiennent-elles au droit public. C'est pour cette raison que la matière de la naturalisation a trouvé longtemps sa place dans la constitution même, et que, jusqu'à nos jours, on avait évité de l'incorporer au code civil. Le législateur de 1889 a jugé qu'il devait en être autrement, et à certains égards il a eu raison. Mais il est évident que la place où la matière est traitée ne la déclasse pas ; elle n'en demeure pas moins matière de droit public, quoique traitée au milieu des matières du droit privé, auquel d'ailleurs elle confine de près.

II. — Dans l'ancien droit le système de la naturalisation concédée à titre de pure faveur avait triomphé; d'ailleurs aucune réglementation n'était intervenue et le souverain accordait ou refusait *les lettres de naturalité* selon son bon plaisir. Les coutumes exigeaient cependant que l'impétrant se fixât dans le royaume et fît vérifier ses lettres par la Chambre des Comptes dans le ressort de laquelle il s'établissait. En fait elles étaient rarement octroyées ; elles avaient pour effet d'affranchir ceux qui en bénéficiaient des droits d'aubaine et de détraction, et les besoins du trésor s'opposaient sans doute à ce qu'on réduisît ainsi une source de revenus. Au surplus le seul fait de la naissance en France conférant

---

(1) Cogordan, 2e édit., p. 128.

(2) La naturalisation est octroyée par le pouvoir législatif, notamment en Belgique, au Danemark, dans le grand-duché de Luxembourg, en Roumanie, en Espagne et en Bolivie.

la qualité de Français, on n'avait pas senti la nécessité de mesures générales par lesquelles on aurait cherché à accroître le nombre des sujets du roi.

Le sentiment de cette nécessité paraît s'ètre fait jour dès le début de l'époque intermédiaire ; peut-être et plutôt encore, le législateur, qui à cette époque ouvrit trop largement les portes de la France, subit-il l'influence des idées philosophiques du temps sur la fraternité universelle.... Quoi qu'il en soit, la naturalisation, qui fut alors pour la première fois l'objet d'une réglementation, cessa d'être une faveur et devint un droit pour l'étranger réunissant certaines conditions.

La loi du 2 mai 1790 distingua l'acquisition de la qualité de français et l'acquisition de la qualité de citoyen : devint français de plein droit et sans intervention du gouvernement celui qui, après cinq ans de domicile continu en France, y avait acquis des immeubles, épousé une Française, formé un établissement de commerce, ou reçu dans quelque ville des lettres de bourgeoisie ; la prestation du serment civique lui conférait ensuite l'exercice des droits de citoyen actif.

La Constitution du 14 septembre 1791 maintint ces règles dans leurs lignes générales ; elle conféra toutefois au pouvoir législatif le droit d'accorder, pour des considérations importantes, la naturalisation sans autre condition que de fixer son domicile en France et d'y prêter le serment civique.

La Constitution du 24 juin 1793, avec la suppression du serment civique, effaça la distinction entre l'acquisition de la qualité de Français et l'acquisition de la qualité de citoyen ; elle semble d'ailleurs faire à certains égards de la concession de la nationalité française une véritable récompense. « Tout étranger, âgé de 21 ans accomplis, qui, domicilié en France depuis une année, y vit de son travail, ou acquiert une propriété, ou épouse une Française, ou adopte un enfant, ou nourrit un vieillard, tout étranger enfin qui sera jugé par le Corps législatif avoir bien mérité de l'humanité, est admis à l'exercice des droits de citoyen ». (Constitution de 1793, art. 4).

Sous l'empire de ces textes, la naturalisation, on le voit, s'opère de plein droit ; la qualité de Français d'abord, la qualité de citoyen dans la suite, sont imposées par la loi à l'étranger qui remplit certaines conditions : ni l'adhésion du gouvernement, ni même le consentement de l'intéressé ne sont nécessaires.

Le législateur était ainsi tombé dans un excès contraire à celui de l'ancien droit ; on le sentit bientôt et la Constitution du 5 fructidor an III commença une réaction indispensable. Elle maintint le principe de la naturalisation de plein droit, tout en augmentant la durée du séjour en France, mais elle ne conféra la qualité de Français qu'aux étrangers ayant manifesté l'intention de l'acquérir. « L'étranger, dit l'article 10 de cette Constitution, devient citoyen français, lorsqu'après avoir atteint l'âge de 21 ans accomplis, et *avoir déclaré l'intention de se fixer en France*, il y a résidé pendant sept années consécutives, pourvu qu'il y paye une contribution directe et qu'en outre il y possède une propriété foncière ou un établissement d'agriculture ou de commerce ou qu'il ait épousé une Française ». En même temps la faculté, jusqu'alors reconnue au pouvoir législatif d'accorder dans certains cas exceptionnels la naturalisation, était supprimée.

La Constitution du 22 frimaire an VIII ne marqua pas davantage ce retour à un système plus sage ; elle laissa subsister la naturalisation de droit, tout en prolongeant encore le délai après lequel elle était acquise ; d'ailleurs elle abolit toutes les conditions accessoires, et attribua la qualité de citoyen français « à tout étranger qui, après avoir atteint l'âge de 21 ans accomplis et avoir déclaré son intention de se fixer en France, y aurait résidé pendant dix années consécutives » (art. 3).

Telle était en 1804 la législation relative à la naturalisation Les rédacteurs du code civil ne comprirent point dans leur œuvre cette matière pourtant si importante ; ils considérèrent sans doute que la naturalisation touche au droit public autant qu'au droit privé ; d'ailleurs les dispositions qui la réglementaient étaient inscrites dans la Constitution, et ils crurent qu'ils ne pouvaient y porter la main sans excéder les bornes de leur mission. Quoi qu'il en soit à cet égard, la Constitution du 22 frimaire an VIII demeura applicable à la matière après la promulgation du code civil : la qualité de Français s'acquit par une simple déclaration d'intention, suivie d'une résidence décennale ininterrompue.

Mais l'article 13 du code civil fondait une institution nouvelle, grâce à laquelle les étrangers pouvaient jouir d'une situation intermédiaire entre celle du Français et celle de l'étranger : l'étranger, qui s'était fixé en France avec l'autorisation du gouvernement, avait la jouissance des droits dont l'étranger ordinaire était privé. Pouvait-on concilier cette disposition avec la disposition relative à la naturalisation, contenue dans la Constitution de l'an VIII ? n'y avait-il pas une réelle inconséquence à exiger l'intervention du gouvernement pour la concession des droits civils (art. 13. C. Civ.), et à la déclarer superflue pour un acte de même nature, mais bien plus important, pour l'acquisition de la nationalité française, pour la concession, non seulement des droits civils, mais encore des droits civiques et politiques ? Le gouvernement consulaire soumit ces doutes au Conseil d'État ; plus précisément, il le consulta « sur la question de savoir si l'étranger, qui veut devenir français par la voie qu'indique l'article 3 de la Constitution du 22 frimaire an VIII, est assujetti à la disposition de l'article 13 du code civil, qui ne donne à l'étranger la jouissance des droits civils que lorsqu'il aura été admis à y résider ». La haute assemblée répondit par l'avis mémorable du 20 prairial an XI ; d'après elle, « l'étranger était tenu d'obtenir la permission du gouvernement ; et ces permissions, pouvant être, suivant les circonstances, sujettes à des modifications, à des restrictions et même à des révocations ne sauraient être déterminées par des règles ou des formules générales ». En conséquence, il ne suffit plus à l'étranger de justifier d'une résidence continue de dix années en France pour obtenir la naturalisation ; cette résidence, depuis l'avis du Conseil d'État de l'an XI, ne put être prise en considération qu'autant qu'elle avait été autorisée par le gouvernement. On ajoutait ainsi une condition supplémentaire à celles qu'exigeait la Constitution de l'an VIII pour l'obtention de la naturalisation, sans néanmoins faire disparaître la disposition constitutionnelle : la naturalisation en elle-même s'opérait toujours de plein droit à l'expiration du délai de stage. Le texte continua même à être appliqué dans une certaine mesure jusqu'à la loi du 3 décembre 1849 ; l'étranger fut notamment tenu jusqu'à cette époque de déclarer son intention de se fixer en France, s'il voulait invoquer en vue de la naturalisation l'admission à domicile préalablement obtenue.

Les sénatus-consultes des 26 vendémiaire an XI et 19 février 1808 autorisèrent le gouvernement à accorder aux étrangers qui auraient rendu des services à la France une naturalisation exceptionnelle après un an de domicile autorisé, sans d'ailleurs toucher aux règles relatives à la naturalisation dite désormais ordinaire. Avec ces dispositions, on revint au système de la naturalisation concédée à titre de faveur dans quelques hypothèses exceptionnelles, système que la Constitution de l'an III et celle de l'an VIII avaient cru devoir complètement abandonner ; mais on substitua à l'action du pouvoir législatif désigné, par les Constitutions de 1791 et de 1793, pour conférer ces naturalisations, celle du pouvoir exécutif qui, pour la première fois depuis la Révolution, allait intervenir dans la concession de la naturalisation proprement dite. On accentuait ainsi le mouvement dont l'avis du Conseil d'État de l'an XI n'était qu'une première manifestation.

Bientôt cette intervention du pouvoir exécutif fut généralisée. Le décret du 7 mars 1809 chargea le gouvernement de vérifier dans chaque espèce si les conditions légales mises par la Constitution à l'obtention de la naturalisation étaient exactement accomplies : c'était, il ne faut pas le dissimuler, une pure et simple violation de la Constitution qu'aucune disposition législative n'avait abrogée. Désormais aucune naturalisation ne put avoir lieu de plein droit ; la naturalisation redevint ainsi une pure faveur, et ne put résulter que d'un acte du gouvernement, qui restait absolument libre de prendre telle mesure que l'intérêt général lui suggérait. Comme d'ailleurs elle était dictée par un sentiment plus exact des nécessités de la matière, cette mainmise hardie du gouvernement sur l'institution de la naturalisation fut consacrée par les lois ultérieures. Les grandes lignes du système qui doit triompher sont désormais acquises ; la naturalisation est et demeurera, en thèse générale, une faveur concédée par le pouvoir exécutif, et nous n'aurons plus à enregistrer en cette matière que de simples modifications de détail.

En 1814, une ordonnance datée du 14 juin introduisit une distinction toute nouvelle entre la *naturalisation simple* et la *grande naturalisation*. La première, accordée par le roi, conférait les droits civils et politiques, sauf celui de faire partie de la Chambre des pairs ou de la Chambre des députés ; la seconde conférait le droit de siéger dans les assemblées législatives, mais ne pouvait résulter que d'une loi. Ce dépouillement du pouvoir exécutif par le pouvoir exécutif lui-même ne s'effectua que sous l'empire de motifs tout politiques. On avait voulu écarter du Parlement, et surtout de la Chambre des pairs, certains sénateurs devenus étrangers par suite du démembrement de l'empire napoléonien ; le gouvernement, n'osant aller jusqu'à leur refuser une ordonnance de naturalisation, dont la loi de 1814 dans un sentiment semblable avait déjà établi la nécessité, décida que les naturalisés ne pourraient siéger aux assemblées sans y avoir été autorisés par une loi. Cette exigence fut même étendue aux naturalisations acquises antérieurement. Supprimée par le décret du 5 mars 1848 et la constitution du 4 novembre de la même année, la distinction entre la naturalisation simple et la grande naturalisation fut rétablie par l'article 1 de la loi du 3 décembre 1849 ; effacée de nouveau, au moins implicitement, par la constitution du 16 janvier et le décret organique du 2 février 1852, elle fut ensuite expressément abolie par la loi du 29 juin 1867. Nous verrons que la loi du 26 juin 1889 l'a reprise et consacrée dans une certaine mesure du moins.

Un décret du 31 mars 1848 attribua provisoirement au ministre de la justice la faculté d'accorder la naturalisation à tous les étrangers, sur la simple justification d'une résidence quinquennale et la production d'un certificat de moralité. Mais, dès le mois de juin 1848, un arrêté ministériel suspendit l'exercice de ce droit ; environ 2500 naturalisations avaient été accordées dans ces trois mois. Le gouvernement vit-il un danger menaçant dans l'exercice de ce pouvoir ? ou bien devant le dépôt d'un projet de loi sur la naturalisation, trouva-t-il simplement qu'il était préférable de s'abstenir ? les deux explications sont également plausibles.

La loi du 3 décembre 1849 maintint au pouvoir exécutif le droit de statuer sur les demandes de naturalisation ; mais l'opposition de certains députés, qui, comme nous avons eu déjà l'occasion de l'indiquer, voulaient voir cette attribution conférée au pouvoir législatif, amena une disposition nouvelle ; le décret de naturalisation ne put être rendu que sur l'*avis conforme* du Conseil d'État, qui, sous l'empire de la constitution de 1848, était une émanation du Parlement jouissant comme tel d'un pouvoir propre. Pour obtenir la naturalisation, l'étranger devait avoir préalablement été autorisé à établir son domicile en France, et justifier de dix années de résidence depuis cette autorisation ; ce délai pouvait d'ailleurs être réduit à une année en faveur des étrangers qui auraient rendu au pays des services exceptionnels (art. 2). Le Conseil d'État perdit toute autorité propre avec la constitution du 14 janvier 1852 ; la conséquence fut que le gouvernement, toujours tenu de le consulter, put accorder la naturalisation, même si l'avis émis par cette assemblée était un avis défavorable.

L'expérience ne tarda pas à démontrer que le stage de dix années imposé par la loi du 3 décembre 1849 à l'étranger sollicitant la naturalisation était d'une durée exagérée. La loi du 29 juin 1867 la réduisit à trois années, dont le point de départ fut, non plus l'autorisation de résidence accordée, mais l'enregistrement au ministère de la justice de la demande d'admission à domicile. Cette loi assimilait en même temps à la résidence en France le séjour en pays étranger pour l'exercice d'une fonction conférée par le gouvernement français et d'autre part reproduisait, en le développant, l'article 2 de la loi de 1849 ; elle réduisait ainsi le stage à une seule année en faveur des étrangers, « qui auraient rendu à la France des services importants, qui auraient introduit en France soit une industrie nouvelle, soit des inventions utiles, qui y auraient apporté des talents distingués, qui y auraient formé de grands établissements ou créé de grandes exploitations agricoles ».

Trois décrets du Gouvernement de la défense nationale touchèrent à la matière : celui du 12 septembre 1870 qui autorisa le ministre de la justice à statuer provisoirement, sans prendre l'avis du Conseil d'État, sur les demandes de naturalisation ; celui du 26 octobre 1870 qui autorisa le ministre de la justice à naturaliser sans stage ni frais les étrangers ayant pris part à la guerre, à condition que leurs demandes fussent formées avant l'expiration des deux mois qui devaient suivre la cessation des hostilités ; enfin le décret du 19 novembre de la même année, explicatif du précédent et déterminant les conditions à remplir ainsi que les formes à suivre pour l'obtention de cette naturalisation exceptionnelle.

Nous aurons achevé cet historique quand nous aurons signalé deux dispositions relatives aux enfants du naturalisé, sur lesquelles nous reviendrons plus loin : ce sont les dispositions de l'article 2 de la loi du 7 février 1851, et de la loi du 14 février 1882.

La loi nouvelle reconnaît deux sortes de naturalisation, la *naturalisation par décret*, qui forme la règle et se rattache au système de la naturalisation concédée à titre de pure faveur, et la naturalisation qui, par une sorte de bizarrerie (1), a été qualifiée par la loi de *naturalisation de faveur*, bien qu'elle se trouve représenter le système de la naturalisation de plein droit ; elle constitue d'ailleurs une véritable faveur, au sens vulgaire du mot, pour les étrangers qui sont appelés à en bénéficier. Nous traiterons d'abord de la naturalisation par décret.

Section II. — De la naturalisation par décret.

Si l'on s'en tient uniquement aux règles posées par la loi nouvelle dans la matière de la naturalisation par décret, on voit que peu de changements ont été apportés à la législation ancienne : les principes admis ont subsisté dans ce qu'ils avaient d'essentiel, sans subir de ces modifications importantes, comme en ont subi les principes de l'acquisition de la qualité de français par la naissance. La naturalisation est demeurée, comme par le passé, une concession purement gracieuse du pouvoir exécutif, une faveur. Toutefois il semble bien qu'au fond l'idée générale, qui dominait autrefois la matière, ne soit plus la même ;

---

(1) Nous expliquerons plus loin comment le législateur a été conduit à employer ce terme ; c'est également au chapitre de la naturalisation de faveur que l'on trouvera l'historique spécial à cette matière.

il semble, qu'au lieu de considérer la naturalisation comme un mode peu ordinaire, pour ne pas dire anormal, d'acquisition de la qualité de Français, on l'ait envisagée comme une source constante de recrutement pour la population, comme un moyen de contribuer dans une proportion importante à l'accroissement du chiffre de nos nationaux. Et ce point de vue, qui se dégage de la lecture des travaux préparatoires de la loi nouvelle, s'est traduit d'abord dans une série de modifications de détail, très importantes, rendant la naturalisation plus accessible pour ceux des étrangers que des circonstances particulières permettent d'envisager comme des éléments plus aisément assimilables ; puis dans la transformation de l'admission à domicile, qui, d'institution indépendante et ayant sa valeur propre, est devenue un simple préliminaire de la naturalisation ; surtout, dans une innovation considérable, celle qui a trait à la famille du naturalisé, désormais associée dans une mesure notable à la naturalisation de son chef. Enfin deux dispositions relatives aux effets de la naturalisation nous paraissent encore trahir l'idée nouvelle : d'une part, les naturalisés, plus nombreux à l'avenir, subiront la charge commune du service militaire (Loi du 15 juillet 1889, art. 3, 11 et 12) ; d'autre part, les naturalisés ne participeront pas de plein droit et immédiatement à tous les droits politiques de leurs nouveaux concitoyens, car ils constitueront désormais une minorité trop forte pour qu'on puisse accorder d'emblée à ces Français de date encore récente la part la plus importante du patrimoine national, l'éligibilité aux assemblées législatives (Loi du 26 juin 1889, art. 3).

Nous allons tout naturellement étudier d'abord l'admission à domicile, préliminaire de la naturalisation ; puis, sous la rubrique *Naturalisation proprement dite*, nous aurons à passer en revue les conditions et les formes de la naturalisation ainsi que ses effets.

§ 1. — *Admission à domicile.*

L'institution de l'admission à domicile permettait aux étrangers résidant en France, d'échapper aux règles exceptionnelles qui les régissaient, à partir du jour où ils avaient obtenu du gouvernement l'autorisation de s'y établir, sans que la faveur qui leur était accordée les obligeât à abandonner leur nationalité d'origine.

La disparition graduelle de ces règles exceptionnelles aurait dû, semble-t-il, rendre cette catégorie d'étrangers de moins en moins nombreuse. Il n'en fut rien cependant. En effet, l'admission à domicile avait été détournée de son but et était devenue, nous l'avons vu plus haut, le préliminaire indispensable des naturalisations conférées depuis l'avis du Conseil d'État du 20 prairial an XI, en sorte qu'une cause nouvelle s'était produite, maintenant à un niveau élevé le nombre des admis à domicile, qui sans cela eût peut-être beaucoup diminué.

Il y eut en fait, depuis l'avis du Conseil d'État, deux catégories d'étrangers admis à domicile : d'une part, ceux qui accomplissaient leur stage en vue d'une naturalisation éventuelle ; d'autre part, ceux qui avaient demandé l'admission à domicile pour bénéficier de certains avantages refusés aux simples étrangers, mais qui entendaient bien demeurer étrangers (1). A l'égard de ces derniers, l'admission à domicile constituait

---

(1) Les admissions à domicile ont été jusqu'à présent beaucoup plus nombreuses que les naturalisations. En 1885, il y a eu 2167 décrets accordant l'admission à domicile contre 772 conférant la naturalisation ; en 1886, 2203 décrets de domicile contre 673 naturalisations ; en 1887, 3974 domicile contre 1534 naturalisations ; en 1888, 5082 domicile contre 1952 naturalisations ; enfin le 1er semestre de 1889 a donné 2356 domicile contre 738 naturalisations : la moyenne était donc de 37 admissions à domicile pour 1 naturalisation. Il ne faudrait pas croire cependant que la grande majorité des étrangers qui demandaient l'autorisation de s'établir en France ne songeaient pas à obtenir la qualité de Français. La disproportion signalée entre les deux ordres de demandes tenait en partie à l'ignorance des intéressés. Toute naturalisation devant être nécessairement précédée d'un stage autorisé, l'admission à domicile avait seule pu être accordée jusqu'à présent à l'immense majorité de ceux qui sollicitaient la naturalisation ; or, ces étrangers, quelque soin qu'on mît à les instruire, croyaient avoir obtenu la qualité de Français et ne demandaient pas la naturalisation, à l'expiration du délai de stage. Cette source d'erreur va être en partie tarie, la nouvelle loi autorisant la naturalisation sans stage préalable dans une hypothèse fréquente en pratique (art. 8, III, 2o a). — D'autre part la rigueur plus grande et d'ailleurs tout à fait explicable quand il s'agit de l'octroi de la naturalisation contribuait encore à maintenir cet écart ; bien des étrangers admis à domicile se voient refuser la naturalisation.

une sorte de naturalisation d'ordre inférieur, telle qu'il en existe dans certaines législations étrangères (1).

La loi de 1889 supprime cette institution : l'admission à domicile subsiste comme acte préliminaire de la naturalisation, mais cesse d'être elle-même une naturalisation imparfaite.

La proposition de M. Batbie maintenait l'admission à domicile comme institution indépendante ; c'est le Conseil d'État qui en proposa la suppression, reprenant d'ailleurs en ce point deux propositions bien antérieures, l'une de M. de Tillancourt, qui, en 1867, l'avait formulée lors de la discussion de la loi sur la naturalisation, l'autre de M. Escanyé, qui, en 1877, avait demandé la modification en ce sens de l'article 13 du code civil.

La disparition de cette institution a été entraînée par cette conception nouvelle du but de la naturalisation, conception dont nous avons plus haut reconnu l'influence. On s'est rendu compte qu'un certain nombre d'étrangers (2) se tenaient pour satisfaits d'avoir obtenu l'admission à domicile, et demeuraient arrêtés volontiers à ce degré intermédiaire entre la situation de Français et celle d'étranger. Puisqu'on voulait faire de la naturalisation un mode normal d'accroissement de la population française, il fallait supprimer cette faculté d'arrêt et contraindre l'étranger à accepter de notre nationalité non seulement les avantages, mais aussi toutes les charges. « Était-il utile, dit M. Dubost dans son rapport, de maintenir ce privilège qui n'est pas sans inconvénient, puisqu'il permet à des individus de jouir de nos droits civils sans subir aucune charge ; d'où il suit qu'ils ont intérêt à ne jamais demander la naturalisation qu'ils solliciteraient peut-

(1) Il en est ainsi en Angleterre où fonctionne la *dénization* (Acte du 2 mai 1870, art. 13), en Danemark et en Norwège où, du moins jusqu'en 1888, le domicile prolongé entraînait une sorte de naturalisation successive, qui produisait des effets de plus en plus étendus à mesure que le séjour de l'étranger dans le pays durait plus longtemps (Loi danoise du 15 mai 1875, art. 7 ; Constitution norwégienne du 4 novembre 1814, art. 92 ; loi du 15 juin 1878 et loi du 21 avril 1888); enfin en Espagne où la *Novissima Recopilacio* reconnait quatre sortes de nationalité.

(2) Une note précédente établit la proportion entre les naturalisations et les admissions à domicile accordées durant les dernières années ; nous rappelons que l'écart entre les deux chiffres est moindre en réalité qu'en apparence.

être sans cela (1) ! » C'est un sentiment analogue qui fit repousser une proposition de réforme de l'article 11 du code civil dans un sens plus libéral (2). Le nouveau texte, tranchant une controverse célèbre, reconnaissait à l'étranger la jouissance de tous les droits civils qui ne lui étaient pas refusés. Contre cette proposition on fit valoir que les étrangers résidant en France avaient, au point de vue de leurs intérêts matériels, trop peu de raisons pour solliciter la naturalisation et qu'il était inutile de diminuer encore la distance qui sépare le Français de l'étranger résidant (3) : le projet de réforme de l'article 11 fut écarté. Nous rencontrons ainsi un autre motif qui a milité en faveur de la suppression opérée et qui permet de l'approuver sans réserve : c'est l'inutilité de l'institution disparue, inutilité qui tenait à la situation de plus en plus favorable faite aux étrangers en France et à cette abrogation successive de la plupart des règles d'exception établies primitivement contre eux, dont nous avons déjà signalé une conséquence.

L'admission à domicile subsiste au contraire comme acte préliminaire de la naturalisation : il avait été question de la remplacer dans cette fonction par une déclaration d'intention (4), mais on a jugé préférable de donner à l'étranger en instance pour devenir français la jouissance anticipée des droits civils (5).

(1) *Chambre*, Sess. extra. 1887, Distribution parlem. n° 2083. V. aussi le rapport de M. Sée au Conseil d'État, *Sénat*, Session 1884, n° 65 ; et les observations de M. le Garde des sceaux Sarrien à la tribune du Sénat, séance du 4 février 1887, *Journ. off.*, Débats parlementaires, 1887, p. 92.

(2) On avait proposé de rédiger ainsi le texte de l'article 11 du code civil : « L'étranger jouit en France des droits civils dont il n'est pas privé par une disposition de la loi et, parmi les droits réservés, il jouit de tous ceux qui sont reconnus Français par les traités de la nation à laquelle cet étranger appartient ».

(3) Discours de M. Sarrien, Garde des sceaux, ministre de la justice. Sénat, Séance du 4 février 1887, *Journ. off.*, Déb. parlem., 1887, p. 87.

(4) Rapport de M. Sée au Conseil d'État, Distribution du 25 avril 1883, p. 94.

(5) Nous nous bornerons à rappeler brièvement les effets de l'admission à domicile quant à la jouissance des droits civils. L'étranger admis à domicile peut adopter et être adopté (Trib. Seine, 4 août 1883) ; invoquer le bénéfice de l'hypothèque légale de l'article 2121 du code civil et faire cession de biens. D'autre part, il échappe aux règles d'exception établies contre les étrangers (caution *judicatum solvi* ; art. 14, c. c.) et peut même invoquer ces règles contre les étrangers non autorisés à s'établir en France, réclamer d'eux la caution

Cette transformation de l'admission à domicile a été consacrée par le paragraphe 2 de l'article 13 du code civil (rédaction nouvelle), dont nous présenterons plus loin le commentaire. Ce texte est ainsi conçu : « L'effet de l'autorisation cessera à l'expiration de cinq années, si l'étranger ne demande pas la naturalisation, ou si la demande est rejetée ». Il en résulte aussi clairement que possible qu'aucune demande d'autorisation de s'établir en France ne peut être faite dans un but autre que celui d'obtenir ultérieurement la naturalisation.

Il s'ensuit que l'autorisation de s'établir en France devra être refusée à l'auteur d'une demande d'admission à domicile, s'il ne veut pas réclamer la naturalisation qu'il pourrait obtenir immédiatement en vertu d'une disposition spéciale, l'article 8, III, 2° a, par exemple (1). Toutefois il serait rigoureux de refuser l'admission à domicile à un étranger par la raison qu'il ne la solliciterait qu'en vue d'obtenir la jouissance des droits civils et non point une naturalisation éventuelle ; son intention serait en effet très difficile à établir et d'ailleurs cette intention pourrait se modifier avant l'expiration des cinq années.

Une autre conséquence de cette même idée, c'est que l'autorisation, une fois périmée par l'expiration du délai de cinq années, ne peut pas, en principe du moins, être renouvelée : la négligence mise par l'étranger à réclamer la naturalisation démon-

---

judicatum solvi et user du bénéfice de l'article 14 du code civil. — Toutefois on lui refuse le bénéfice de la loi du 14 juillet 1819, qui semble devoir être réservé aux seuls Français ; il demeure en outre soumis à son statut personnel, il ne peut être témoin dans les actes notariés, ni exercer les droits qu'on a qualifié de *munera publica*, bien qu'ils ne constituent pas des droits civiques, être tuteur, avocat, membre d'un conseil de famille..., si du moins l'on considère que ces diverses fonctions doivent être réservées aux seuls Français. L'étranger admis à domicile bénéficie en outre des dispositions d'un certain nombre de lois particulières (loi du 28 mai 1858, art. 3 pour les versements à la caisse des retraites ; loi du 25 juin 1874 pour l'affouage ; décret du 18 janvier 1887 pour l'ouverture d'une école privée). Il peut aussi réclamer le secours des bureaux de bienfaisance ; enfin, en fait, certains cahiers des charges, acceptés par les entrepreneurs de travaux publics, exigent que les ouvriers employés soient ou Français ou étrangers admis à domicile.

(1) Encore faut-il remarquer que si le postulant allègue l'impossibilité de prouver qu'il est dans les conditions requises pour être naturalisé *de plano*, il sera difficile au gouvernement de faire cette preuve à son encontre.

trerait suffisamment son intention de jouir des droits civils, tout en conservant sa nationalité d'origine ; lui accorder de nouveau l'autorisation de s'établir en France, ce serait aller manifestement contre les intentions du législateur. Cependant si des circonstances particulières expliquaient la négligence de cet étranger, il semble qu'on pourrait déroger au principe et l'admettre à domicile encore une fois. C'est d'ailleurs ce qu'il faudra bien décider dans un certain nombre de cas, notamment lorsque l'autorisation aura été périmée par le rejet de la demande de naturalisation. Dans cette dernière hypothèse, en effet, l'étranger a fait tout ce qui dépendait de lui pour obtenir la naturalisation ; il ne faut pas que le temps d'épreuve, jugé encore nécessaire par le gouvernement, soit rendu plus dur par la cessation des effets de l'admission à domicile. La solution contraire pourrait avoir pour conséquence, dans une certaine mesure du moins, de forcer la main au gouvernement.

Tout étranger peut solliciter l'admission à domicile ; l'article 13 du code civil ne pose aucune condition à cet égard ; notamment il n'exige pas que l'étranger réside déjà en France. On remarquera toutefois que l'enquête administrative, préliminaire nécessaire de l'octroi de l'autorisation, ne peut être utilement pratiquée qu'autant que l'étranger réside en France depuis un certain temps. Mais, le cas échéant, il peut en être autrement. Nous verrons du reste que l'autorisation accordée demeurerait inefficace si l'étranger ne venait pas se fixer en France.

L'admission à domicile peut être conférée même à un mineur. La loi ne le proclame pas expressément ; mais il suffit de rappeler le texte de l'article 1 de la loi de 1867, aux termes duquel l'étranger devait avoir accompli sa vingt et unième année avant d'obtenir l'admission à domicile, pour se convaincre que le silence de l'article 8, III, 1° est pleinement significatif et équivaut à l'abrogation tacite de l'exigence ancienne. Cette interprétation s'appuie sur les travaux préparatoires de la loi nouvelle. Dans son exposé des motifs, M. Batbie s'exprime en ces termes : « Nous modifions aussi la loi sur la naturalisation du 29 juin 1867, en ce qui concerne le point de départ du délai de trois ans. Notre proposition n'exige pas, comme la loi de 1867,

que l'autorisation de fixer son domicile en France soit obtenue
après la majorité ; cette autorisation vaudra, quel que soit l'âge
auquel elle ait été accordée (1) ». Ces explications sont repro-
duites dans le rapport sommaire de M. Mazeau (2). Le Conseil d'É-
tat proposa, il est vrai, d'en revenir au système de la loi de 1867
et d'exiger que le postulant eût atteint l'âge de vingt et un ans
accomplis (art. 7, 1°, du projet du Conseil d'État) (3) ; mais la
Commission du Sénat rétablit purement et simplement le texte
primitif de M. Batbie, montrant ainsi qu'elle entrait dans les vues
de l'auteur de la proposition (4).

Une objection contre cette solution était tirée avant la loi
nouvelle de ce que les changements de nationalité ne peuvent
être accomplis en minorité ; cette objection, bien affaiblie d'ailleurs par les larges exceptions admises au principe qu'elle suppose, était déjà sans valeur relativement à l'admission à domicile qui n'a jamais constitué un changement de nationalité, et
qui en est exclusivement devenue le préliminaire.

On peut modifier cette objection et la rendre plus spécieuse,
en faisant observer que le mineur ne peut avoir qu'un domicile
de dépendance ; qu'on ne peut par suite l'autoriser à établir
en France un domicile qui lui serait propre. Mais d'abord on
concevrait fort bien que le mineur ait ses parents ou son tuteur
fixés en France, désireux de conserver leur nationalité originaire, ou même déjà français ; rien dans ces conditions ne s'opposerait à ce que l'admission à domicile lui soit accordée. D'autre part, il ne faut pas méconnaitre que si, à certains égards, cette
solution peut paraître contradictoire avec cette idée d'un domicile de dépendance, elle semble imposée par l'intention même du
législateur et le silence de l'article 13 du code civil. Enfin il faut
remarquer, qu'en ces matières, le terme *domicile* a été entendu,
non dans son acception technique, mais dans le sens large du
mot, comme synonyme de *résidence* ; c'est ainsi, mais en sens in-

(1) *Sénat*, Session 1882, n° 156.

(2) *Sénat*, Session 1882, n° 401.

(3) Rapport de M. Sée au Conseil d'État, Annexe au rapport de M. Batbie,
Sénat, Session de 1884, n° 65, p. 204.

(4) Cette solution n'est pas admise par M. Vincent (*op. et loc. cit.*), n° 62 ;
elle nous paraît cependant imposée par les travaux préparatoires.

verse, qu'un étranger *résidant* perpétuellement au dehors ne pourrait invoquer le bénéfice de l'admission à domicile malgré l'établissement de son *domicile* en France.

Au surplus, pour former une demande d'admission à domicile le mineur doit être dûment habilité ; mais faudra-t-il, pour la détermination des personnes chargées de compléter sa capacité, s'attacher au statut personnel du mineur ? On peut en douter ; l'article 9, 2° du code civil, qui prévoit une naturalisation de faveur accordée à un individu en état de minorité, indique les personnes qui doivent intervenir pour l'habiliter ; de même l'article 11 du règlement d'administration publique du 16 août 1889 s'en réfère à la disposition précitée pour le choix des protecteurs légaux chargés d'assister le mineur renonçant à la faculté qui lui appartient de décliner à sa majorité la qualité de Français. Il vaut mieux dès lors dans une situation analogue appliquer des principes semblables et décider que la demande d'admission à domicile doit être faite au nom du mineur par les personnes désignées à l'article 9, 2° du code civil. Ajoutons d'ailleurs qu'il ne nous paraît pas indispensable que la demande soit faite par ces personnes au nom du mineur ; celui-ci l'introduirait valablement en son nom, pourvu qu'il justifie de leur consentement.

Une femme mariée peut être personnellement autorisée à établir son domicile en France, avec l'autorisation de son mari, soit dès qu'elle est légalement dégagée de l'obligation de la vie commune avec l'autorisation de justice. (1)

Quant aux formalités à remplir pour obtenir l'admission à domicile, elles sont des plus simples : le postulant adresse au Garde des sceaux, ministre de la justice, une demande sur papier timbré (loi du 13 brumaire an VII), en y joignant son acte de naissance et l'extrait de son casier judiciaire français (2). L'enre-

_____

(1) Il semble que ce serait aller contre l'esprit de la loi que de s'attacher ainsi que le propose M. Vincent (*op. et loc. cit.*), n° 62, à la loi personnelle de la femme pour déterminer sa capacité. Au surplus, v. *infrà*.

(2) Au cas où le postulant ne peut rapporter son acte de naissance cette pièce peut être remplacée par un acte de notoriété délivré selon les formes de l'art. 71, C. civ. — Pour les individus nés à l'étranger ou aux colonies l'extrait du casier judiciaire doit être demandé au ministère de la justice où se trouve centralisé ce service ; pour les autres, au Parquet du procureur de la Répu-

gistrement de cette demande au ministère de la justice sert de point de départ au délai de stage requis en vue de la naturalisation, peut-être aussi au délai de péremption prévu par l'article 13 du code civil.

Une enquête, portant sur la moralité et les ressources de l'impétrant, a lieu en la forme accoutumée des enquêtes administratives. L'autorisation est accordée par décret rendu sur la proposition du Garde des sceaux : un droit de sceau de 175 fr. 25 est dû par l'étranger admis à domicile (1) et perçu par l'intermédiaire des référendaires au sceau de France (2). Le décret d'admission à domicile est notifié à l'étranger par voie adminis-

blique de l'arrondissement d'origine (droits : 3 fr. 65). — V. aux annexes la note du ministère de la justice sur l'admission à domicile et la naturalisation.

(1) Le montant des droits de sceau a été fixé par décret du 8 octobre 1814 en ce qui concerne la naturalisation ; les dispositions en ont été étendues ulté_ rieurement aux admissions à domicile et réintégrations. Rappelons que ces droits ont été souvent et très vivement critiqués ; leur abolition a été fortement mise en question lors de la discussion de la loi actuelle. On a fait valoir, en faveur de leur maintien, l'existence de droits semblables et plus élevés dans toutes les législations étrangères où la naturalisation revêt un caractère semblable à celui qu'elle a pris en France, et surtout les nécessités budgétaires qui ne permettent pas de supprimer bénévolement des recettes, dont le total pour l'année 1888 s'est élevé à la somme nette et réellement perçue par le trésor de 325,989 fr. 75. Des remises de droits considérables sont d'ailleurs faites par la chancellerie aux individus méritants et peu fortunés ; l'on peut affirmer que l'existence des droits de sceau ne constitue pas un obstacle à la naturalisation. La remise totale des droits de sceau est accordée aux étrangers qui ont rendu des services publics ou qui ont des attaches antérieures et étroites avec la nationalité française. En 1887, sur 9619 décrets d'admission à domicile, naturalisation ou réintégration, 6777 ont été rendus avec remise totale, 1498 avec remise partielle des droits.

(2) Le ministère des référendaires au sceau de France, dont l'institution remonte au commencement du siècle, sans que d'ailleurs elle ait jamais été directement consacrée par un texte formel, n'est nullement obligatoire pour la formation des demandes d'admission à domicile, naturalisation ou réintégration ; ils sont simplement chargés de percevoir les droits de sceau, pour les verser ensuite dans les caisses de l'État, et prélèvent de ce chef une quote-part des sommes qu'ils reçoivent. Le décret d'admission à domicile de naturalisation ou de réintégration est subordonné au payement des droits entre les mains d'un référendaire qui, spécialement désigné pour chaque affaire par le Garde des sceaux, invite par simple lettre le bénéficiaire éventuel du décret à verser la somme à laquelle les droits sont fixés. C'est seulement lorsque le versement est effectué que le décret est rendu ; l'ampliation en est ensuite transmise à l'intéressé.

trative et inséré au *Bulletin des Lois*. Quant au refus de l'autorisation, il est prononcé par simple mesure administrative. Aucune des décisions prises en cette matière n'est motivée : nous sommes en effet en matière purement gracieuse et le gouvernement agit dans la plénitude de son pouvoir d'appréciation, sans qu'il ait à faire connaître les raisons qui l'ont guidé. On peut remarquer que de même dans la matière de l'adoption, les jugements et arrêts accordant ou refusant l'adoption ne doivent pas être motivés.

Les effets de l'admission à domicile, qui d'ailleurs et bien évidemment ne se produisent que pour l'avenir, ne se restreignent pas à l'étranger auquel elle a été accordée. Cette solution, donnée depuis longtemps par les auteurs (1), a été consacrée par la loi nouvelle d'une manière formelle, du moins en ce qui concerne l'effet de beaucoup le plus important, la recevabilité éventuelle de la demande de naturalisation (2).

Aux termes de l'article 13, 3°, la femme de l'étranger admis à domicile et décédé avant d'avoir obtenu la naturalisation peut se prévaloir de l'autorisation accordée à son mari et revendiquer, en vue de la naturalisation, soit le stage accompli par son mari, soit le stage accompli par elle-même depuis le décès. Le délai de cinq ans n'est d'ailleurs nullement prolongé : la femme ne pourra prétendre à un nouveau délai, courant du jour où elle est redevenue maitresse de ses décisions.

L'article 13, 3°, ne disposant qu'en faveur de la femme veuve, ne pourra être invoqué ni par la femme divorcée, ni par la femme séparée de corps, qui cesse d'avoir le même domicile que son mari.

Enfin l'admission à domicile profite également et dans les

---

(1) V. Aubry et Rau, t. I, § 79, texte et note 10.

(2) M. Vincent tire précisément argument de cette solution expresse de la loi nouvelle, pour décider qu'en dehors de l'hypothèse du décès du mari, l'admission à domicile ne peut profiter ni à la femme ni aux enfants mineurs. Cet argument ne nous parait point convaincant, d'autant plus que l'art. 12 C. civ. étend à la femme et aux enfants mineurs les effets de la naturalisation obtenue par le chef de la famille, ce qui implique nécessairement qu'ils bénéficiaient déjà de l'admission à domicile, préliminaire du changement de nationalité.

mêmes conditions aux enfants de l'étranger, mais seulement a ceux qui étaient encore mineurs au moment où l'autorisation a été accordée. Cette dernière exigence paraît tout d'abord peu explicable : la loi semble avoir voulu assurer à la famille de l'admis à domicile, au point de vue de la naturalisation, une situation aussi favorable que si le chef de la famille avait survécu. Il aurait fallu dès lors, semble-t-il, traiter la femme et les enfants de l'étranger lorsqu'ils sollicitent leur naturalisation collective ou isolée, comme si le chef de famille la demandait lui-même ; tout au plus aurait-on pu distinguer entre les enfants qui résidaient en France et ceux qui résidaient en pays étranger. Cette solution se justifie néanmoins jusqu'à un certain point, si l'on considère que les enfants majeurs ont un domicile indépendant.

D'ailleurs les enfants pourront toujours, le cas échéant, invoquer le bénéfice de l'article 12 du code civil, si leur mère a survécu et se fait naturaliser.

L'admission à domicile prend fin, soit par la naturalisation obtenue, soit par la péremption quinquennale, soit par le retrait de l'autorisation. Ses effets cessent dans les dernières hypothèses, tant au point de vue de la jouissance des droits civils qu'au point de vue de la recevabilité ultérieure de la demande en naturalisation.

La péremption quinquennale est encourue lorsque l'étranger a laissé écouler cinq ans sans avoir formé une demande de naturalisation, ou sans avoir pu la faire agréer.

Nous avons eu déjà à signaler cette innovation de la loi de 1889. Elle a été très vivement critiquée au Sénat par M. Clément (1). L'honorable sénateur faisait valoir les difficultés nombreuses que produira à coup sûr le caractère passager de la concession des droits civils aux étrangers ; il prenait notamment la situation de l'homme marié étranger et admis à domicile, dont la femme, suivant l'opinion commune, a l'hypothèque légale telle que peut l'avoir la femme française. Si la péremption quinquennale atteint l'autorisation de domicile, que va devenir cette hypothèque légale ? Elle ne peut évidemment subsister, puis-

_____

(1) *Sénat*, Séance du 4 février 1887.

qu'on la refuse à la femme étrangère en France ; mais va-t-elle être anéantie rétroactivement ? produira-t-elle au contraire ses effets pour la période pendant laquelle elle a existé ? et dans quelle mesure les produira-t-elle ? Toutes questions dont bien certainement l'honorable sénateur n'exagérait nullement la gravité, et qui ne seront pas seules à se poser.

Le Garde des sceaux, M. Sarrien, et le rapporteur, M. Batbie, ont cependant répondu à M. Clément d'une manière satisfaisante, quant au principe même de l'innovation ; c'est qu'en effet, si l'on ne pouvait prévoir et résoudre toutes les difficultés d'application que devait comporter la règle nouvelle, on savait quels inconvénients présentait l'institution telle qu'elle existait ; il fallait mettre fin à cette situation fâcheuse sur laquelle nous avons insisté plus haut, assez longuement pour n'y pas revenir, nous voulons parler de la disproportion entre le nombre des admis à domicile et le nombre des naturalisés. D'autre part on a fait observer à M. Clément, qu'il était bien forcé d'admettre la possibilité du retrait de l'autorisation, et qu'alors les inconvénients qu'il signalait se produiraient, moins fréquents peut-être, mais tout aussi graves. D'ailleurs la faculté de retrait maintenue au gouvernement est loin d'offrir les mêmes avantages que la péremption, car, ainsi que le faisait remarquer M. Batbie, « c'est là une mesure acerbe, cruelle pour qui la subira et qui, d'un autre côté, vaudra des attaques et des critiques aux ministres qui la signeront. Il vaut donc mieux avoir une règle écrite dans la loi que de recourir à des décisions sévères, qu'il est dur de subir et qu'il est pénible de prendre ».

On peut toutefois regretter que le législateur n'ait pas cru devoir aborder l'ordre de questions que lui indiquait M. Clément, et qu'il n'ait pas donné au moins quelques indications relatives à la manière dont devraient être tranchées les difficultés qu'on pouvait prévoir. Il ne nous appartient pas quant à nous de rechercher des solutions acceptables en cette matière ; ce serait sortir tout à fait du cadre de ce travail.

La péremption se produit à la même époque, que la demande de naturalisation ait été rejetée, ou qu'elle n'ait pas été formée ; toutefois quelques difficultés peuvent se produire dans la première de ces deux hypothèses. On pourrait très bien soutenir que l'effet du rejet de la demande n'est pas du tout le même que celui de l'absence de demande ; le rejet de la demande de naturalisation, pourrait-on dire, entraîne la cessation immédiate et absolue des effets de l'autorisation ; le délai de cinq années n'a été accordé à l'étranger que pour lui permettre de délibérer, de réfléchir, à partir du jour où sa demande de naturalisation a été recevable. S'il a formé sa demande, c'est qu'il a pris parti ; à quoi bon dès lors maintenir à son profit les bénéfices de l'autorisation antérieurement accordée ? C'est dans cette doctrine surtout qu'il conviendrait de lui reconnaître la faculté de renouveler une demande d'admission à domicile.

Mais cette interprétation semblera bien rigoureuse pour l'étranger. Elle paraît en outre ne point s'harmoniser avec le texte de l'article 15 ; des termes mêmes employés par le législateur il résulte en effet qu'il a envisagé la déchéance comme devant se produire dans un cas unique, à l'expiration d'un délai quinquennal, si la naturalisation n'a pas été obtenue, soit que la demande n'ait même pas été formée, soit qu'elle ait été rejetée ; la même solution ressort également de la disposition transitoire de la loi nouvelle. L'expiration d'un délai quinquennal, telle est donc la condition essentielle à laquelle est subordonnée toute déchéance : les deux événements prévus par le législateur et qu'il place sur la même ligne, le rejet de la demande et le défaut d'une demande de naturalisation, demeurent donc inopérants, l'un comme l'autre, tant que dure le délai de cinq ans. Enfin il est utile de remarquer que la loi du 26 juin 1889 n'a pas abrogé les dispositions de la loi du 3 décembre 1849 qui ne permettent de prononcer le retrait de l'admission à domicile que suivant une procédure déterminée (1) ; or, si le rejet de la demande de naturalisation devait entraîner la cessation des effets de l'autorisation, on serait en présence d'une dérogation à la loi de 1849 que le législateur n'a consacrée ni explicitement, ni implicitement. Dans ces conditions, nous estimons que l'autorisation de domicile survit au rejet de la demande de naturalisation, pour le laps de temps qui reste encore à courir jusqu'à l'expiration des cinq

(1) V. ci-dessous, p. 67 texte et note 2.

années. Nous écartons ainsi une troisième opinion qui, assimilant le délai de cinq années à une prescription proprement dite, enseignerait que la demande de naturalisation aurait interrompu la prescription et fait courir un nouveau délai de cinq années. Cette interprétation serait en effet peu conforme aux textes de l'article 13 et de la disposition transitoire de la loi nouvelle ; il serait en outre antijuridique de considérer ce délai quinquennal comme un délai de prescription susceptible d'interruption ou de suspension, la prescription ne pouvant s'appliquer qu'à un droit et l'étranger admis à domicile n'ayant en aucune façon un droit à la naturalisation.

Quel sera le point de départ de ce délai de péremption ? Le stage en vue de la naturalisation court, ainsi que nous le verrons plus bas, du jour de l'enregistrement de la demande d'admission à domicile au ministère de la justice (art. 8, III, 1° c. civ.). Il semble tout d'abord qu'il en doive être de même du délai de péremption. Toutefois, et quoiqu'il puisse paraître bizarre d'assigner des points de départ différents à deux délais si voisins, nous croyons préférable de ne faire courir ce délai que du jour où l'autorisation a été accordée. Cette solution est en effet plus conforme au texte même de l'article 13 : « l'effet de l'autorisation cessera à l'expiration de cinq années... » ; elle est plus favorable à l'étranger, elle est en même temps plus rationnelle ; la loi donne à l'étranger admis à domicile un délai pour délibérer : ce délai ne peut courir que du jour où il y a lieu pour lui à délibération, du jour où il a été admis à domicile.

Le délai de cinq ans entraine la péremption de toutes les admissions à domicile ; il n'est nullement réduit même à l'égard de celles obtenues par des étrangers qui, aux termes de l'une des dispositions de l'article 8 du code civil, pourraient solliciter la naturalisation au bout d'une seule année de stage.

Un certain-effet rétroactif a été attribué à la péremption quinquennale ; elle atteint, aux termes de la disposition transitoire de la loi du 26 juin 1889, les admissions à domicile obtenues antérieurement : le délai de cinq années court, en ce qui les concerne, du jour de la promulgation de la loi nouvelle.

Ce délai de cinq ans semble susceptible d'une prolongation

dans une hypothèse spéciale. Nous avons vu que les enfants de l'étranger bénéficiaient de l'admission à domicile accordée à leur père, lorsqu'ils étaient encore mineurs au moment de l'autorisation ; il peut également arriver que les enfants soient encore mineurs au moment où vient à expirer le délai de cinq années. Nous verrons plus tard que le mineur ne peut obtenir la naturalisation par voie principale ; n'est-il pas nécessaire dès lors d'étendre dans cette hypothèse le délai de cinq années ? Bien qu'il ne s'agisse pas ici, nous l'avons précédemment noté, d'une prescription proprement dite, il y aurait peut-être lieu d'appliquer l'adage : *contra non valentem non currit præscriptio*. Si, donc à une époque voisine de sa majorité, l'enfant dont nous venons de parler sollicitait sa naturalisation, il serait vraiment excessif, selon nous, de lui opposer la déchéance résultant de la péremption quinquennale de l'article 13, 2°. (1)

Serait-il possible de souscrire à une semblable extension en faveur de l'étranger qui, admis à domicile par voie principale pendant sa minorité, se trouverait encore mineur au moment de l'expiration du délai de péremption ? nous ne le croyons pas ; nous ne sommes plus ici en présence d'une espèce aussi favorable... D'ailleurs il semble peu probable que l'admission à domicile soit accordée à des mineurs âgés de moins de quinze ans.

Indépendamment de la péremption quinquennale, le retrait de l'autorisation (loi du 3 déc. 1849) (2) entraîne comme par le passé la cessation des effets de l'admission à domicile. Le maintien de l'admission à domicile continue également à être subordonné à

(1) V. dans ce sens Vincent, *op. et loc. cit.*, n° 142.

(2) L'article 3 de la loi du 3 décembre 1849 est ainsi conçu : « Tant que la naturalisation n'aura pas été prononcée, l'autorisation accordée à l'étranger d'établir son domicile en France pourra toujours être révoquée, ou modifiée par décision du gouvernement qui devra prendre l'avis du Conseil d'État. »
— L'article 7 dit encore : « Le ministre de l'intérieur pourra par mesure de police enjoindre à tout étranger voyageant ou résidant en France de sortir immédiatement du territoire français et le faire conduire à la frontière. — Il aura le même droit à l'égard de l'étranger qui aura obtenu l'autorisation d'établir son domicile en France ; mais, après un délai de deux mois, la mesure cessera d'avoir effet si l'autorisation n'a pas été révoquée suivant la forme indiquée dans l'article 3. Dans les départements frontières, le préfet aura le même droit à l'égard de l'étranger non résidant, à la charge d'en référer immédiatement au ministre de l'intérieur. »

une residence effective et continue en France (1) ; il faut observer d'ailleurs qu'il appartient aux juges ou à l'administration
d'apprécier souverainement en fait le caractère d'une absence
momentanée ou prolongée de l'étranger admis à domicile (2).

Le bénéfice de l'admission à domicile ne peut résulter que
d'un décret autorisant expressément l'étranger à s'établir en
France. Sous l'empire de la législation antérieure, la jurisprudence avait maintes fois décidé que cette autorisation pouvait
être tacite et découler de certains actes du pouvoir exécutif ;
c'est ainsi qu'on avait assimilé à l'étranger admis à domicile
celui qui s'était engagé dans la légion étrangère, celui qui avait
été nommé professeur dans un lycée... etc. (3). Cette jurisprudence paraitrait aujourd'hui en contradiction avec le texte de
l'article 13 et le but désormais seul assigné à l'admission à domicile, qui est exclusivement devenue le préliminaire de la naturalisation (4).

§ 2. — *Naturalisation proprement dite.*

Dans le droit actuel, et il en est ainsi depuis 1809, la naturalisation est l'acte par lequel un étranger acquiert, sur sa demande, la qualité de Français, en vertu d'une concession purement gracieuse du pouvoir exécutif. Ce qui caractérise donc de
nos jours cette institution, c'est d'une part que la naturalisation
n'est jamais imposée et suppose une demande ; c'est d'autre part
que le pouvoir exécutif est chargé de l'examiner, sans être jamais tenu de l'accueillir.

Il est d'ailleurs évident que les résolutions du gouvernement,

(1) Aubry et Rau, t. I, § 79, texte et notes 7 et 8. *Contrà*: Vincent, *op. et oc.
cit.* n° 65, qui tire argument de la disparition de ces mots *tant qu'il continuera
d'y résider*, qui ne figurent plus en effet dans l'article 13. — Mais il semble que
la résidence en France soit inhérente à la nature même de l'institution ; et
M. Vincent attribue suivant nous une importance qu'elle ne peut avoir à la
suppression de ces mots, jugés sans doute inutiles.

(2) Aubry et Rau, *loc. cit.*

(3) Trib. Seine 27 février 1888 ; *Adde* : Paris, 9 juin 1857 : Alger, 16 novembre 1874 ; Trib. Marseille, 26 janvier 1889 (*Gaz. Pal.* 1889. 1. 66).

(4) *Sic* : Vincent (*op. et loc. cit.*) n° 69. L'autorisation ne peut bien évidemment être suppléée par aucun équivalent : Lyon, 26 juin 1873 (S. 73. 2. 177)
Caen, 16 déc. 1884. (*J. de Dr. int. pr.* 1885, p. 544).

loin d'être dictées par le caprice, s'inspirent toujours de considérations sérieuses tirées de l'ordre public ou de l'intérêt général ; on s'efforcera de n'admettre au nombre des Français que des étrangers définitivement fixés sur notre territoire, animés de sentiments vraiment français et jouissant d'une réputation intacte ; il faudra éviter d'autre part d'ouvrir trop largement les portes aux étrangers dont la race, trop différente de la nôtre, pourrait devenir un obstacle à une prompte assimilation (1).

Si l'appréciation des circonstances de fait, dans lesquelles se présente la demande de naturalisation, est absolument abandonnée par la loi au gouvernement, il y a cependant un certain nombre de conditions précises que l'étranger doit remplir pour que sa demande puisse être agréée ; en sorte que le gouvernement, qui jamais n'est tenu de déférer à une demande de naturalisation, peut être obligé de la repousser, quand même les circonstances de fait seraient très favorables. Telle est la part d'action que le pouvoir législatif s'est réservée en cette matière, ne pouvant et ne voulant pas entrer dans l'examen de chaque affaire en particulier ; sorte de *veto* opposé par lui d'une manière générale à toute demande qui ne remplirait pas les conditions déterminées à l'avance. Ce sont ces conditions que nous allons tout d'abord examiner.

No 1. — Conditions et formes de la naturalisation par décret.

L'étranger qui sollicite la naturalisation doit être majeur.

Nous avons décidé précédemment que l'admission à domicile pouvait être obtenue par un mineur et l'on peut, à l'appui d'une

(1) Il convient de reconnaître qu'à moins de circonstances imprévues, les demandes de naturalisation émanant d'étrangers de races très différentes de la nôtre constituent une exception et peuvent par suite être accueillies sans danger. Une autre considération a eu sa valeur : sous l'empire des idées anciennes qui faisaient de la naturalisation une faveur qu'il fallait ménager, le gouvernement préférait s'abstenir de naturaliser les étrangers auxquels leur situation ne permettait point d'acquitter les droits de sceau. Le point de vue actuel est tout différent ; du moment que l'étranger est méritant et travailleur, pourquoi lui refuser le titre qu'il ambitionne ? l'intérêt bien souvent aura provoqué sa demande : mais on ne saurait reprocher à cet étranger un pareil mobile, si du moins ce mobile n'a point été exclusif, et si cet étranger paraît devoir vraiment s'attacher à sa patrie d'adoption.

solution semblable en matière de naturalisation, faire valoir les mêmes arguments : de même que, pour l'admission à domicile, la loi nouvelle est muette, alors que la loi de 1867 repoussait formellement la naturalisation des mineurs. Toutefois son silence ne nous paraît pas avoir la même portée ; les travaux préparatoires sont en effet loin de conduire à la même conclusion. M. Batbie, le promoteur de la modification que nous croyons consacrée par la loi quant à l'admission à domicile, exigeait formellement dans sa proposition de loi que l'étranger fût majeur pour obtenir la naturalisation, et majeur d'après son statut personnel. Lorsque la commission du Sénat eut à opter entre les deux solutions, la solution ancienne, celle de la loi de 1867, reprise par le Conseil d'État, exigeant la majorité pour l'admission à domicile et par contre-coup pour la naturalisation, et la solution proposée par M. Batbie, elle se prononça pour cette dernière, supprimant ainsi, pour la recevabilité de la demande d'admission à domicile, la condition de la majorité chez l'impétrant : mais elle omit de trancher la question à l'égard de la naturalisation (1).

Cette omission fut aperçue et réparée lors du dépôt de la proposition de loi rectifiée et rédigée sous forme de projet de modification au code civil ; le texte relatif à la naturalisation était à ce moment conçu en ces termes : « Les étrangers qui, *ayant atteint l'âge de vingt et un ans accomplis* ont, après trois ans de domicile autorisé ou après dix années de résidence non interrompue en France, obtenu la naturalisation par décret (sont français) ».

On voulut adjoindre d'autres dispositions au texte, qui fut encore remanié avant d'être soumis aux délibérations du Sénat ; et dans ce remaniement le membre de phrase « *ayant atteint l'âge de vingt-et-un ans accomplis* » disparut de nouveau. Cette disparition malheureuse est peut-être due à une simple erreur matérielle ; peut-être aussi la Commission n'a-t-elle pu se mettre définitivement d'accord sur un point important et a-t-elle voulu

(1) « Peuvent être naturalisés, disait l'article 3, 1°, les étrangers qui ont obtenu l'autorisation de fixer leur domicile en France conformément à l'article 13 du code civil, après trois ans de domicile en France, à partir de l'enregistrement de la demande d'autorisation au ministère de la justice » ;

laisser le soin de le fixer aux interprètes et à l'administration ; nous entendons parler de la détermination de la loi à laquelle il convient de se référer pour apprécier la capacité du postulant ; loi française, comme le proposait le Conseil d'État pour l'admission à domicile, à l'exemple de la loi de 1867 ; loi étrangère, comme le proposait M. Batbie.

Dans tous les cas le silence de la loi sur ce point semble bien devoir être interprété contre la possibilité pour le mineur d'être naturalisé. On ne peut admettre un renversement de la législation antérieure qui serait accompli au moyen d'une simple prétérition, nullement commentée dans les travaux préparatoires. D'ailleurs l'incapacité du mineur constitue la règle et, à défaut d'une dérogation formelle sur ce point, l'interprète est tenu d'appliquer le droit commun. On objectera sans doute que son incapacité peut être levée par l'assistance de ses protecteurs légaux et que par suite rien ne s'oppose à ce que le mineur change de nationalité, lorsqu'il y est dûment autorisé. Mais de même que la loi civile, qui pose en principe l'incapacité du mineur (art. 1125 c. civ.), a, au titre de la tutelle, indiqué parmi les actes relatifs aux biens ceux que le mineur peut passer avec l'autorisation de ses protecteurs légaux, de même la loi sur la nationalité, après avoir, par référence tacite au droit commun, consacré le même principe, a indiqué, parmi les actes relatifs aux changements de nationalité, ceux que le mineur peut passer avec l'assistance des personnes chargées de compléter sa capacité : l'article 9, 2º du code civil l'autorise à faire durant sa minorité la déclaration qui, en vertu du § 1 de ce même article, ne pourrait être en principe souscrite qu'à sa majorité ; mais en thèse générale, son incapacité subsiste. Nous l'avons, il est vrai, autorisé à solliciter son admission à domicile ; mais cette admission à domicile ne constitue pas un changement de nationalité, elle n'en est que le préliminaire ; elle est d'ailleurs une source exclusive de droits et d'avantages et le mineur, dès lors, peut en poursuivre l'accomplissement, *quia conditionem suam meliorem, non deteriorem facit,* suivant la formule ancienne. (1)

---

(1) V. dans le même sens, Cogordan, 2ᵉ édition, p. 133. — Vincent, *op.* et *loc. cit.,* nº 74.

Le postulant doit donc avoir atteint sa majorité pour obtenir la naturalisation. Mais à quelle majorité conviendra-t-il de s'arrêter, puisque le texte est muet à cet égard ? Nous pensons qu'il faut entendre la majorité *suivant la loi française* ; outre le précédent historique de la loi de 1867, que ne peut infirmer la tentative avortée de M. Batbie en vue d'obtenir une autre solution, un argument puissant est fourni par une disposition de la loi nouvelle. L'article 9 prévoit la possibilité pour un étranger né en France de devenir français par la naturalisation de faveur, c'est-à-dire au moyen d'une déclaration souscrite dans les conditions déterminées par les règlements ; il décide que cette naturalisation pourra être obtenue à l'époque de sa majorité et jusqu'à *l'âge de 22 ans accomplis* ; de même l'article 8, 11, 4°, qui prévoit une situation voisine, parle de la majorité « telle qu'elle est réglée par la loi française ». D'ailleurs on a proposé au cours de la discussion de n'autoriser la naturalisation que si la loi nationale permettait le dépouillement de la nationalité originaire et cet amendement fut écarté par cette raison qu'il entraverait la liberté d'action du gouvernement (1).

On est donc en droit de conclure que la loi d'une manière générale ne s'est préoccupée que de la majorité telle qu'elle la déterminait elle-même. Et si cette solution paraît peu conforme aux principes du droit international privé, on ne saurait s'empêcher de l'approuver au point de vue pratique ; elle facilitera tout d'abord l'examen de la capacité spéciale des postulants ; d'autre part les étrangers, qui, résidant en France depuis leur majorité, ne sollicitent la naturalisation qu'au moment où ils ne sont plus astreints au service militaire dans l'armée active, ne pourront se retrancher derrière leur statut personnel pour justifier le retard qu'ils auront mis à introduire leur demande : le gouvernement sera ainsi mis en mesure d'apprécier plus sûrement leur degré d'attachement à la France. Nous trouvons là une manifestation de l'idée un peu exclusive qui a présidé à la rédaction de la loi nouvelle ; le législateur de 1889 a écarté délibérément tout examen des lois étrangères, sachant que les conflits de loi ne peuvent être tranchés d'une manière absolue et laissant au

(1) *Sénat*, Séance du 3 février 1887. V. *infrà* p. 74 texte et note.

gouvernement le soin de les résoudre dans le sens le plus favorable aux intérêts généraux (1).

Faudra-t-il étendre au mineur émancipé la prohibition de changer de nationalité? La question, quoique plus douteuse, nous paraît encore devoir être décidée dans le sens de l'affirmative : l'émancipation a pour effet, il est vrai, d'attribuer au mineur un domicile propre et d'atténuer son incapacité relativement aux biens. Mais à tous autres égards il demeure incapable et il n'y a aucune connexité entre l'aliénation des biens et la naturalisation.

Toutefois en ce qui concerne la femme mariée, encore mineure, sa minorité ne serait pas un obstacle à une naturalisation qui lui serait conférée en même temps et par le même décret qu'à son mari ; cette solution semble résulter de l'esprit de la loi, et de la généralité des termes employés par les articles 12 et 18 du code civil (2).

Quant à la question de savoir si l'incapacité de la femme mariée s'oppose par elle-même à une naturalisation isolée et par voie principale, elle paraît devoir être tranchée d'après les principes du droit civil français ; nous venons déjà d'indiquer l'intention bien arrêtée du législateur de négliger les dispositi ns des lois étrangères. La femme mariée et non séparée de corps devra donc être pourvue de l'autorisation de son mari ; l'autorisation de justice semble même pouvoir y suppléer, quoiqu'il s'agisse d'une atteinte grave à la puissance maritale, en raison de la généralité du principe posé par les art. 218 et 219 C. civ. Pour la femme séparée, elle devra être munie, soit de l'une, soit de l'autre de ces autorisations. Toutefois, et malgré ce que nous venons de dire quant à l'application des législations étrangères, il semble que, si les dispositions du statut personnel de la femme séparée étaient plus favorables à sa capacité, elle pourrait être admise à s'en prévaloir (3).

---

(1) V. dans ce sens, Cohendy, le *Droit* du 3 novembre 1889. — *Contrà* : Audinet, *Journ. de Droit intern. privé*, 1889, p. 204 ; — Cogordan, *Nationalité*, 2ᵉ édition, p. 132.

(2) Cette solution est conforme à la jurisprudence du Conseil d'État qui admettait sous l'empire même de la loi de 1867 la naturalisation de la femme mariée mineure en même temps que celle de son mari.

(3) Cogordan. *Nationalité*, 2ᵉ édition, p. 133.

Pour obtenir la naturalisation, le postulant n'est point tenu de prouver qu'il a perdu sa nationalité originaire. Dans l'intervalle qui a séparé les deux délibérations au Sénat, la Commission, ainsi que nous avons eu déjà à l'indiquer, avait cru devoir ajouter au texte voté une disposition, aux termes de laquelle la naturalisation ne devait pas être accordée au demandeur qui aurait conservé sa nationalité d'origine. Cette prescription aurait eu l'avantage d'éviter les conflits de lois ; mais elle aurait en même temps été de nature à entraver le gouvernement dans l'exercice du droit de naturalisation. Sur la demande du Garde des sceaux, M. Sarrien, cette disposition fut effacée, le gouvernement promettant d'ailleurs de n'accorder autant que possible la naturalisation qu'aux individus dégagés de tous liens envers leur patrie (1).

La naturalisation ne peut en principe être accordée qu'aux étrangers préalablement autorisés à établir leur domicile en France, et après un délai de stage d'une durée variable ; le stage court du jour de l'enregistrement de la demande d'admission à domicile au ministère de la justice art. 8, III, 1° (2). Cette disposition qui date de 1867 a pour but d'éviter aux étrangers les conséquences fâcheuses des retards qui peuvent se produire dans l'instruction de la demande d'admission à domicile.

Le délai normal de stage, à l'accomplissement duquel est subordonnée la recevabilité de la demande en naturalisation, est de trois ans, comme sous l'empire de la loi de 1867 (3). Il est réduit à une année dans deux hypothèses.

La première est l'hypothèse ancienne de la naturalisation exceptionnelle. Le texte nouveau, qui consacre cette abréviation

(1) Séance du 3 février 1887.

(2) Nous nous bornons à rappeler que depuis la nouvelle loi la demande de naturalisation doit intervenir avant l'expiration d'un délai de cinq ans, dont le point de départ est la date du décret d'admission à domicile ; — que la demande formée dans ce délai et rejetée ou ajournée peut être renouvelée tant que la péremption quinquennale n'a pas atteint l'autorisation accordée.

(3) Dans cette hypothèse, l'étranger qui sollicite la naturalisation, outre les pièces toujours exigées (acte de naissance, extrait du casier judiciaire français), n'a en principe à fournir que l'ampliation du décret qui l'a autorisé à fixer son domicile en France ou le numéro du *Bulletin des lois* dans lequel ce décret a été inséré.

de délai au profit des étrangers ayant rendu à la France des services exceptionnels, diffère légèrement du texte de 1867. Déjà le projet du Sénat avait substitué aux expressions anciennes « qui auront formé en France de *grands* établissements, ou créé de *grandes* exploitations agricoles » ces expressions : « s'ils ont créé, soit des industries, soit des exploitations agricoles » qui semblaient inviter le gouvernement à ne pas se montrer aussi rigoureux que par le passé dans l'appréciation des titres invoqués par les impétrants. M. Boulanger demanda au Sénat le rétablissement dans le texte des mots *grands* établissements et *grandes* exploitations : « Il faut, disait l'honorable sénateur, des établissements ou des exploitations qui aient, soit par leur étendue, soit par leur caractère, procuré au pays l'utilité considérable qui justifie la faveur offerte à leurs propriétaires ou à leurs gérants (1) ». M. Balbie répondit que c'était avec intention qu'on avait fait disparaître les mots *grands* établissements industriels et *grandes* exploitations agricoles : « On a fait observer avec raison, disait-il, qu'il y avait certains établissements qui n'étaient pas grands par l'étendue, certaines exploitations agricoles qui n'étaient pas très considérables, mais qui étaient menés avec un tel talent, un tel savoir-faire qu'ils rendaient autant de services qu'une grande exploitation, parce qu'ils donnaient l'exemple de la bonne culture, de l'industrie sagement conduite. Du reste, ajoutait-il, il y a une garantie suffisante ; le gouvernement appréciera ; l'enquête aura lieu et le gouvernement appréciera si les services sont suffisants. Mais nous n'avons pas voulu que le gouvernement fût lié par ces mots grands établissements, grandes exploitations ». La Chambre alla plus loin encore ; elle remplaça le mot « industries » par l'expression plus large « établissements industriels *ou autres* » ce qui pourra s'entendre par exemple d'un établissement charitable (2).

(1) Séance du 3 février 1887.

(2) Les justifications spéciales à fournir par l'impétrant qui sollicite la naturalisation exceptionnelle sont de natures trop diverses pour pouvoir utilement être indiquées ; il faut remarquer combien délicate est l'appréciation des services importants rendus à la France, — des talents distingués, — des industries ou inventions *utiles* introduites en France ; au contraire l'im-

De plus, la Chambre créa un nouveau cas de naturalisation exceptionnelle ; elle admit que la naturalisation après une année de stage pourrait être accordée aux étrangers « qui auraient été attachés à un titre quelconque au service militaire de la France dans les colonies et les protectorats français (1) ». Cette addition, comme le dit le rapporteur de la commission de Sénat en 1889, « ne peut qu'être approuvée (2) ». Rapprochons de cette disposition celle de l'article 9, 2°, qui attribue la qualité de Français à l'individu né en France d'un étranger, et qui, domicilié à l'étranger, a satisfait néanmoins à la loi du recrutement en France. Il est évident qu'on ne pouvait se montrer aussi large en faveur de l'étranger, au service de la France, qui d'ailleurs pourrait fort bien vouloir conserver sa nationalité d'origine, tandis qu'une intention semblable ne se concevrait guère chez l'individu visé par l'article 9, 2° ; mais peut-être eût-on pu se contenter d'un décret de naturalisation, sans exiger l'admission à domicile préalable et un délai de stage d'une année dont la nécessité ne semble pas bien se faire sentir ; on ne peut guère douter de l'existence d'une volonté ferme et arrêtée chez l'impétrant. Au surplus s'il a fait sa demande étant encore attaché au service militaire de la France, il pourrait se prévaloir des règles plus favorables qui ont été posées pour la naturalisation aux colonies. La loi n'avait pas à prévoir l'hypothèse d'un étranger attaché au service militaire de la France, sur le territoire continental de la France, les étrangers ne pouvant prendre de service dans l'armée française, ailleurs que dans les colonies.

Ces diverses modifications dénotent évidemment les tendances de la loi nouvelle à faciliter les naturalisations afin d'en augmenter le nombre.

portance de l'établissement ou de l'exploitation créée par l'étranger peut assez aisément être évaluée. Le garde des sceaux, M. Sarrien, fit d'ailleurs observer avec raison (*Sénat*, Séance du 3 février 1887) que les talents distingués ne se confondent pas avec les services importants, car on peut avoir apporté en France des talents distingués, sans avoir encore rendu des services.

(1) L'impétrant produira purement et simplement, avec les pièces ordinaires (acte de naissance, extrait de casier judiciaire), les pièces militaires dont il est possesseur.

. (2) *Sénat*, Session 1889, n° 160, p. 9.

En second lieu, la naturalisation peut intervenir après un stage d'une année seulement, lorsque l'étranger qui la sollicite a épousé une Française. Cette circonstance était déjà relevée en faveur de l'étranger par les lois de l'époque révolutionnaire. Elle fut reprise par la commission du Sénat ; il semble en effet qu'une longue épreuve ne soit pas nécessaire pour s'assurer de la persistante volonté de l'étranger, qui, marié à une Française, demande la naturalisation, après avoir déjà obtenu l'admission à domicile ; d'autre part le règlement des intérêts dans la famille de la femme, qui recouvrera la nationalité française en même temps que son mari l'acquerra, se fera beaucoup plus aisément (1). D'ailleurs il importe peu que le mariage ait eu lieu avant ou depuis l'admission à domicile ; il aura toujours les mêmes conséquences (2).

La naturalisation peut être accordée dans quelques circonstances sans qu'une admission à domicile préalable ait été obtenue : d'abord, lorsque l'étranger réside en France depuis plus de dix ans ; puis, dans les hypothèses où la demande de naturalisation constitue l'accessoire d'une demande principale formée par le chef de la famille (art. 12, 18, 19).

La disposition, qui permet au gouvernement de naturaliser *de plano* l'étranger résidant en France depuis plus de dix ans, est tout à fait nouvelle. Un délai de dix ans figurait déjà, il est vrai, dans l'article 3 de la constitution du 22 frimaire an VIII, ainsi que dans la loi du 3 décembre 1849. Mais il s'agissait dans ces textes d'une résidence *autorisée* ou, tout au moins, dans la constitution

---

(1) *Sénat*, Session 1884, n° 65, p. 7,

(2) V. dans ce sens: Vincent, la *Nationalité*, n° 81; *Lois nouvelles*. 1889, n° 21. — L'impétrant devra dans cette circonstance particulière justifier de la nationalité de la femme qu'il a épousée ; cette justification se fera d'ordinaire par la production de l'acte de naissance de la femme et de l'acte de naissance du père de celle-ci ; si ces deux naissances ont eu lieu sur le sol français et que la femme soit devenue majeure seulement depuis la loi de 1851, la preuve sera faite. Si la femme ou son père sont nés à l'étranger, ou si la femme a atteint sa majorité avant 1851, la preuve de la nationalité pourra résulter de la production de l'acte de naissance ou de baptême d'un ascendant né en France à une époque où le seul fait de la naissance sur le sol français conférait la qualité de français (avant la promulgation du code civil) ou de pièces constatant que la femme et sa famille ont toujours été considérées comme françaises, etc.

de l'an VIII et avant l'avis du Conseil d'État de l'an XI, d'une résidence précédée d'une *déclaration d'intention* qui en précisait le caractère. L'initiative de cette disposition est due à M. Batbie (1); écartée par le Conseil d'État, elle fut reprise, comme beaucoup d'autres mesures étendant et facilitant la naturalisation, par la commission du Sénat. On a estimé qu'en présence d'une résidence aussi prolongée, il était excessif d'imposer l'admission à domicile préalable (2).

Le Conseil d'État avait observé que rien dans cette résidence prolongée n'avait, jusqu'à la demande de naturalisation, révélé chez l'étranger l'intention et le désir de devenir français ; il trouvait qu'il convenait peu de lui accorder la nationalité française dès la première velléité par lui manifestée, et jugeait bon d'exiger, ici comme en toute autre circonstance, une volonté persistant pendant toute la durée du stage ordinaire. Il ne faut pas méconnaître la part de vérité que contiennent ces observations ; il est certain que dans bien des hypothèses on doit considérer comme peu digne d'intérêt la situation de cet étranger « qui après avoir vécu pendant longtemps dans l'indifférence sur la question de patrie, se réveille subitement pour changer de nationalité », mû sans doute par ses intérêts pécuniaires menacés. Mais il peut en être autrement ; dans beaucoup de circonstances, les longues hésitations d'un individu à abandonner sa nationalité d'origine se comprennent parfaitement, et lorsqu'après une résidence aussi longue, il demande à devenir citoyen du pays où il s'est fixé, on peut être à peu près assuré qu'il est vraiment acquis à sa patrie d'adoption. On a donc déjà la certitude que l'on cherche d'ordinaire à obtenir en imposant le stage préalable ; pourquoi dès lors retarder la concession de la naturalisation ? Au surplus, comme le faisait observer le rapporteur au Sénat, une enquête doit avoir lieu ; si les circonstances sont défavorables, si l'attachement de l'étranger à la France est douteux, si les motifs qui le guident sont purement intéressés, la demande pourra ne pas

---

(1) Proposition Batbie, *Sénat*, Session 1882, n° 156, article 6 de la proposition.

(2) *Sénat*, Session 1884, n° 65.

être accueillie (1). L'innovation se justifie donc très bien et semble ne pouvoir produire que de bons résultats.

Mais il faut que la résidence invoquée ait été ininterrompue : une absence momentanée, qui ne ferait pas perdre le bénéfice de l'admission à domicile, ainsi que nous l'avons noté plus haut, ne doit pas davantage être considérée comme une interruption de la résidence décennale. Mais il faut tout au moins qu'elle n'ait pas été trop prolongée ; il faut qu'elle ne se répète pas d'une manière régulière, témoignant ainsi des liens étroits et persistants qui rattachent l'étranger à son pays d'origine et permettant de suspecter la solidité de ceux qui le fixent en France ; il faut surtout qu'elle n'ait pas été accentuée par une véritable translation de domicile, si courte fût-elle. D'ailleurs il semble qu'on pourra se montrer moins rigoureux à mesure que la résidence de l'étranger aura une durée plus longue ; ce sont là de pures questions de fait (2).

L'article 8, III, 2° assimile à la résidence en France le séjour en pays étranger pour l'exercice d'une fonction conférée par le gouvernement français. Cette disposition, empruntée à la loi de 1867, se justifie aisément : si elle n'existait pas, « les agents, donnant à la France des preuves d'un dévouement absolu, ne pourraient dans l'impossibilité où ils seraient d'établir leur domicile en France, être naturalisés français » (3). On fit d'ailleurs observer qu'il n'en serait pas ainsi du séjour en pays étranger pour l'exercice d'une *mission* conférée par le gouvernement français (4).

(1) *Sénat*, Session 1884, n° 65, p. 8.

(2) L'individu qui sollicite la naturalisation immédiate en raison de sa longue résidence doit joindre à sa demande les documents établissant qu'il réside en France *actuellement et depuis dix* années au moins (décret du 16 août 1889, art. 4) ; il produira par exemple des pièces officielles ou ayant date certaine établissant sa présence en France à des époques assez rapprochées les unes des autres : — des baux, quittances de loyer, patentes, livret d'ouvrier, certificats de patron ou de propriétaires ; les signatures doivent être légalisées. — D'ailleurs un seul droit de sceau est dû dans cette hypothèse (175 fr. 25).

(3) Rapport de M. Sée au Conseil d'État, *Sénat*, Sess. 1884, Distribution du 6 mars, Annexe, n° 65, p. 173.

(4) Rapport de M. Sée, *ibid.* p. 230. — Cette disposition avait disparu au

Il peut être tenu compte de la résidence accomplie en minorité ; et, en effet, on ne considère point, pour la concession de
la naturalisation, l'intention qui préside à la résidence en
France ; nous l'avons constaté plus haut, ce que l'on envisage
uniquement, c'est la durée de cette résidence, dont résulte la
preuve du détachement du pays d'origine : dès lors, peu importe
que le résidant ait été incapable pendant un certain temps ;
c'est exclusivement le point d'arrivée auquel on s'attache: il suffit
que l'étranger soit capable au moment où il forme sa demande.
D'autre part nous avons reconnu que l'admission à domicile pouvait être obtenue en minorité et les deux solutions se tiennent.

Il est possible que la demande de naturalisation immédiate,
fondée sur une résidence décennale, ne paraisse pas pouvoir être
accueillie au moment où elle est formée, ou bien parce que la durée n'en est pas jugée suffisante, ou bien parce que quelques circonstances de la cause empêchent de conférer dès à présent la qualité de Français à l'impétrant. Dans le premier cas, si l'étranger
demande l'admission à domicile. on peut bien évidemment la
lui accorder ; la règle posée plus haut, d'après laquelle l'individu
en situation d'être naturalisé ne peut pas obtenir l'admission à
domicile, est manifestement inapplicable ; l'autorité compétente
elle-même estime que la durée de la résidence en France n'est
pas suffisante pour obtenir la naturalisation. En sera-t-il de
même dans l'autre hypothèse ? l'affirmative ne semble pas con-
testable. L'étranger a manifesté clairement son intention d'acquérir la nationalité française ; le gouvernement juge nécessaire
de le soumettre à une épreuve d'une certaine durée : il ne faut
pas que la règle établie en sa faveur et qui rendait dès à présent recevable sa demande en naturalisation, soit retournée
contre lui ; il ne faut pas lui refuser, tant que durera cette
épreuve la jouissance des droits civils qu'obtiendrait sans difficulté un étranger qui se trouverait dans des conditions légalement moins favorables. Dans les deux cas, à défaut de naturalisation, l'étranger peut obtenir l'admission à domicile.

Mais quelle sera la situation de l'étranger qui, ayant obtenu

cours des remaniements successifs de la loi, et n'a été rétabli que grâce à
l'observation qui en fut faite par M. le sénateur Boulanger.

l'admission à domicile, sera déchu de ce bénéfice par l'effet de la péremption quinquennale de l'article 13 et viendra, justifiant de dix années de résidence effective, solliciter la naturalisation en vertu de l'article 8, III, 2° du code civil modifié ? Il semble tout d'abord que, puisque cet étranger n'a pas été naturalisé Français avant l'expiration des cinq années, soit qu'il n'ait pas formé sa demande, soit que sa demande ait été rejetée, sa négligence ou son indignité lui doive à jamais fermer l'accès de la naturalisation. On peut objecter cependant que d'une part, l'article 13 n'attache au fait d'être resté cinq années sans obtenir la naturalisation qu'une seule déchéance, à laquelle il ne peut rien être ajouté, la perte du bénéfice de l'admission à domicile ; que d'autre part, l'article 8, III, 2° du code civil permet, sans distinction aucune, et d'une manière générale d'attribuer la qualité de Français à tout étranger justifiant d'une résidence ininterrompue de dix années en France ; qu'enfin le gouvernement, qui seul peut accorder ou refuser la naturalisation, appréciera lui-même si l'étranger mérite ou non la faveur qu'il sollicite (1). Cette argumentation nous parait péremptoire et nous nous y rallions pleinement ; l'étranger négligent sera suffisamment puni par la prolongation du stage qui lui a été imposé, l'étranger indigne aura pu peut-être s'amender pendant cette période supplémentaire ; en tous cas, la déchéance de l'autorisation et de la jouissance des droits civils ne peut s'étendre à la résidence, fait purement matériel, qui est ou qui n'est pas, et à la justification duquel le législateur s'est exclusivement référé en disposant qu'il serait de nature à permettre la naturalisation dans les conditions prévues par l'article 8, III, 2° du code civil.

Famille du naturalisé. — Les dispositions aux termes desquelles la naturalisation peut être obtenue *de plano*, lorsqu'elle est formée accessoirement à une demande principale déposée par le chef de la famille, nous amènent à la partie vraiment nouvelle de la loi de 1889 en matière de naturalisation, aux règles qui associent dans une certaine mesure la famille du naturalisé à la naturalisation obtenue par son chef.

---

(1) Cohendy, Journal *le Droit*, nᵒˢ des 2 et 3 novembre 1889. *Adde*: Vincent, *Nationalité*, nᵒ 84.

Il est certainement désirable que la famille, dont le chef acquiert la qualité de Français, change de nationalité en même temps que lui. Au point de vue du règlement des intérêts matériels comme de l'organisation de la famille, l'application et la combinaison de lois nationales diverses peuvent créer d'inextricables difficultés. Aussi l'association de la famille de l'étranger à la naturalisation, utile quant aux enfants majeurs, devient-elle une nécessité pour les mineurs et pour la femme, et si l'on peut hésiter à leur imposer cette nationalité nouvelle, du moins peut-on, en leur offrant toutes les facilités désirables, les pousser à l'accepter.

De louables efforts avaient été tentés dans ce sens avant la loi nouvelle ; quelques règles, un peu incohérentes toutefois, avaient été tracées par la législation ancienne à cet égard. Mais, tout d'abord, elles étaient absolument muettes en ce qui concerne la femme du naturalisé ; la pratique de la chancellerie avait jusqu'à un certain point corrigé les inconvénients qui en auraient pu résulter, en incitant la femme de l'étranger qui sollicitait la naturalisation à se joindre à la demande de son mari. Quant aux enfants, la loi de 1851 avait disposé qu'ils pouvaient devenir Français en faisant une déclaration dans les termes de l'article 9 au cours de l'année qui suivait la naturalisation de leur père, s'ils étaient majeurs à cette époque ; au cours de leur vingt-deuxième année, s'ils étaient encore mineurs. Le plus grand nombre, par indifférence ou par calcul, demeuraient étrangers ; en tous cas, les mineurs ne devenaient Français qu'au plus tôt à leur majorité. Tous les inconvénients que nous indiquions, dus à la multiplicité des lois applicables dans l'organisation de la famille, subsistaient jusqu'à ce moment ; l'intérêt des mineurs en souffrait. D'autre part, cet intérêt était également lésé lorsque les mineurs se disposaient à choisir une carrière, dont l'accès leur était fermé à cause de leur qualité d'étranger. La loi du 14 février 1882 était venue corriger ces défauts dans une faible mesure, en permettant aux enfants mineurs d'un naturalisé d'opter, mais seulement dans certaines hypothèses spéciales, pour la nationalité française, avant même d'avoir atteint leur majorité.

La loi nouvelle contient au contraire une réglementation com-

plète sur ce point si important. Les enfants mineurs du naturalisé deviennent de plein droit Français en même temps que
leur père ; il s'agit là pour eux d'une véritable naturalisation,
conséquence inévitable de la naturalisation de leur auteur : le
texte leur réserve cependant une faculté de répudiation à laquelle,
d'après nous, ils pourront d'ailleurs renoncer par anticipation.

Les enfants majeurs et la femme doivent solliciter individuel-
lement la naturalisation pour l'obtenir; mais ils peuvent le faire
de plano, sans qu'une autorisation de domicile préalable leur
soit nécessaire. En outre l'article 12 § 2 permet dans certains cas
aux enfants majeurs du naturalisé d'acquérir la qualité de
Français par une simple déclaration.

Ces règles ont subi aux cours des travaux préparatoires bien
des modifications. La proposition de M. Batbie maintenait
purement et simplement, toutefois en les coordonnant, les règles
anciennes relatives aux enfants du naturalisé ; la femme pouvait
obtenir sa naturalisation, en s'appuyant sur le stage accompli
par son mari. Le Conseil d'État, saisi de la proposition (1), dé-
clara la naturalisation du chef de la famille applicable de plein
droit à la femme et aux enfants mineurs ; les majeurs étaient
astreints à remplir les conditions ordinaires. Le Sénat ne voulut
admettre en aucun cas la naturalisation de plein droit ; il exigea
une demande de naturalisation faite par la femme ou les enfants
mineurs, ou faite au nom des mineurs, mais en les dispensant
du stage préalable. La Chambre posa les règles qui ont fini par
être adoptées. Elle ne reconnaissait toutefois aucune faculté de
répudiation au profit du mineur : ce tempérament a été introduit
en dernier lieu par le Sénat, à titre de transaction entre le système qu'il avait d'abord adopté et celui qu'avait consacré la
Chambre des députés.

Nous aurons à revenir plus tard sur la faculté de répudiation
qui appartient à l'enfant mineur du naturalisé. Dès à présent
nous devons constater que l'innovation consacrée est très heureuse au point de vue pratique (2) ; le changement de nationalité

---

(1) V. *suprà*, l'historique des travaux préparatoires de la loi du 26 juin 1889.
(2) Au point de vue théorique, elle a été vivement critiquée ; on a blâmé

s'accomplit en même temps pour le père et les enfants mineurs ; les difficultés résultant du concours de plusieurs lois seront donc évitées. Ce changement s'effectue de *plein droit*, sans qu'il y ait à remplir aucune formalité (1). Il convient d'ailleurs de remarquer que si le mineur est né en France d'un père qui lui-même y est né, comme il est déjà Français en vertu de l'article 8, II, 3°, la disposition de l'article 12 § 3, est sans application à son égard ; et ce n'est pas là une pure question de mots : le mineur dont nous parlons est *irrévocablement* Français, sans aucune faculté de répudiation. Si, au contraire, il s'agit d'un mineur né en France, mais d'un père né à l'étranger, il faudra lui étendre l'article 12 § 3 ; nous verrons en effet que l'article 8, II, 4° qui lui serait applicable le laisserait étranger jusqu'à sa majorité : il y a donc un intérêt à le rattacher dès à présent à la nationalité acquise par son père. Cette disposition présente, il est vrai, un inconvénient, qu'on avait fait valoir tout d'abord devant le Sénat : si l'enfant mineur s'est déjà rendu indigne de la naturalisation, il n'en deviendra pas moins Français par voie de conséquence... ou bien le gouvernement sera conduit à rejeter la demande d'un étranger, d'ailleurs méritant, pour écarter la demande de son fils. C'est un inconvénient qui se rencontrait déjà sous l'empire de la législation ancienne, du moins en ce qui concerne les enfants majeurs. Mais il faut remarquer qu'il est loin d'être aussi considérable aujourd'hui ; les enfants de l'étranger, qui déjà en minorité se seront rendus coupables de faits assez graves pour que leur naturalisation paraisse devoir être

une disposition qui faisait des enfants « la propriété du père » en ce qui concerne la nationalité. Il y a là une exagération manifeste ; le changement de nationalité de l'enfant, qui d'ailleurs n'est nullement lié à sa nationalité nouvelle, et conserve même une faculté d'option pour sa nationalité originaire, a lieu dans son intérêt ; c'est donc l'autorité paternelle, dans ce qu'elle a de plus justifiable, qui entraîne cet effet.

(1) La chancellerie a soin de faire indiquer dans chaque décret naturalisant un père chef de famille, que ce décret entraîne l'acquisition de la nationalité française pour les enfants mineurs *nominativement désignés*. Les actes de naissance des enfants mineurs doivent par suite être produits lors de la demande. Cette mesure, dont les avantages sont sensibles, ne saurait d'ailleurs ni nuire, ni profiter aux enfants, qui deviendraient Français, même s'ils avaient été omis par mégarde.

écartée, constitueront vraisemblablement une exception très rare.

En ce qui touche les enfants majeurs et la femme du naturalisé, la loi consacre, en la rendant d'ailleurs plus large, la pratique que la chancellerie avait depuis longtemps adoptée à l'égard de la femme ; ils peuvent, s'ils le demandent, obtenir la qualité de Français sans condition de stage, par le décret qui confère cette qualité au mari, ou au père ou à la mère (art. 12 c. civ.) (1). Cette règle a l'avantage de respecter la liberté de la femme mieux que ne le faisait la solution proposée par le Conseil d'État, qui mettait sur la même ligne la femme et les enfants mineurs. Si la solution admise pour la femme étrangère qui épouse un Français est différente, c'est que dans cette hypothèse le changement de nationalité est la conséquence immédiate d'un acte qui dépend exclusivement de la volonté de la femme ; on conçoit dès lors que la nationalité française lui soit acquise de plein droit, sans qu'une manifestation de volonté spéciale soit nécessaire. Mais l'on ne pouvait aller jusqu'à prétendre, que la femme a, par le seul fait de son mariage, adhéré à tous les changements d'état qui peuvent se produire ultérieurement dans la condition de son mari. Il est sans doute regrettable que l'unité de la famille, réalisée par le législateur au moment de la célébration du mariage, puisse être rompue au cours de la vie commune. Mais cet inconvénient a paru moindre que celui qui résulterait d'une solution différente, véritable contrainte exercée sur la femme.

D'autre part, la disposition de la loi nouvelle permet au gouvernement d'écarter les membres de la famille qu'il ne juge pas devoir naturaliser, sans l'obliger néanmoins, pour obtenir ce résultat, à refuser la naturalisation au père ou au mari. Elle offre donc à ce point de vue une réelle supériorité sur la règle de la loi du 7 février 1851.

La faculté reconnue à la femme de se faire naturaliser sans

---

(1) Un droit de sceau de 175 fr. 25 est dû en principe par la femme et par chacun des enfants majeurs qui obtiennent la naturalisation ; il y a en effet autant de naturalisations distinctes que d'individus devenant français. Mais c'est ici que les remises de droit seront le plus largement accordées ; il est très rare que les droits soient réclamés à la femme naturalisée en même temps que son mari ; et il en sera de même pour les enfants majeurs.

condition de stage, en même temps que son mari, semble devoir être étendue sans difficulté à la femme mariée même séparée de corps ; l'article 12 § 2 est en effet conçu en termes généraux ; d'autre part, une réconciliation est possible dans l'avenir, et il importe, en présence de cette éventualité, d'assurer l'unité de famille, qui ne pourra que contribuer à rétablir et à maintenir l'harmonie entre les époux (1). Quant à la situation de la femme veuve, nous nous bornerons à rappeler que l'article 13 § 3 lui permet d'invoquer l'autorisation de domicile obtenue par son mari, et le temps de stage qui a suivi (2).

L'article 12 § 2 contient à l'égard des enfants majeurs une disposition empruntée précisément à la loi de 1851 : il leur permet, comme cette loi, d'acquérir la nationalité française par une simple déclaration, mais seulement s'ils sont encore dans les termes de l'article 9, c'est-à-dire s'ils ont moins de 22 ans accomplis. Tel est en effet le sens qu'il faut donner à cette formule embarrassée : « Soit comme conséquence de la déclaration qu'ils feront dans les termes et sous les conditions de l'article 9 ». Le rapport de M. Dubost ne laisse aucun doute sur cette interprétation : « Même votre commission vous propose de rendre l'article 9 applicable aux enfants majeurs, *qui seraient encore dans les délais* pour réclamer la qualité de Français (3) ».

Cette disposition est très critiquable : la forme en laisse beaucoup à désirer, comme le reconnaît le rapporteur de la Commission du Sénat en 1889, qui d'ailleurs n'eut garde de l'améliorer (4); quant au fond, elle entraîne exactement les inconvénients du système ancien, abandonné avec juste raison: le gouvernement pourra se voir contraint d'ajourner la demande de naturalisation d'un

(1) Vincent, *Nationalité*, n° 130.

(2) Nous rappelons que la femme mariée *mineure* peut obtenir la naturalisation. V. *suprà*, p. 73.

(3) *Chambre des députés*, Sess. 1887, n° 2083, p. 39. M. Cogordan (*Nationalité*, p. 100, 2ᵉ édition) explique cet article d'une manière toute différente : il semble croire au maintien pur et simple du système de la loi de 1851, pour les enfants majeurs, sauf suppression de tout délai pour la faculté d'option, que ces enfants pourraient dès lors exercer indéfiniment. Mais en présence des explications de M. Dubost, il est impossible d'admettre l'interprétation de l'excellent auteur.

(4) *Sénat*, Session 1889, n° 160, p. 10.

étranger, d'ailleurs méritant, pour écarter le fils. Elle ne présente en revanche aucun avantage appréciable : il est beaucoup plus simple, pour l'enfant majeur et qui est digne de la naturalisation, de la solliciter en même temps que son père, plutôt que d'attendre l'intervention d'un décret au profit de ce dernier, pour souscrire ensuite lui-même une déclaration ; les jeunes étrangers seuls qui se verraient refuser la naturalisation pour une raison probablement très-sérieuse, puisqu'on l'aura accordée à leur père sans la leur étendre, trouveront une utilité réelle à cette disposition. Tout ce qu'on peut dire en faveur de cette règle, c'est qu'il fallait donner une facilité plus grande encore aux enfants majeurs qui, âgés de moins de 22 ans, ayant par suite à subir la part la plus lourde des charges militaires, manifesteraient néanmoins le désir de devenir français. Et encore cette facilité plus grande n'est-elle qu'une apparence, comme nous venons de l'indiquer plus haut.

Au surplus cette disposition sera d'une application très-rare.

Elle ne doit cependant pas être restreinte aux enfants majeurs nés en France, comme on pourrait l'induire tout d'abord de la référence générale à l'article 9 ; ainsi interprétée, elle deviendrait absolument inutile : le législateur n'a entendu renvoyer à l'article 9 qu'en ce qui touche les questions de délai et de capacité.

La même faculté a été reconnue, et il n'y a peut-être là qu'une inadvertance, à la femme du naturalisé. L'exercice de cette faculté sera, sans qu'il y ait pour cela de bien bonnes raisons, subordonnée aux mêmes restrictions que celles qui ont été établies en ce qui concerne les enfants majeurs. Cependant il semble que la femme mineure, à laquelle ne s'appliquent pas les dispositions relatives aux enfants mineurs du naturalisé, pourrait passer la déclaration dont il s'agit. L'article 9, auquel renvoie l'article 12 § 2, permet en effet les déclarations en minorité, et bien qu'il ne vise pas expressément le cas de la femme mariée mineure, on ne voit pas de raison pour ne pas lui étendre le bénéfice de cette disposition, si d'ailleurs elle a été autorisée à faire la déclaration.

Les enfants majeurs peuvent obtenir la naturalisation sans condition de stage, par un décret rendu accessoirement au décret qui la confère soit à leur père, soit même à leur mère (art. 5, décret du 13 août 1889). Mais la naturalisation de leur mère ne peut être utilement invoquée par eux que dans le cas où le père serait préalablement décédé (1). L'extension aux enfants du bénéfice de la naturalisation obtenue par leur auteur a en effet été considérée par le législateur comme découlant de l'exercice de la puissance paternelle, et cet exercice n'appartient à la mère que lorsque le père est décédé. Nous assimilerons, pour le même motif, au décès préalable du mari la déchéance de la puissance paternelle prononcée contre lui.

De ce qui précède il résulte que les enfants majeurs ne pourront pas joindre leur demande de naturalisation à celle qu'aurait formée leur mère, séparée de corps, du vivant de son mari ; cette faculté ne leur appartiendrait pas davantage au cas où leur mère serait divorcée. Rien ne s'opposerait, au contraire, à ce qu'ils demandent la naturalisation en même temps que leur père divorcé, encore que le divorce ait été prononcé contre lui (2).

Si la mère était remariée après décès de son premier mari, les enfants majeurs du premier lit profiteraient au contraire de la naturalisation qu'elle aurait obtenue en même temps que son second mari (3).

Quant aux enfants mineurs, l'article 12 § 3 n'a expressément consacré l'effet collectif de la naturalisation que quand elle a été obtenue par le survivant des deux auteurs ; mais il a été formellement déclaré que le texte n'était pas limitatif et s'appliquerait aussi bien quand le père et la mère, ou le père seul, du vivant de la mère, se feraient naturaliser (4), ce qui exclut d'ailleurs pareille conséquence, lorsqu'il s'agit de la naturalisation de la mère séparée de corps ou divorcée. L'extension de la naturalisation de la mère aux enfants mineurs n'en a pas moins été vivement

(1) Tout ce que nous allons dire de la naturalisation des enfants majeurs accessoire à la naturalisation de la mère peut s'appliquer à la faculté, qui leur est reconnue par l'art. 12 § 2, de souscrire une déclaration.

(2) V. *infrà*, au chapitre de la Réintégration.

(3) *Sic.* Vincent, *Nationalité*, n° 133. Mais V. *infrà* ce qui sera dit pour l'acquisition de la nationalité résultant du fait d'un second mariage de la mère.

(4) *Sénat*, Séance du 6 juin 1889, Réponse de M. Delsol aux critiques de M. Clément rapportées plus loin, au texte.

critiquée au cours de la discussion. Un sénateur, M. Clément, s'exprimait ainsi : « Je dis que la mère n'a pas le droit de faire changer la nationalité de ses enfants.... Elle a la puissance paternelle, il est vrai ; mais cette puissance est limitée ; elle ne peut pas renoncer pour ses enfants à la succession de leur père ; elle ne peut pas davantage renoncer au nom et à la nationalité qu'ils tiennent de lui. C'est le patrimoine le plus précieux, le plus important ; c'est l'hérédité, c'est la famille, ce sont les aïeux. Comment voulez-vous donner à la mère le droit de renoncer à un héritage de cette nature ? » Et plus loin : « La femme n'a pas en quelque sorte de nationalité propre, puisqu'elle suit celle de son mari ; elle est exposée en effet à en changer, non seulement par suite de naturalisation ou de réintégration dans son ancienne nationalité, mais encore par un mariage subséquent... On expose la famille à être divisée en nationalités bien diverses... »

Il semble incontestable que les dispositions de l'article 12 § 2 et § 3 doivent être étendues *mutatis mutandis* aux petits-enfants majeurs ou mineurs de l'individu naturalisé (1). Mais diverses questions peuvent se poser. Les petits-enfants pourront-ils se prévaloir de la naturalisation de leur aïeul au point de vue de l'application soit du second, soit du troisième paragraphe de l'article 12, alors que leur père ne manifeste point l'intention d'acquérir la qualité de Français ? Nous serions assez disposés à ne point leur reconnaître ce droit ; c'est en effet dans l'intérêt de l'unité de la famille que l'on doit autoriser les petits-enfants à profiter par voie de conséquence de la naturalisation de leur aïeul, et en s'appuyant sur la naturalisation de leur père, accessoire déjà de la naturalisation de cet aïeul. Mais cette unité serait compromise s'il devait leur être permis d'acquérir, par-dessus la tête de leur père, la nationalité nouvelle de leur aïeul ; on ne l'assurerait au deuxième degré qu'au prix de sa rupture au premier. Il en serait toutefois différemment si le père et la mère étaient morts et nous pensons que, dans ce cas, les petits-enfants pourraient bénéficier de la naturalisation de leur aïeul.

(1) La Chambre des députés avait expressément consacré cette solution en ce qui touche les effets de la réintégration. V. *infrà*.

Des considérations semblables nous conduisent à croire que les petits-enfants mineurs deviennent Français, par voie de conséquence et sauf faculté de répudiation, lorsque leur père, fils du naturalisé et lui-même mineur, tombe sous le coup de la disposition (1) de l'article 12 § 3.

Il faut en outre appliquer les dispositions de l'article 12 à la femme et aux enfants non-seulement des étrangers qui bénéficient d'une naturalisation proprement dite, mais encore de ceux qui souscrivent une déclaration pour acquérir la nationalité française; (art. 9, art. 10). Nous verrons en effet que le terme de naturalisation employé par l'article 12 doit être entendu largement; la loi elle-même, dans l'article 5 de la loi du 26 juin 1889, a qualifié de *naturalisation de faveur* la déclaration souscrite en vue d'acquérir la qualité de Français.

Quelle situation est faite par la loi nouvelle aux enfants des étrangers naturalisés sous l'empire des lois anciennes ? Ils ne peuvent évidemment plus passer les déclarations des lois du 7 février 1851 et du 14 février 1882, qui ont été abrogées sans aucune réserve. Pour les majeurs, il n'y a de difficultés possibles que si leur père a été naturalisé depuis moins d'un an. Il semble qu'ils devront, s'ils désirent devenir Français, solliciter la naturalisation, et qu'ils sont astreints à remplir les conditions de droit commun, c'est-à-dire obtenir l'admission à domicile préalable, s'ils résident en France depuis moins de dix ans. On ne saurait prétendre, à notre sens, qu'ils ont en vertu de la naturalisation de leur père un droit acquis à faire la déclaration des lois de 1851 et 1882 ; il s'agit là d'une simple faculté légale, qui ne peut être exercée qu'en vertu d'une loi encore existante. Cette solution est la contre-partie de celle qui a été donnée plus haut à propos de la faculté de renonciation à la qualité de Français, telle qu'elle était prévue par les lois de 1851 et 1874.

De même, les enfants mineurs ne deviendront Français que par la naturalisation, et ils ne pourront l'obtenir qu'à partir de leur majorité.

_____

(1) Ces solutions ne sont d'ailleurs exactes que sous réserve de ce qui sera dit *infrà*, de l'effet rétroactif de la répudiation effectuée par le père et de ses conséquences au point de vue de la condition des enfants.

Toutefois, on a prétendu qu'on pouvait faire à ces derniers une situation meilleure: la loi nouvelle, a-t-on dit, est évidemment plus favorable aux naturalisations que la loi ancienne; il est donc inadmissible que les enfants du naturalisé soient moins bien traités sous le nouveau régime. Or l'article 12 § 3 dispose d'une manière toute générale : « Deviennent français les enfants mineurs d'un père ou d'une mère qui se font naturaliser », ce qui doit s'entendre de tous les enfants de naturalisés encore mineurs au moment de la promulgation de la loi nouvelle ; elle se saisit d'eux en quelque sorte.....

Cette interprétation très-spécieuse nous paraît peu acceptable. Il ne faut pas méconnaître qu'elle donnerait à la loi un certain effet rétroactif : sans doute les enfants mineurs ne sont pas censés devenus Français du jour de la naturalisation de leur père, et à ce point de vue, il n'y a pas rétroactivité ; mais si la loi les fait devenir Français du jour de sa promulgation, c'est bien parce que leur père a été naturalisé ; par suite, c'est bien un effet qu'elle tire d'une naturalisation qui, accordée en vertu d'une loi antérieure, ne devait pas le produire normalement. D'autre part, le texte est peu favorable à cette solution : « Deviennent Français, dit-il, les enfants mineurs d'un père ou d'une mère *qui se font* naturaliser » ; il est clair que le texte vise seulement les enfants des étrangers auxquels désormais la naturalisation sera accordée. De même le 2° de cet article ne s'occupe que de la femme et des enfants majeurs de l'étranger qui se fera naturaliser à l'avenir ; la naturalisation, dit-il, peut leur être accordée par *le décret qui naturalise* leur père... les textes se commentent entre eux ; il est certain que, si le deuxième paragraphe n'a entendu parler que des naturalisations futures, le troisième n'a pas dû s'occuper des naturalisations du passé.

Il y a donc à cet égard, dans la loi, une lacune de la même nature que la lacune relevée plus haut, en ce qui concerne les étrangers nés en France d'un père qui lui-même y était né sous l'empire des lois anciennes ; on peut regretter l'absence d'une disposition transitoire qui aurait réglé la situation: mais dans le silence de la loi, l'interprète doit s'incliner devant les principes, quelque regrettables d'ailleurs que puissent paraître les résultats entraînés par leur application.

La demande de naturalisation, comme la demande d'admission à domicile, est adressée au ministre de la justice. L'instruction en est faite dans les mêmes formes. Mais la loi de 1889 contient une innovation importante ; elle a supprimé l'intervention du Conseil d'État qu'exigeait la loi de 1867. Nous avons indiqué à quelles considérations avait obéi le législateur de 1849 en astreignant le pouvoir exécutif à s'assurer de l'avis conforme du Conseil d'État; bien que la principale raison d'être de cette disposition eût disparu avec le pouvoir propre de cette haute assemblée, en 1852, et qu'il pût être passé outre à un avis contraire, l'obligation de la consulter subsista. On a estimé aujourd'hui qu'il y avait là un double emploi avec l'enquête gouvernementale qui doit précéder toute naturalisation ; et comme on désirait en simplifier autant que possible les formes, on en vint à supprimer cette intervention dont l'utilité ne paraissait pas absolue, quoique cependant elle pût offrir, le cas échéant, de très sérieux avantages.

La naturalisation est accordée ou refusée selon le même mode que l'admission à domicile ; le décret est notifié de même à l'intéressé et inséré au *Bulletin des lois*.

N° 2. — Effets de la naturalisation.

Les effets de la naturalisation peuvent se résumer en une brève formule : l'étranger qui en bénéficie devient pleinement français ; il est désormais, du jour où il est naturalisé, soumis de tous points aux lois françaises ; d'autre part, il a la jouissance de tous les droits civils, et on peut également ajouter, de tous les droits civiques. Quant aux droits politiques, « ils s'acquièrent et se conservent conformément aux lois constitutionnelles et électorales », dit l'article 7 du code civil, dont la rédaction a été légèrement modifiée par la loi nouvelle uniquement afin de la rendre plus précise. Or les lois constitutionnelles et électorales, qui reconnaissent les droits de citoyen à tous les Français majeurs, ne contiennent aucune disposition spéciale aux naturalisés ; par suite, et cette conséquence était absolument exacte sous l'empire de la loi de 1867, l'étranger naturalisé était citoyen au même titre que les autres Français.

Mais la loi nouvelle a apporté une restriction importante à cette règle ; elle a repris dans une certaine mesure la distinction ancienne de la grande et de la simple naturalisation ; et, tout en reconnaissant à l'étranger naturalisé la jouissance de tous les droits civils et politiques attachés à la qualité de Français, elle décide « qu'il n'est éligible aux assemblées législatives que dix ans après le décret de naturalisation, à moins qu'une loi spéciale n'abrége ce délai, qui pourra être réduit à une année » (art. 3 de la loi du 26 juin 1889).

L'institution nouvelle a ses traits propres ; le droit d'éligibilité aux assemblées législatives n'est plus, comme avant 1852, subordonné à une concession expresse et individuelle du pouvoir législatif : il est acquis au naturalisé, après un nouveau stage de dix années à dater du jour où a été rendu le décret de naturalisation, mais il lui est acquis de plein droit. L'intervention du pouvoir législatif peut, il est vrai, s'exercer, mais non plus pour conférer un droit que n'a pu accorder l'acte du pouvoir exécutif ; elle a simplement pour effet d'abréger au profit d'un étranger particulièrement digne de cette faveur le délai de dix ans, imposé en principe pour l'exercice du droit d'éligibilité à tout étranger naturalisé : elle peut le réduire à une année, sans avoir d'ailleurs la faculté de descendre au-dessous de cette limite.

Les raisons, qui ont entraîné le rétablissement de cette sorte de grande naturalisation, n'ont, il est à peine besoin de le dire, aucun rapport avec celles qui ont guidé les auteurs de l'ordonnance de 1814. Ainsi que nous l'avons déjà constaté, la loi nouvelle a considérablement facilité la naturalisation ; le nombre des étrangers naturalisés deviendra de plus en plus considérable, il faut l'espérer du moins, et pourra compenser ce trop faible accroissement de la population indigène, qu'on a si souvent déploré sans pourtant y trouver un remède. Mais, en même temps qu'il a paru utile d'ouvrir plus largement les portes aux étrangers, il a semblé sage de ne pas les admettre de plano à jouir du droit si important de siéger aux assemblées législatives et l'on a exigé d'eux, avant de leur conférer cette prérogative, un stage d'une durée relativement longue, pendant lequel ils achèveront, par l'exercice des droits d'électeur qui leur ont été pleinement concédés, de s'assimiler d'une manière définitive à la famille nationale française (1).

L'ordonnance de 1814 disposait formellement que la distinction des deux naturalisations s'appliquerait même aux étrangers antérieurement naturalisés : rien de pareil dans l'article 3 de la loi de 1889. Il est donc certain, en vertu des principes généraux, auxquels l'ordonnance de 1814 avait dérogé et que la loi nouvelle a respectés, que notre disposition est dépourvue de tout effet rétroactif ; elle ne saurait porter atteinte aux droits acquis, et par suite, contrairement à ce qui a eu lieu en 1814, l'étranger, devenu Français avant la promulgation de la loi de 1889, a conservé tous les droits dont il avait acquis la jouissance sous l'empire de la loi de 1867, par conséquent le droit d'être élu aux assemblées législatives avant même l'expiration du délai de dix années (2).

L'article 3 de la loi de 1889 ajoute, et il était important de le stipuler expressément, que les Français qui recouvrent cette qualité après l'avoir perdue, acquièrent immédiatement tous les droits civils et politiques, même l'éligibilité aux assemblées législatives. Cette disposition a été vivement critiquée lors de la discussion au Sénat en 1886 et en 1887 (3). On a demandé s'il était équitable de faire une faveur au Français qui avait montré si peu d'attachement à sa patrie originaire. Mais il a été répondu

(1) La disposition de l'article 3 de la loi du 26 juin 1889 paraît avoir été empruntée à la législation des États-Unis de l'Amérique du Nord, aux termes de laquelle l'étranger naturalisé ne peut-être nommé représentant que sept années après avoir obtenu la nationalité américaine ; même après ce dernier délai le naturalisé américain ne peut arriver à la dignité de Président de la République, ni à celle de sénateur : il lui faudrait pour cela justifier, selon les cas, d'un séjour de quatorze ou de neuf années. Cette distinction entre les deux assemblées n'a pas été faite par la loi française, qui d'autre part ne contient aucune restriction spéciale pour la dignité de Président de la République. V. Cogordan, *Nationalité*, 2e édit. p. 234.

(2) La presse a eu à s'occuper de cette question à propos de l'élection du général Mac Adaras, comme député de Sisteron ; V. à cet égard, une consultation de M. Durier, ancien bâtonnier, reproduite dans le journal *le Matin* du 28 octobre 1889.

(3) Séances du 15 novembre 1886 et du 7 février 1887.

avec juste raison que la naturalisation du Français à l'étranger pouvait être dictée par des sentiments tout autres que le détachement de la patrie française ; d'ailleurs les motifs, que nous avons signalés plus haut et qui ont fait consacrer cette innovation, ne pouvaient nullement s'appliquer au réintégré.

Mais cette disposition favorable ne pourra-t-elle être invoquée que par ceux qui recouvrent la qualité de Français en vertu de la réintégration proprement dite ? Que faudra-t-il décider notamment en ce qui touche l'ex-Français, qui a pris du service militaire à l'étranger sans autorisation et qui pour redevenir Français est obligé de subir le droit commun de la naturalisation ? En ce qui touche certains ex-Français, auxquels il n'a pas été possible, pour des raisons particulières, d'accorder dans certains cas la réintégration (1) ? Quelle sera la situation, à ce point de vue spécial, des descendants de religionnaires expatriés après la révocation de l'Édit de Nantes et qui demanderont à bénéficier de la loi de 1790, modifiée par l'article 4 de la loi du 26 juin 1889 ? Nous étudierons tous ces points en examinant plus bas la condition générale de ces différentes catégories d'individus.

Enfin une question analogue pourra se présenter au sujet des individus devenus Français par suite d'une déclaration ; la déclaration de nationalité étant à notre sens une véritable naturalisation (2), nous admettrons que l'individu, qui acquiert la nationalité française dans ces conditions, doit subir le délai de stage de dix ans pour devenir éligible aux assemblées législatives.

Les effets de la naturalisation ne se produisent du reste que du jour où le décret de naturalisation a été rendu ; et l'on ne saurait tirer, en faveur d'une rétroactivité quelconque, un argument par *a contrario* de ce que l'article 20 se borne à proclamer la non-rétroactivité de l'acquisition de la qualité de Français en vertu des articles 9, 10, 18 et 19 ; le silence de ce texte, en ce qui concerne la naturalisation, s'explique par suite de l'absence de toute controverse sur ce point, alors que des divergences s'étaient au contraire produites antérieurement soit avant,

---

(1) V. ce qui sera dit au chapitre de la réintégration sur la situation des Alsaciens-Lorrains ; V. aussi la note ministérielle insérée aux annexes.

(2) V. *infrà*, au chapitre de la naturalisation de faveur.

soit depuis le Code civil, sur les effets à attribuer à quelques-uns de ces autres modes d'acquisition de la nationalité française.

L'application distributive de la loi ancienne et de la loi nouvelle se fera d'après la distinction générale des droits acquis et des simples expectatives.

Nº 3. — Contentieux et preuve en matière de naturalisation par décret.

I. — Nous avons déterminé un certain nombre de règles dont l'observation s'impose au pouvoir exécutif dans l'exercice même des attributions si larges que la loi lui a conférées en matière de naturalisation. Cette réglementation est-elle pourvue d'une sanction? La question n'est pas dénuée d'intérêt pratique et peut se poser en fait dans un procès par exemple, où l'un des plaideurs, Français d'origine, prétendrait imposer à son adversaire, naturalisé français, l'obligation de fournir la caution *judicatum solvi*, sous le prétexte que le décret lui ayant accordé la naturalisation serait entaché d'illégalité. Quelle serait la situation du tribunal saisi de la contestation? lui appartiendrait-il d'apprécier la validité de l'acte du pouvoir exécutif, contestée par l'une des parties en cause? ne devrait-il pas au contraire se déclarer incompétent? serait-il tenu enfin de passer outre aux débats, en raison du caractère spécial qui soustrait cet acte à toute contestation? D'autre part, la naturalisation s'étend *ipso jure* aux enfants mineurs de l'étranger; avant d'avoir atteint leur majorité, et dans l'impossibilité où ils se trouveraient de décliner actuellement la nationalité française, qui leur a été attribuée par voie de conséquence, pourraient-ils, s'ils y avaient un intérêt immédiat, contester la validité de la naturalisation de leur père ou de leur mère et en faire prononcer par une autorité à déterminer l'annulation pour violation de la loi? Devenus majeurs, et n'ayant pas exercé la faculté de répudiation que leur réservait l'article 12 § 3, pourraient-ils se prétendre étrangers, sous le prétexte que la naturalisation de leur auteur doit être tenue pour non avenue?

La solution de cette question dépend du caractère même qu'il convient de reconnaître aux décrets conférant la naturalisation. On pourrait soutenir tout d'abord qu'ils constituent des actes relatifs à l'état civil des personnes; il en faudrait conclure que l'autorité judiciaire, seule compétente pour connaître des questions d'état, est seule susceptible d'apprécier la validité de ces décrets. Telle est l'opinion de M. Laferrière. « Supposons par exemple, dit cet auteur, que la solution d'une question de nationalité, soumise à un tribunal judiciaire, dépende de la validité d'un décret de naturalisation invoqué par une partie et contesté par une autre comme entaché d'excès de pouvoir ou de vice de forme. Le tribunal pourra-t-il apprécier lui-même la validité du décret, ou devrait-il renvoyer les parties à se pourvoir devant la juridiction administrative ? Il nous semble que, dans ce cas, il n'y a point à proprement parler de question préjudicielle se détachant de la question du fond et emportant un jugement distinct et séparé. Il n'y a qu'une seule question, celle de savoir si telle personne a acquis ou non la qualité de Français par l'un des moyens que prévoit la loi civile. Or la question de savoir si l'on a été légalement naturalisé français nous semble relever tout entière des tribunaux judiciaires, seuls juges de l'état des citoyens (1) ».

Le point de départ de cette doctrine est incontestablement exact; mais la conclusion nous en paraît erronée. On ne peut méconnaître que la naturalisation soit un acte qui modifie l'état de la personne; on peut même la comparer à l'acte de naissance, l'étranger naturalisé naissant, pour ainsi parler, à la nationalité française. Mais cet acte de l'état civil présente des caractères tout particuliers qui ressortent nettement de sa comparaison avec les autres actes constitutifs de l'état des personnes. Ceux-ci sont tous la conséquence soit de faits naturels, comme la naissance et la mort, soit de faits dépendant de la seule volonté de l'intéressé, comme le mariage, la légitimation, la reconnaissance des enfants naturels, l'adoption, etc... Ces faits, et les actes qui en ont été la suite, en exceptant toutefois ceux relatifs aux changements de nom pour lesquels existe un régime spécial, échappent forcément à toute intervention gouvernementale; l'intervention gouvernementale est au contraire, dans notre droit, l'essence même de la naturalisation, de telle sorte

(1) *Traité de la juridiction administrative*, t. I, p. 467.

qu'au lieu de la volonté de l'intéressé ou de l'action de la nature, base ordinaire des faits constitutifs de l'état civil, nous trouvons, en première et dernière analyse, un acte du pouvoir exécutif. Nous l'avons en effet constaté, depuis le décret du 17 mars 1809, le droit de statuer sur les demandes de naturalisation est demeuré l'une des attributions essentielles du chef de l'État. La naturalisation n'a pas cessé d'être une pure faveur, concédée par le pouvoir exécutif *intuitu personæ* ; c'est qu'en effet il s'agit dans chaque espèce de veiller à ce que l'intérêt général ne soit pas lésé, chaque naturalisation pouvant porter atteinte à la sûreté intérieure de l'État en même temps qu'à ses relations diplomatiques. Au gouvernement ou au pouvoir législatif seuls peuvent donc incomber la mission de prononcer sur les naturalisations ; et ce faisant, ils accomplissent l'un ou l'autre un véritable acte de souveraineté.

Tel est bien d'ailleurs le caractère qui, lors de la discussion de la loi fondamentale du 3 décembre 1849, a été reconnu expressément par le législateur à l'acte conférant la naturalisation. Il s'agissait, à cette époque, de décider à quelle autorité devait être attribué le droit de statuer sur les demandes de naturalisation, au pouvoir législatif ou au pouvoir exécutif (1) ; quelque opinion qu'eussent les partis en présence sur ce côté spécial de la question, tous furent unanimes à déclarer que la naturalisation constituait un acte de souveraineté. Que ce soit dès lors une loi ou un décret qui prononce, le caractère de l'acte ne change pas, et, puisque la législation de 1889 a maintenu au chef du pouvoir exécutif son droit presque séculaire de conférer la naturalisation, les décrets qu'il rend dans cette matière demeurent toujours des actes de souveraineté, partant des actes de gouvernement. Qu'est-ce en effet que l'acte de gouvernement? « Gouverner, dit M. Laferrière, c'est pourvoir aux besoins de la société politique tout entière, veiller à l'observation de sa constitution, au fonctionnement des grands pouvoirs publics, aux rapports de l'État avec les puissances étrangères, à la sécurité intérieure et extérieure (2) ». La naturalisation, nous l'avons établi par anticipation, est bien l'un

_____

(1) V. la discussion rapportée plus haut, p. 43.
(2) *Traité de la juridiction administrative*, T. II, p. 30 et suiv.

de ces actes que le pouvoir exécutif accomplit dans l'exercice de sa mission de gouvernement.

Cela posé, puisqu'il est démontré que le décret qui confère la naturalisation est un acte de souveraineté, rappelons qu'il est de l'essence des actes de cette nature précisément d'échapper au contrôle de toute espèce de juridiction, et surtout à l'examen de l'autorité judiciaire qui n'a jamais aucune part à l'exercice de la souveraineté. Si donc l'acte de gouvernement est rendu en violation des lois, soit que la violation porte sur les conditions ou sur le fond, soit qu'elle consiste seulement dans l'oubli des formes prescrites, il n'y a pour lui qu'un seul juge possible et c'est le gouvernement lui-même.

Ici d'ailleurs, la juridiction du pouvoir exécutif — s'il est permis d'employer ce mot lorsqu'il s'agit du gouvernement — ne pourrait s'exercer, ni d'office, ni sur un recours des parties intéressées. La naturalisation, nous l'avons déjà observé, est, au point de vue de l'acquisition de la qualité de Français, l'image de la naissance ; les effets sont les mêmes, la nationalité est irrévocablement conférée dans les deux cas et la qualité de Français, qu'elle provienne du fait de la naissance ou du fait de la naturalisation, ne peut être perdue que par les causes énumérées à l'article 17 du code civil, modifié par la loi du 26 juin 1889.

D'autre part, la naturalisation est un acte purement gracieux, qui peut dans certains cas porter atteinte aux intérêts, mais non pas aux droits des tiers ; il en résulte qu'elle n'est susceptible d'aucune voie de recours.

Dira-t-on que cet acte doit-être scindé et qu'à certains points de vue, notamment en ce qui concerne les conditions auxquelles le gouvernement peut accorder la naturalisation, il ne constitue plus un acte de souveraineté ? Il en résulterait qu'après l'enquête administrative tendant à rechercher si les conditions légales sont réunies par le postulant, l'autorité judiciaire interviendrait valablement pour contrôler la vérification effectuée par les soins du gouvernement, sans que son immixtion constituât une violation des principes que nous avons rappelés plus haut ; il en serait à cet égard, et jusqu'à un certain point, comme à l'époque où fonctionnait le système de la naturalisation de plein droit, qui relevait exclusivement du domaine de l'autorité judiciaire.

En admettant même cette scission, il faudrait reconnaître que le gouvernement, lorsqu'il examine si les conditions légales de la naturalisation se rencontrent dans chaque espèce, fait acte d'administration ; par suite l'autorité administrative serait seule compétente pour exercer un contrôle. Mais cette distinction ne peut même être accueillie ; ces conditions, que le pouvoir judiciaire ou la juridiction administrative prétendrait vérifier tout d'abord, ne sont que la mise en œuvre des conditions générales que doit réaliser toute demande de naturalisation ; or, ainsi que nous l'avons vu, l'autorité judiciaire, qu'il s'agisse des juridictions de droit commun ou des juridictions administratives, est radicalement incompétente pour rechercher si la naturalisation concédée n'a point lésé l'intérêt général. D'autre part, conçoit-on rationnellement la division d'un acte de cette nature ? « C'est au gouvernement seul, disait M. de Vatimesnil en 1849 à l'Assemblée nationale, qu'il appartient de dire après vérification des titres : l'individu qui demande la naturalisation se trouve ou ne se trouve pas dans les conditions légales ». Il en résulte qu'il fait acte de souveraineté et que cet acte conserve son caractère dans son ensemble aussi bien que dans toutes ses parties envisagées isolément. De plus, la substitution au gouvernement d'une autorité autre pour la vérification des titres n'a point été prévue par le législateur ; il semble donc que l'admettre soit ajouter à la loi et instituer une sorte de juridiction d'appel que ni les textes, ni les principes n'ont créée ou n'autorisent.

Dès lors, c'est la responsabilité ministérielle qui reste en dernière analyse la seule sanction applicable en notre matière ; et encore ne pourra-t-elle jamais avoir pour effet l'abrogation d'un acte, reconnu irrévocable. Il faut donc décider que les décrets qui confèrent la naturalisation échappent, comme beaucoup d'autres actes de gouvernement, à toute espèce de voie de recours ou de rétractation, et que les conditions tant de fond que de forme que la loi a mises à leur promulgation constituent pour le gouvernement des obligations sans sanction.

Cette conclusion peut choquer tout d'abord ; mais on s'aperçoit aisément que si les prescriptions adressées par la loi à ceux qu'elle charge de l'exécuter manquent de sanction, il n'y a là aucune lacune ; il y a uniquement le sentiment de l'inutilité de pareilles mesures, non pas qu'il ne puisse se rencontrer des administrateurs négligents, mais parce que la négligence dans l'administration n'a point d'autre remède que la responsabilité des agents. En quoi pourrait d'ailleurs consister cette sanction? dans la nullité de l'acte illégalement accompli? ce serait donc, non pas l'administrateur coupable, mais l'intéressé innocent, qui subirait les conséquences de la faute commise. Puis, pourrait-on charger l'autorité judiciaire de prononcer cette nullité? ce serait lui permettre de s'immiscer dans l'examen de questions d'intérêt général qu'elle ne saurait apprécier. D'ailleurs, assurerait-on davantage par de telles mesures l'exécution de la loi? Y a-t-il des raisons d'admettre qu'elle sera mieux respectée par le juge que par l'administrateur? Une fois entré dans cette voie de suspicion, il est impossible de s'arrêter.

Ainsi la naturalisation est un acte de gouvernement, dont nul ne peut contrôler la validité, soit quant au fond, soit quant à la forme ; du moment que l'intéressé prouve qu'il a été naturalisé par l'autorité chargée de cette mission, toute contestation doit cesser.

En reconnaissant à la naturalisation les caractères d'un acte de gouvernement, nous avons implicitement écarté l'opinion qui prétendrait en faire à tous égards un pur acte administratif. « Administrer, dit M. Laferrière, c'est assurer l'application journalière des lois, veiller aux rapports des citoyens avec l'administration centrale ou locale et des diverses administrations entre elles (1) ». Les développements que nous avons précédemment donnés, relativement aux caractères de la naturalisation, démontrent suffisamment que cette définition ne lui est pas applicable. D'ailleurs, même si nous comprenions les décrets de naturalisation dans la sphère des actes administratifs, nous serions encore conduits à décider qu'aucune voie de recours n'est ouverte contre eux.

(1) *Traité de la jurid. admin.*, t. II, p. 30 et suiv.

Et en effet l'autorité judiciaire, tout d'abord, serait absolument incompétente pour en connaître : elle ne peut apprécier la validité que d'une catégorie d'actes administratifs, celle des actes réglementaires (art. 471, C. pén.). Encore faut-il bien remarquer que si elle peut refuser d'appliquer la sanction d'un règlement, l'autorité judiciaire n'a point la faculté de prononcer la nullité de l'acte réglementaire ; quelle que soit la décision de la justice, l'autorité administrative conserve le pouvoir de requérir pour l'avenir, par tous les moyens de droit, l'exécution de ses règlements, qui demeurent ainsi obligatoires, non seulement pour ceux à l'égard desquels l'exécution n'en aurait pas été exigée ou qui y auraient obéi sans protestation, mais pour ceux-là mêmes qui, poursuivis en cas de contravention, auraient été acquittés par le tribunal, vu l'illégalité des règlements.

Mais la naturalisation n'a rien de commun avec ces actes réglementaires ; elle constitue un acte essentiellement individuel. A ce titre, et à supposer qu'elle ne fût qu'un acte administratif, elle deviendrait susceptible d'être attaquée par la voie de l'excès de pouvoir. Mais cette solution serait encore inadmissible ; il faut en effet, pour obtenir du Conseil d'État l'annulation d'un acte administratif, justifier de la violation d'un droit acquis. Or c'est à l'étranger naturalisé seul qu'il pourrait appartenir d'alléguer un droit acquis en notre matière, nul ne pouvant empêcher une personne de changer de nationalité à son gré ; et comme lui-même a sollicité la concession de la naturalisation, il semble qu'il serait irrecevable à en poursuivre l'annulation. Il en serait peut-être autrement des enfants mineurs, qui n'ont pas demandé la naturalisation, qui avaient un droit acquis à conserver leur nationalité originaire, et qui peuvent avoir un intérêt immédiat à la recouvrer ; et toutefois pourrait-on encore leur objecter qu'il s'agit là de l'effet légal d'un acte accompli avec toutes ses conséquences par leur père dans la limite de ses droits, et que cet acte ne peut par suite être plutôt attaqué par eux que par celui qui l'a directement sollicité. D'ailleurs, la loi leur a réservé une faculté d'option à leur majorité, leur permettant ainsi de faire disparaître les effets d'un acte, qui jusqu'à cette époque leur est opposable en vertu d'une décision même du législateur.

Le même raisonnement s'applique aux enfants majeurs qui, n'ayant pas usé de cette faculté d'option, prétendraient avoir conservé la nationalité étrangère.

II. — Ce n'est pas à dire toutefois que les tribunaux administratifs et judiciaires ne puissent jamais avoir à connaître des questions de naturalisation. Leur incompétence s'applique à l'acte même de la naturalisation ; mais de même qu'un tribunal peut avoir à examiner si la loi qu'on invoque à sa barre existe et est légalement'obligatoire, de même un tribunal peut avoir à rechercher si le décret de naturalisation a été réellement rendu ou est légalement existant, questions qui sont certainement du ressort de la juridiction de droit commun ou de la juridiction administrative.

D'autre part, les tribunaux sont compétents pour décider si la preuve de la naturalisation est faite.

D'ordinaire, cette preuve résultera de la représentation du numéro du *Bulletin des Lois* où le décret aura été inséré, ainsi que de l'ampliation du décret délivrée à l'intéressé ; il y aura là des questions d'ordre tout matériel, que le tribunal saisi devra apprécier à titre accessoire.

La représentation de la copie délivrée à l'intéressé suffirait-elle? ne faut-il pas en outre établir que ce décret a été régulièrement publié ? en d'autres termes, l'insertion au *Bulletin des Lois*, qui, nous l'avons signalé, a lieu pour les décrets d'admission à domicile et de naturalisation, est-elle une de ces formalités essentielles, dont l'inaccomplissement rendrait le décret inexistant? Nous observerons tout d'abord que la loi du 26 juin 1889, pas plus que les lois précédentes sur la naturalisation, n'a prescrit, dans aucun des articles, l'insertion au *Bulletin des Lois* ; à plus forte raison n'a-t-elle pas entendu subordonner la validité du décret à sa publicité.

Cependant la cour d'appel de Paris a, par arrêt du 19 février 1877, décidé que la caution *judicatum solvi* devait être fournie par la fille d'un étranger au profit duquel avait été rendu un décret de naturalisation, mais qui n'en avait point requis l'insertion au Bulletin ; « Attendu, dit le jugement du tribunal de la Seine, dont la cour s'est bornée à adopter les motifs, qu'aux termes de l'ordonnance de 1816, les ordonnances ne sont, comme les lois, exécutoires qu'après avoir été promulguées et que leur promulgation résulte de leur insertion au Bulletin officiel ; attendu spécialement que l'article 2 de l'ordonnance du 9 septembre 1831 (ordonnance accordant la naturalisation au père de la demanderesse) prescrivait son insertion au *Bulletin des Lois*...... ». Il est à peine nécessaire de faire remarquer que, si les motifs de cet arrêt sont exacts, ils doivent encore aujourd'hui conduire à la même conclusion, la loi nouvelle n'ayant rien changé à l'état de la question.

L'ordonnance du 27 novembre 1816 a bien en effet assimilé les ordonnances aux lois, en ce qui concerne l'époque à partir de laquelle elles seraient exécutoires ; et le décret des 5-11 novembre 1870 a maintenu cette assimilation. Mais il ne nous semble pas douteux que ces prescriptions, en vertu desquelles les actes de la puissance publique ne sont obligatoires qu'après avoir été publiés, s'appliquent seulement aux actes présentant un caractère général, aux actes réglementaires. Pour l'exécution des actes individuels, aucune publication n'est nécessaire ; une notification à l'intéressé suffit... Il en est ainsi de nombre de décrets individuels. Aussi, lorsque la loi a voulu subordonner les effets d'un acte individuel à une publication préalable, n'a-t-elle pas manqué de s'en expliquer formellement ; c'est ainsi qu'au sujet des changements de nom, l'article 6 de la loi du 11 germinal an XI dispose expressément que le décret autorisant le changement de nom n'aura son exécution qu'après la révolution d'une année, à compter du jour de son insertion au *Bulletin des lois*. Dans tout autre cas et en l'absence d'une prescription formelle de la loi, il faut appliquer le principe posé par la jurisprudence relativement aux arrêtés municipaux : la notification à l'intéressé sert de point de départ à l'exécution de l'acte.

Il y a même un argument *a fortiori* en ce qui concerne les décrets de naturalisation. La publicité donnée aux lois et décrets a pour but d'une part d'avertir ceux auxquels s'imposera l'observation des prescriptions nouvelles — à cet égard la notification de l'acte individuel remplace avantageusement la publicité; — d'autre part, de provoquer la protestation qui pourrait avoir pour effet de faire rapporter la loi ou le décret ; c'est notamment ce qui a lieu pour le changement de nom. Mais nous avons vu que le décret de naturalisation, une fois rendu, n'est pas susceptible d'être révoqué... Dès lors à quoi peut servir la publicité donnée à l'acte de naturalisation ? Uniquement à fournir à l'intéressé un moyen de preuve aisé ; autrement dit, c'est une simple mesure de bonne administration, et l'omission qui en serait faite ne devrait pas nuire à l'intéressé.

On objectera peut-être encore que l'ordonnance du 31 décembre 1831, qui a prescrit la division du *Bulletin des Lois* en deux parties, a indiqué dans un état annexe, comme devant figurer dans la seconde partie, les décrets de naturalisation ; que chaque ordonnance ou décret de naturalisation, et c'est encore un des arguments invoqués par la cour de Paris dans l'arrêt précité, prescrit sa propre insertion au *Bulletin des lois*. Nous répondrons de même qu'il y a là une pure mesure d'administration : l'individu, devenu Français aux termes de la loi, par le décret rendu en sa faveur, ne peut pas perdre les bénéfices de cet acte par suite d'une simple négligence, alors que rien dans la loi n'implique ni la nécessité de cette formalité ni surtout la sanction si grave qu'on prétend attacher à son inaccomplissement.

SECTION III. — De la naturalisation de faveur et des déclarations de nationalité.

§ 1. — *Généralités et historique.*

Dans tous les pays, on rencontre des individus qui, pouvant à certains égards se réclamer d'une nationalité étrangère, ont cependant quelque point de contact avec la nationalité indigène, auxquels le législateur hésite à attribuer telle ou telle nationalité. Il en est ainsi en France des individus nés de parents étrangers, mais sur le sol français, des individus nés de parents étrangers, mais de parents étrangers qui ont été Français.

L'application des principes qui régissent la détermination de la nationalité par le fait de la naissance conduirait à les traiter comme des étrangers ordinaires ; mais cette solution ne serait-elle point parfois trop rigoureuse ? Ne serait-elle pas souvent contraire aux intérêts généraux du pays ? Et cependant, en présence des principes que nous venons de rappeler, il serait difficile de les considérer comme Français au même titre que les autres nationaux..... Il semble donc bien qu'on doive faire à ces individus, placés, pour ainsi dire, sur les confins de deux nationalités, une situation à part, une condition mixte.

Les rédacteurs du code civil s'étaient bien rendu compte de cette nécessité. Conformément aux principes qui les avaient guidés dans la matière, ils avaient reconnu la qualité d'étranger à tout individu né de parents étrangers. Mais, à ceux d'entre eux qui étaient nés, soit sur le sol français (article 9) (1), soit de parents qui avaient été Français (article 10 § 2), le code avait facilité l'accès de la naturalisation ; il les avait dispensés, à raison de ce point de contact avec la nationalité française, des dix années de résidence qu'exigeait la Constitution de l'an VIII pour l'acquisition de la qualité de Français (2) : la seule déclaration d'intention, jointe à l'établissement effectif du domicile en France, suffisait pour qu'ils pussent devenir Français, immédiatement, tandis que l'étranger ordinaire n'acquérait la qualité de Français que dix ans après avoir souscrit cette même déclaration d'intention. C'était d'ailleurs là que résidait la seule différence entre ces deux classes d'étrangers ; on se rappelle qu'à cette époque le système normal de naturalisation en vigueur était le système de la natu-

---

(1) Il ne faut pas oublier qu'à l'époque de la promulgation du code civil, tout individu né en France était *Français* de plein droit. La Constitution du 22 frimaire an VIII, dans son article 2, imposait bien à tout homme, né et résidant en France, quelques conditions qui se rapprochaient beaucoup, et des conditions posées par cette constitution pour la naturalisation, et des conditions qu'inscrivit le code civil dans l'article 9 ; mais elles avaient exclusivement trait à l'acquisition de la qualité de *citoyen* et étaient exigées aussi bien du Français d'origine que du Français par le fait seul de sa naissance sur le territoire.

(2) Pour les étrangers, à la différence de ce qui avait lieu pour les Français, l'acquisition de la qualité de *Français* par la naturalisation, ainsi que nous l'avons noté déjà, se confondait avec l'acquisition de la qualité de citoyen. Et cette assimilation est aisée à expliquer : si tout Français n'était pas citoyen, c'est que la loi constitutionnelle voulait qu'un certain âge fût atteint pour l'exercice des droits politiques, qu'une résidence d'une certaine durée fût accomplie ; mais tout étranger, pour devenir Français, devait avoir déjà une bien plus longue résidence et un âge plus avancé ; il eût été superflu d'imposer d'autres conditions.

ralisation de plein droit, résultant de la simple réalisation des conditions légales ; la déclaration de l'article 9 et la déclaration de l'article 10 § 2 n'étaient que des applications simplifiées du système général (1).

Les différents actes législatifs (2) qui, postérieurement au code civil, remplacèrent le système de la naturalisation de plein droit par le système de la naturalisation accordée à titre de faveur, laissèrent subsister ces articles dans leur intégrité : depuis le décret du 17 mars 1809, il y eut dans nos lois, à côté du système désormais prépondérant de la naturalisation accordée à titre de faveur, ces deux cas spéciaux, derniers vestiges du système général de la naturalisation de plein droit, abrogé à tous autres égards.

La loi du 7 février 1851, puis celle du 16 décembre 1874 avaient été conduites, sous la pression de circonstances déjà connues, à modifier légèrement cet état de choses. On avait cessé de traiter les individus nés en France, et appartenant à des familles qui y étaient établies, pour ainsi dire, à perpétuelle demeure (individus nés en France d'un étranger qui lui-même y était né), comme des étrangers auxquels on devait seulement faciliter l'accès de la nationalité française. On les avait déclarés Français, tout en les laissant cependant dans cette classe intermédiaire entre les nationaux et les étrangers : on leur avait en effet permis de dépouiller la nationalité française, plus facilement que ne le peuvent faire les autres nationaux (3).

A cet égard, la loi nouvelle a porté une atteinte beaucoup plus grave à la législation du code civil ; en assimilant pleinement aux Français d'origine les enfants nés en France d'étrangers qui

---

(1) Il y avait, entre les deux catégories d'étrangers appelés à bénéficier de ces dispositions favorables, la différence suivante : la déclaration d'intention pouvait être souscrite par les seconds (art. 10 § 2) à tout âge ; par les premiers (art. 9) seulement du jour de leur majorité, sauf, et à dater de 1849, dans les hypothèses prévues par la loi du 22 mars.

(2) Avis du Conseil d'État du 20 prairial an XI, sénatus-consultes des 26 vendémiaire an XI et 19 février 1808 ; décret du 17 mars 1809. V. plus haut. p. 48.

(3) Rappelons qu'aux deux catégories d'individus rentrant dans la classe intermédiaire dont nous parlons, les lois des 7 février 1851 et 16 décembre 1874 et celles du 14 février 1882 et du 28 juin 1883 avaient ajouté celle des enfants des étrangers naturalisés.

eux-mêmes y sont nés, elle a réduit considérablement le nombre
des individus auxquels il est fait une situation spéciale. Nous
n'avons pas à revenir sur le but de cette dérogation au principe
de l'acquisition de la nationalité par la filiation. Rentrent donc
désormais dans cette classe intermédiaire les enfants d'ex-Français (art. 10 et 18 § 3), et les enfants nés en France d'un étranger, quand il est né lui-même à l'étranger (art. 8, II, 4° et art. 9);
il y faut joindre les enfants mineurs de l'étranger naturalisé et
même, dans quelques rares hypothèses, sa femme et ses enfants
majeurs (art. 12 § 2 et § 3) (1).

D'ailleurs la loi nouvelle les traite à peu près exactement
comme les traitait le code civil. Elle maintient en leur faveur le
système de la naturalisation de plein droit ; elle conserve, dans
la plupart des hypothèses indiquées ci-dessus, l'acquisition de
la qualité de Français par le bienfait de la loi, par le fait de
la résidence jointe, en général du moins, à une déclaration
d'intention (2).

(1) V. plus haut, pp. 86 et suiv.

(2) Nous avons nommé ce mode d'acquérir la qualité de Français *naturalisation*. Au sens large, le terme de *naturalisation* ainsi employé est certainement exact (Exposé des motifs, prop. Batbie, *Sénat*, session 1882, n° 156). —
V. cependant *suprà*, p. 43, note 1). Mais nous croyons avoir démontré que
la dénomination générique de ce mode d'acquisition de la nationalité française
est précisément celle-là. Historiquement, les déclarations des articles 9 et 10
ne sont que des cas d'application, simplifiés sans doute, mais des cas d'application, des règles générales sur la naturalisation telles qu'elles étaient posées
au moment de la rédaction de ces articles. La substitution, en 1809, à la naturalisation de *plein droit* de la naturalisation *par décret*, comme mode normal
de naturalisation, en a fait des cas d'application d'un mode exceptionnel d'acquisition de nationalité, mais n'a pu changer leur nature ; ils sont restés des
cas de naturalisation. Bien que la jurisprudence ait parfois méconnu ce caractère qui leur appartenait véritablement (V. *infrà*, l'interprétation qu'elle donnait en général, pour l'art. 17, du terme de *naturalisation*), les auteurs ont toujours conservé le sentiment exact de ce qu'étaient ces articles (V. notamment
de Folleville, *Traité de la naturalisation*, introduction, p. IX ; Ire étude, pp. 1,
6, 103 ; — Demolombe, *Code civil*, t. 1, n°ˢ 145, 156, 161 ; — Cogordan, *Nationalité*, p. 78 et *passim* ; — Aubry et Rau, t. I, § 71, texte et note 2, 3ᵉ édition,
p. 245). C'est également ce que quelques arrêts admettaient très nettement ;
ainsi la cour de Douai, par arrêt du 16 avril 1889, reconnaissait à l'individu
issu d'un père qui avait souscrit la déclaration de l'article 10 postérieurement à
sa naissance, le droit de devenir Français, en faisant la déclaration que
l'article 2 de la loi du 7 février 1851 autorisait les enfants de *naturalisés* à
passer. Le demandeur alléguait que le mot de *naturalisation* inséré dans

Le système des déclarations de nationalité a cependant été bien battu en brèche au cours des travaux préparatoires, et il s'en est fallu de peu que le système de la naturalisation par décret ne lui fût substitué, dans ces dernières hypothèses, comme il lui avait déjà été substitué dans tous les autres cas. On avait formulé contre lui des critiques de deux ordres bien distincts : naturalisation de plein droit, ce système pourrait donner accès, disait-on, à des étrangers indignes qu'il fallait permettre au gouvernement d'écarter. On citait des exemples ; on rappelait notamment le cas de cet étranger que le gouvernement avait dû expulser à raison de ses menées dangereuses, l'anarchiste Morphy, et qui avait pu rentrer librement (1) en France à l'abri d'une

l'article 2 de la loi de 1851 est général et doit s'appliquer à *tout mode d'acquisition de la qualité de Français* ; la cour a admis cette prétention, se fondant « sur ce qu'on ne saurait en effet restreindre cette faveur, accordée par la loi de 1851, uniquement à l'enfant dont le père a été naturalisé en remplissant les conditions prévues par les lois des 3 décembre 1849 et 29 juin 1867, la refusant aux fils de ceux qui ont récupéré par un autre mode la nationalité française ; que le mot de *naturalisation* doit être entendu dans un sens général, et comprendre tout fait par suite duquel l'étranger perd sa nationalité et devient citoyen d'un nouvel État... » La loi nouvelle donne d'ailleurs, en propres termes, aux déclarations de nationalité des articles 9 et 10 la qualification de *naturalisation* ; l'article 5 est ainsi conçu : « Pour l'exécution de la présente loi un règlement d'administration publique déterminera : 1°... 2° les formalités à remplir et les justifications à faire relativement à la naturalisation ordinaire et *à la naturalisation de faveur, dans les cas prévus par les articles 9 et 10 du code civil, ainsi que...* » Il est vrai que l'article emploie l'expression « naturalisation *de faveur* » alors que l'expression strictement exacte serait « naturalisation *de plein droit* » ; mais ici le terme « *de faveur* » ne signifie plus « *concédée à titre de faveur* » ; il s'oppose simplement à « naturalisation *ordinaire* ». Les vicissitudes de la rédaction de la loi expliquent d'ailleurs pleinement cette incorrection théorique d'expression ; à un certain moment, nous l'avons noté plus loin, la naturalisation des articles 9 et 10 fut une naturalisation par décret, comme la naturalisation ordinaire, mais avec des simplifications faites à titre *de faveur* ; lorsque le système changea et redevint le système de la naturalisation de *plein droit*, l'expression « *de faveur* » subsista : nous sommes en présence de quelques cas de naturalisation *de plein droit*, qui ont été maintenus à titre *de faveur*... tel est le sens qu'il faut donner aujourd'hui à ces expressions, sans méconnaître qu'au cours des travaux préparatoires, il n'en a peut-être pas toujours été ainsi. Au surplus, le décret réglementaire du 13 août 1889 a reconnu formellement l'exactitude de cette interprétation (art. 5, § 2, art. 6, § 4). V. également la circulaire du 23 août 1889. V. cependant, *contrà* : Vincent, *Nationalité*, nos 143 et suiv., *Lois nouvelles*, 1889, n° 22.

(1) D'ailleurs les déclarations ne rétroagissent pas, les individus qui se

déclaration de nationalité qu'il s'était empressé de souscrire. D'autre part, ces déclarations étaient faites devant les maires (1); elles étaient reçues bien souvent dans des hypothèses où la loi ne les autorisait nullement, et l'intéressé ne se trouvait pas investi en réalité de cette qualité de Français qu'il croyait avoir acquise. Les déclarations étaient, en outre, disséminées par toute la France, et, comme il était impossible d'opérer des recherches dans toute l'étendue du territoire, le déclarant, en le supposant devenu Français, pouvait néanmoins, s'il y trouvait intérêt, se prétendre étranger, sans que nul, en dehors d'un cercle très restreint de personnes qui avaient eu une connaissance directe de l'acte accompli, pût contester sa prétention d'une manière efficace (2).

Lorsque, saisi de la proposition de loi sur la naturalisation, le Conseil d'État en vint à examiner ces questions, il fut vivement frappé des inconvénients que nous avons rappelés; dans le but de les éviter, il proposa la suppression des déclarations de nationalité. Dans les hypothèses où elles avaient été jusqu'alors admises, le Conseil d'État accordait à l'intéressé le droit d'obtenir sa naturalisation immédiate, sans qu'une autorisation de domicile préalable leur fût nécessaire, si du moins il résidait en France depuis trois années; mais un décret seul pouvait la conférer dans tous les cas. On mettait ainsi en harmonie complète les différents modes de naturalisation. Les déclarations de nationalité étaient remplacées par de simples variétés de la naturalisation par décret, d'ailleurs simplifiée; elles constituaient des cas de *naturalisation de faveur* (3).

---

trouvaient dans la même situation que Morphy pouvaient être condamnés pour les infractions à l'arrêté d'expulsion commises antérieurement à la déclaration.

(1) Il n'y avait souvent même pas de service organisé à cet effet dans les mairies, malgré les circulaires du ministère de l'intérieur.

(2) Une circulaire du Garde des Sceaux, en date du 20 octobre 1888, avait tenté de remédier à ces inconvénients, en prescrivant l'envoi au Ministère de la justice, d'une copie de chaque déclaration reçue par les maires.

(3) C'est là l'origine exacte de l'expression employée par l'article 5 de la loi nouvelle; et par suite l'argument que nous avons tiré de ce texte (V. la note de la page précédente) en faveur de l'assimilation complète à établir entre la naturalisation et les déclarations de nationalité, n'a peut-être pas toute la por-

Après quelques hésitations, la commission du Sénat accepta cette manière de voir ; elle rendit toutefois cette naturalisation de faveur plus aisée encore, en supprimant toute condition de résidence préalable.

Mais entre la première et la seconde délibération au Sénat, un amendement fut déposé par M. Bérenger, qui reprenait purement et simplement le système du code civil. Aux critiques qui avaient été formulées, notamment par M. Sée, conseiller d'État, commissaire du gouvernement, et par M. Batbie, rapporteur de la commission, on répondit en démontrant combien cette modification au droit ancien, s'harmonisant peut-être avec le projet de loi, tel que l'avait conçu le Conseil d'État, concordait peu avec l'idée générale qui avait guidé la commission du Sénat. C'était, dans un certain nombre de cas, rendre plus difficile la naturalisation, par un accroissement de formalités, par l'obligation du payer des droits de sceau, quand au contraire la tendance générale du projet était de la rendre plus facile. D'ailleurs, les inconvénients du système ancien avaient été singulièrement exagérés ; la plupart, en effet, résultaient de la manière dont les déclarations étaient reçues ; et on pouvait les faire disparaître, en centralisant ces déclarations, de telle sorte que chacun sût où les retrouver le cas échéant, en chargeant de les recevoir des fonctionnaires capables d'en contrôler la légalité d'une manière utile. Quant aux inconvénients qui résultent de la nature de ce mode d'acquisition de la nationalité française et proviennent de ce qu'il constitue une naturalisation *de plein droit*, on faisait remarquer qu'il ne faut pas écrire une disposition de loi uniquement en vue d'un cas exceptionnel ; et le système de la naturalisation de plein droit, restreint à quelques hypothèses nettement déterminées, offre, quant à la rapidité, quant à la simplicité, des avantages évidents, sans inconvénients bien sérieux. L'amendement de M. Bérenger fut adopté par le Sénat.

Il modifiait légèrement le code civil ; les déclarations de-

tée qu'on pourrait être tenté de lui attribuer. Cependant comme cette expression a été maintenue malgré le retour à l'ancien état de choses, l'argument subsiste ; et d'ailleurs l'assimilation dont il s'agit se justifie par d'autres raisons.

vaient être centralisées au ministère de la justice ; de plus, un règlement d'administration publique devait introduire la régularité, dans le fonctionnement de cette institution jusqu'alors demeurée imparfaite. Ce fut le système définitivement consacré, dans les détails duquel nous aurons à entrer. Toutefois, la commission de la Chambre restreignit la portée d'application du système des déclarations, d'abord, et comme nous l'avons vu plus haut, en réduisant le nombre des individus compris dans la classe intermédiaire ; puis, en transportant dans un certain nombre d'hypothèses, à la première génération d'étrangers nés en France, le système inauguré pour la seconde par la loi du 7 février 1851.

Les individus, qui appartiennent à la classe intermédiaire dont nous nous occupons, ont en général été reconnus étrangers ; ils peuvent alors, au moyen d'une déclaration souscrite dans les conditions que nous déterminerons, acquérir la qualité de Français. Parfois, ils sont proclamés Français : la loi leur laisse dans ce cas une faculté de répudiation : ils peuvent souscrire une déclaration en vue de décliner la nationalité française. Bien que de pareilles déclarations ne constituent pas des cas de naturalisation, mais des cas de perte de la qualité de Français, nous en traiterons ici même, afin de ne pas scinder une matière qui a des règles générales communes. La loi autorise, d'autre part, du moins implicitement, les renonciations par anticipation à cette faculté de répudiation : l'étude s'en placera tout naturellement à la suite. Nous aurons donc, après avoir déterminé les règles générales communes, à examiner successivement les déclarations en vue d'acquérir la nationalité française ; les déclarations en vue de la répudier ; les déclarations en vue de la confirmer par une renonciation à la faculté de répudiation ; et nous préciserons, chemin faisant, les hypothèses exactes dans lesquelles la loi les autorise. Sous forme d'appendice, nous nous occuperons du cas spécial prévu et réglé par l'article 8, II, 4°, dans lequel la nationalité française est acquise sans qu'une déclaration expresse doive être faite, mais où l'on ménage à l'intéressé une faculté de répudiation.

§ 2. — *Règles communes aux différentes déclarations de nationalités.*

Avant la loi du 26 juin 1889, les déclarations de nationalité, qu'elles eussent pour objet d'acquérir la nationalité française (1), ou de la répudier (2), étaient reçues par les maires dans chaque commune ; la compétence des officiers municipaux à cet égard se rattachait aux attributions qui leur avaient été conférées par la constitution du 22 frimaire an VIII pour la naturalisation des étrangers ; nous avons précédemment indiqué les inconvénients qui en résultaient. Pour y obvier, la loi nouvelle a prescrit l'enregistrement des déclarations de nationalité au ministère de la justice (art. 9) (3).

Mais les déclarations ne sont pas faites directement au ministère. Un intermédiaire a paru nécessaire ; il a été désigné par le décret du 13 août 1889 (art. 6) et c'est, non plus le maire, mais le juge de paix du canton où réside le déclarant ; les juges de paix sont en effet « plus compétents que la majorité des maires en matière juridique, et le contrôle de la Chancellerie peut s'exercer sur eux plus efficacement » (4). Dans quelques hypothèses particulières (5), les déclarations de nationalité pourront être reçues par les agents diplomatiques ou consulaires (art. 6, *in fine*, décret du 13 août 1889). Telles sont les innovations principales de la législation de 1889 quant aux formes des déclarations (6).

(1) Article 9 ; article 10 § 2 ; l. 22 mars 1849 ; l. 14 juin 1882 ; l. 28 juin 1883.

(2) L. 7 février 1851, article 1 ; l. 16 décembre 1874.

(3) La loi n'a ordonné expressément que l'enregistrement des déclarations de l'article 9 ; mais toutes les déclarations acquisitives de nationalité sont calquées sur celle-là (V. les renvois de l'art. 10 et de l'art. 12 § 2). D'autre part, quant à la déclaration par laquelle on décline la nationalité française aux termes de l'article 8, II, 4°, il ne saurait y avoir de difficultés sérieuses ; on verra en effet plus loin que l'article 8, II, 4° provient de l'article 9, auquel il était d'abord réuni et dont il a été séparé lors d'un remaniement, au cours de la rédaction de la loi, sans qu'on ait songé à répéter la prescription de l'enregistrement pour la déclaration devenue indépendante. V. au surplus, l'article 6 du décret du 13 août 1889.

(4) Circulaire du ministre de la justice du 23 août 1889. V. aux annexes.

(5) V. plus loin.

(6) D'ailleurs la compétence des juges de paix à cet égard n'ayant été insti-

Les déclarations de nationalité sont faites en général par l'intéressé lui-même. Toutefois l'intéressé majeur peut charger un tiers de la faire en son nom ; ce tiers doit être porteur d'une procuration spéciale et authentique (art. 6 § 2, décret du 13 août 1889).

Il faut, en principe, être majeur d'après la loi française pour souscrire les déclarations de nationalité, aussi bien que pour être naturalisé par décret. L'incapacité du mineur résulte très nettement de la procédure organisée par la loi dans les cas où elle autorise les déclarations en minorité. Mais ces cas sont très nombreux, et l'on peut dire d'une manière générale que les déclarations en vue d'acquérir ou de confirmer la qualité de Français peuvent toujours avoir lieu en minorité. Au contraire, un mineur ne pourrait pas souscrire une déclaration qui aurait pour but de décliner la nationalité française ; en effet, dans les hypothèses où la loi a reconnu une faculté de répudiation à quelques individus, elle a uniquement indiqué l'année de la majorité comme délai dans lequel pourrait être exercée cette faculté ; on ne peut permettre aux intéressés d'anticiper, quand les textes ne contiennent aucune indication à cet égard. D'ailleurs, on conçoit, surtout en présence du but que le législateur a cherché à atteindre, qu'il n'ait point facilité le dépouillement de la qualité de Français, au même titre que l'acquisition de cette qualité.

L'article 9 détermine la manière dont la déclaration qu'il prévoit doit être effectuée, lorsque l'intéressé est mineur ; et les règles qu'il pose pour cette hypothèse spéciale doivent être

---

tuée que par le décret du 13 août, jusqu'au jour de l'entrée en vigueur de cet acte, les maires ont pu continuer valablement à recevoir les déclarations de nationalité (V. Vincent, *Nationalité*, n° 102). Mais elles ont été, dès le jour où la loi du 26 juin 1889 est devenue obligatoire, soumises à la nécessité de l'enregistrement au ministère de la justice. Dans le cas prévu par la convention franco-suisse du 23 juillet 1879, les maires continuent, par exception, à recevoir les déclarations des intéressés ; il s'agit des déclarations d'option pour la *nationalité suisse* effectuées par *les enfants de Français naturalisés Suisses*. D'après cette convention, les individus dont les parents, Français d'origine, obtiennent la naturalisation suisse, et qui sont mineurs au moment de cette naturalisation, ont le droit d'opter, dans le cours de leur vingt-deuxième année, pour la nationalité suisse.

étendues à tous les autres cas de déclaration ; c'est en effet l'article auquel on s'est toujours reporté pour la réglementation de ces cas exceptionnels de naturalisation de plein droit.

La déclaration n'est pas faite par le mineur lui-même habilité à cet effet ; elle est faite *en son nom* par les personnes investies de l'autorité paternelle (1) : « S'il est âgé de moins de vingt et un ans accomplis, la déclaration sera faite en son nom par son père ; en cas de décès, par sa mère ; en cas de décès du père et de la mère, ou de leur exclusion de la tutelle, ou dans les cas prévus par les articles 141, 142 et 143 du code civil, par le tuteur autorisé par délibération du conseil de famille ». C'est dans le cas seulement où la mère a été *exclue* de la tutelle que le droit de souscrire les déclarations de nationalité passe au tuteur ; lorsque la mère s'est excusée, elle conservera au contraire ce droit et n'aura même pas à obtenir l'autorisation du conseil de famille.

La loi dispose que « dans les cas prévus par les articles 141, 142, 143 du code civil (c'est-à-dire quand le père est disparu, sans que l'absence constitue encore un fait acquis), la déclaration sera faite par le tuteur autorisé du conseil de famille ». La teneur des articles 141, 142, 143 ne coïncide pas très exactement avec cette règle ; il faudra donc l'entendre assez largement. La mère ou l'ascendant qui, sans avoir à proprement parler la tutelle, sont chargés de la surveillance des mineurs au cas de disparition du père, pourront faire la déclaration en leur nom, mais ils devront se pourvoir de l'autorisation du conseil de famille : peut-être pourrait-on cependant admettre que la mère, comme au cas de décès du mari, est capable de faire la déclaration sans être pourvue de cette autorisation. D'ailleurs l'application de ces dispositions sera excessivement rare. L'article 9 n'avait pas à régler l'hypothèse de l'absence proprement dite, dans laquelle la tu-

---

(1) On a critiqué cette manière de procéder ; la loi, dit-on, permet en réalité au représentant légal de disposer de la nationalité de l'enfant (Weiss, *Propos. de loi sur la nationalité*, Paris, 1887, p. 28 ; Vincent, *Nationalité*, n° 105). Le reproche semble exagéré ; que le mineur agisse en personne et dûment habilité ou que le représentant légal agisse au nom du mineur, les droits et la personnalité du mineur seront en fait aussi complètement respectés.

telle est réglementée comme au cas de décès de l'un des auteurs de l'intéressé.

Le texte est muet en ce qui concerne les cas de déchéance de la puissance paternelle (art. 335, c. pén.) ; d'autre part, depuis le vote de la loi sur la nationalité, est intervenue la loi sur la protection de l'enfance (1), qui détermine également certains cas de déchéance. A l'égard de ces derniers, il semble que la situation soit réglée par l'article 14 de la loi même du 24 juillet 1889, qui assimile la situation à celle qui se présente lors du décès des père et mère, et attribue aux mêmes personnes, dans les deux hypothèses, l'exercice des droits du père « quant au consentement au mariage, à l'adoption, à la tutelle officieuse et à l'émancipation ». Il y a évidemment là l'application d'un principe. Il convient, croyons-nous, de la généraliser dans tous les cas de déchéance ; que celle-ci soit encourue en vertu de la loi du 24 juillet 1889 ou en vertu du code pénal, la déclaration sera souscrite par les personnes désignées en l'article 14 de la loi précitée (2).

Si la protection du mineur n'était pas organisée dans les termes exacts prévus par l'article 9, on devrait, semble-t-il, procéder par voie d'analogie et admettre la déclaration faite au nom du mineur par son représentant légal, dûment habilité. On se heurterait autrement à des impossibilités, que la doctrine avait d'ailleurs signalées au cours même de l'élaboration de la loi (3). L'un des projets se référait au statut personnel du mineur : cette disposition a disparu et nous notons une fois de plus cette préoccupation constante du législateur d'écarter tout examen des lois étrangères.

Quelles solutions convient-il d'admettre au cas d'émancipation? La loi n'ayant pas jugé à propos de faire au mineur émancipé une situation spéciale, il faut, selon nous, le traiter comme tous les autres mineurs ; la déclaration sera donc faite en son nom par les personnes désignées en l'article 9. Et toutefois, en

---

(1) L. du 24 juillet 1889.

(2) Vincent, *Nationalité*, n° 106, *Lois nouvelles*, 1889, n° 22.

(3) Audinet, *Journal du Droit intern. privé*, 1889, p. 205 ; *le Droit*, 27 septembre 1888. — Comp. Cohendy, *le Droit*, 3 novembre 1889 ; — Vincent, *Nationalité*, n° 106.

ce qui concerne le mineur émancipé par le mariage, nous serions assez portés à reconnaître que la déclaration peut être
souscrite par le mineur lui-même, et sans qu'il ait à se faire
habiliter par ses parents ou par son tuteur. Il en devrait être
ainsi surtout pour la femme mariée mineure : l'autorisation
maritale seule devrait être exigée. Les raisons qui ont fait reconnaître au mari la qualité de curateur légal de la femme nous
paraissent conduire de même à cette solution (1).

Quant aux incapables autres que le mineur, les solutions à donner sont simples : l'interdit ne pourra souscrire une déclaration
de nationalité que s'il est dans un intervalle lucide, et son tuteur
n'aura nullement qualité pour la souscrire en son nom ; l'individu
pourvu d'un conseil judiciaire aura pleine capacité à cet égard,
sans l'assistance de son curateur : la femme mariée devra rapporter l'autorisation de son mari ou de justice.

La déclaration faite au nom du mineur est d'ailleurs irrévocable ; il devient, dès ce moment, Français au même titre que
les autres nationaux ; le droit spécial qui lui avait été conféré
par la loi se trouve en effet définitivement épuisé.

La déclaration est reçue par le juge de paix du canton dans
lequel réside le déclarant, en présence de deux témoins. Aucune
condition de capacité n'est exigée de ces derniers ; ne faut-il pas
toutefois appliquer par analogie les dispositions de l'article 437
du code civil, relatives à la capacité des témoins produits aux
actes de l'état civil ? On pourrait alléguer que les déclarations de
nationalité, comme la naturalisation, entraînent une modification à l'état civil du déclarant... Mais peut-être suffit-il que ces
témoins, destinés simplement à certifier de l'identité du déclarant, « aient les qualités morales requises pour pouvoir rendre
un témoignage digne de confiance » (2). Ils pourraient donc,
le cas échéant, être mineurs, et de sexe féminin ; ils pourraient,
dans tous les cas, être étrangers : leur témoignage n'en aura
que plus de valeur dans bien des hypothèses.

Le juge de paix paraît devoir être assisté de son greffier ;

_____

(1) Aubry et Rau, t. I, § 131, texte et note 3, p. 546. Demolombe, t. VIII,
n° 233.

(2) Aubry et Rau, t. I, § 60, texte et note 5, p. 200.

comme il doit l'être pour la réception de la déclaration d'émancipation (art. 477, c. civ.).

Les déclarations de nationalité doivent-elles être souscrites
nécessairement en France et devant les juges de paix (1)? ne
pourraient-elles pas être reçues par nos agents diplomatiques
et consulaires à l'étranger?

Il faut répondre par une distinction : s'agit-il des déclarations
en vue de répudier la nationalité française, elles peuvent être
reçues par ces fonctionnaires, comme nous le verrons plus bas.
Mais en ce qui concerne les déclarations acquisitives ou confirmatives de la qualité de Français, il semble bien qu'il en doive
être autrement. Sous l'empire de la législation antérieure, aucune
condition préalable de domicile n'était imposée pour la recevabilité de la déclaration ; elle pouvait par suite être passée à
l'étranger. Aujourd'hui, au contraire, l'article 9 dispose en termes formels que l'individu né en France peut réclamer la qualité de Français, *s'il a établi son domicile en France* ; il en résulte,
aussi clairement que possible, que la déclaration devra nécessairement être faite en France. Nous avons déjà observé que
les règles, déterminées par la loi relativement à la déclaration
de l'article 9, doivent être étendues à toutes les déclarations
acquisitives ou confirmatives de la qualité de Français (2).

Les formes de la déclaration sont décrites par le règlement du
13 août 1889. La déclaration est dressée sur papier timbré en
double exemplaire (art. 6) ; les deux exemplaires sont, avec les
pièces qui ont dû être produites à l'appui (3), transmis par la
voie hiérarchique au ministère de la justice (art. 7). L'enregistrement a lieu sur un registre *ad hoc* ; l'un des exemplaires,
avec mention de l'enregistrement, est renvoyé au déclarant,
l'autre conservé avec les pièces justificatives (art. 8). Ces formalités ne causeront d'ailleurs aucun préjudice à l'intéressé :

(1) Il faut bien entendu excepter les déclarations souscrites en vertu de la
convention franco-suisse du 23 juillet 1879. V. plus haut p. 113 note 6, *in fine.*
(2) Comp. dans le même sens : Vincent, *Nationalité*, n° 103. — Le terme *domicile* doit être entendu dans un sens large, le même qui lui a été reconnu
formellement à propos de la distinction entre l'étranger *domicilié* et l'étranger
non domicilié. — V. *infrà.*
(3) V. plus loin, l'indication des pièces nécessaires pour chaque déclaration en particulier.

l'acquisition de la qualité de Français se produit le jour de la réception de la déclaration par le juge de paix (art. 8, *in fine*). L'enregistrement a donc un effet rétroactif.

Une décision du Garde des Sceaux a en outre prescrit l'insertion des déclarations au *Bulletin officiel du Ministère de la Justice* : « La publicité ainsi organisée a paru présenter certains avantages pour les intéressés et pour les administrations publiques » (1). Ce que nous avons dit de l'insertion des décrets de naturalisation au *Bulletin des lois* s'appliquera, à plus forte raison et sans contestation aucune, à l'insertion des déclarations ou *Bulletin du Ministère*. Il n'y a là qu'une pure mesure d'administration dont l'omission ne doit porter aucun préjudice aux intéressés.

L'époque jusqu'à laquelle peuvent être faites les déclarations de nationalité varie suivant les hypothèses : nous aurons à la déterminer pour chacune d'elles en particulier.

La déclaration a pour effet ou bien de faire acquérir ou bien de faire perdre la nationalité française, d'une manière définitive, mais sans que la période antérieure doive être considérée comme abolie, sans aucune rétroactivité. C'est ce que la loi décide expressément pour toutes les déclarations acquisitives de la nationalité française (art. 20) ; nous aurons à examiner si cette solution doit être étendue, par voie d'analogie et par identité de motifs, aux déclarations qui tendent à la faire perdre. Nous aurons de même à examiner, sous chaque espèce de déclaration, les effets qu'elles produisent à l'égard de la femme et des enfants du déclarant.

A la différence de ce qui a lieu pour la naturalisation par décret aucun droit de sceau n'est dû à l'occasion des déclarations de nationalité. Leur enregistrement au ministère de la justice est fait gratuitement, de même que leur réception par les juges de paix (2).

L'acquisition ou la perte de la nationalité française ne peuvent évidemment résulter que de déclarations souscrites dans

---

(1) Cette décision a été rendue publique sous forme de note parue au *Bulletin officiel du Ministère* (année 1889, octobre-décembre).

(2) Sauf peut-être un léger émolument pour le greffier et les droits de timbre et d'enregistrement.

les conditions prévues par la loi; les déclarations purement ver-
bales ou reçues par un fonctionnaire autre qu'un juge de paix
devraient être considérées comme inexistantes. Quant aux formalités diverses qui accompagnent les déclarations, aux mentions qui doivent y être faites, il faudra bien distinguer entre les
formalités et mentions substantielles, dont l'omission entraînera
la nullité de la déclaration, et les formalités et mentions accessoires, qui ne seront pas sanctionnées aussi rigoureusement.
C'est, au surplus, la distinction que la doctrine et la jurisprudence font en plusieurs matières, spécialement quant à l'interprétation de l'article 2148, c. c., au sujet des formalités requises
pour la rédaction du bordereau d'inscription hypothécaire. Sans
entrer dans l'étude de cette distinction, il faut noter que parmi les
premières, dont l'inaccomplissement vicierait irrémédiablement
la déclaration figure l'enregistrement au ministère]de la justice.

De l'enregistrement des déclarations. — L'innovation de
la loi du 26 juin 1889, en vertu de laquelle les déclarations de
nationalité sont désormais centralisées par leur enregistrement
au ministère de la justice, n'a point changé leur nature ; elles
constituent toujours des cas de naturalisation de plein droit,
lorsqu'elles tendent à acquérir la nationalité française ; et lorsqu'en sens inverse, le déclarant prétend répudier la nationalité
française, c'est toujours en vertu d'un droit qu'il agit. En sorte
que, d'une part, l'enregistrement ne peut pas être refusé par le
ministre de la justice au déclarant qui remplit les conditions légales, et que, d'autre part, l'enregistrement d'une déclaration, faite
en dehors des termes de la loi, ne donne à cette déclaration aucune valeur propre et ne couvre point le vice dont elle est entachée : nous avons à développer ces deux aspects de la question.

L'individu qui se trouve dans les termes de la loi a le *droit*
de devenir Français au moyen d'une simple déclaration ; l'enregistrement de cette déclaration n'est qu'une formalité prescrite
dans un but d'intérêt général ; sans doute, l'inaccomplissement
de cette formalité rend la déclaration inexistante ; mais le fonctionnaire public que la loi charge de l'effectuer ne peut refuser
son concours au déclarant et rendre ainsi le droit de celui-ci il-
lusoire. Cet enregistrement ne constitue donc pas un acte de

souveraineté et de gouvernement, comme l'octroi de la naturalisation, c'est un simple acte d'administration (1).

Toutefois, dans cette hypothèse même, le ministre de la justice conserve un certain pouvoir d'appréciation, très limité, il est vrai, mais qui n'en existe pas moins. D'abord, la déclaration est soumise par le législateur à certaines formes. Si ces formes n'ont pas été observées, l'enregistrement est refusé. D'ailleurs, dans ce cas, le refus d'enregistrement ne constitue qu'un simple retard et ne peut soulever aucune difficulté.

D'autre part et en second lieu, le ministre, avons-nous dit, est tenu d'enregistrer les déclarations *qui sont faites dans les termes de droit*. Il n'est pas tenu d'enregistrer les déclarations illégales ; si donc il estime qu'un déclarant n'était pas en situation de devenir Français au moyen d'une déclaration, il refusera l'enregistrement.

On peut bien se demander si un tel pouvoir d'appréciation appartient réellement au ministre. L'enregistrement, serait-on tenté de dire, est une pure formalité, qui tend simplement à assurer, dans la mesure du possible, la publicité des actes dont il s'agit, et surtout à les centraliser ; la naturalisation, en elle-même, résulte directement de la loi : le droit qu'elle confère ne doit en aucun cas pouvoir être paralysé par le refus du ministre de concourir à l'accomplissement d'une pure formalité. Telle était bien la solution que paraissait admettre le Conseil d'État, auquel revient l'initiative de cette mesure. Une seule déclaration de nationalité était maintenue dans le projet de rédaction auquel s'était arrêté cette assemblée, la déclaration des lois du 7 février 1851 et du 16 décembre 1874 : elle était transmise « au ministère de la justice, lequel devait en accuser réception ; dans l'année qui suivait son enregistrement, le ministère public pouvait y contredire devant le tribunal du dernier domicile ou du lieu de naissance du déclarant » (art. 3 du projet du Conseil d'État). Ainsi le ministre de la justice recevait toujours la déclaration qui valait ce qu'elle valait, et la faisait déclarer nulle, s'il y avait lieu.

(1) Nous avons déjà indiqué les différences qui séparent l'acte d'administration de l'acte de gouvernement. V. *supra*, p. 98 et p. 101.

Ce système aurait eu de grands inconvénients, surtout avec l'idée qui a triomphé en définitive. La loi, au lieu de restreindre le nombre des cas de naturalisation de faveur, l'a plutôt accru ; dans de telles conditions, est-il admissible que le ministre de la justice soit tenu d'enregistrer toutes les déclarations de nationalité qu'on voudra souscrire, jusqu'à celles qui n'auraient même pas l'apparence de fondement ? Toute une procédure peut-elle être nécessaire pour faire tomber de pareils actes, inexistants au fond ? Cependant, et d'autre part, une fois la déclaration reçue, il serait impossible de laisser les choses en l'état, de ne pas la faire déclarer nulle, si elle était illégale. Les inconvénients qu'on reprochait au système des déclarations, et que la loi nouvelle a prétendu éviter, reparaîtraient ; ils seraient même décuplés par l'autorité qui s'attacherait forcément à des déclarations que le ministère de la justice aurait reçues, et qu'on croirait consacrées par lui, malgré tous les avertissements possibles donnés aux déclarants. Il y aurait là, à raison du nombre très grand des déclarations mal fondées, une source de complications : il fallait donc autoriser le ministre de la justice à refuser l'enregistrement des déclarations qui ne lui paraîtraient pas valables. L'adoption de cette solution résulte clairement de la discussion au Sénat, à la suite de laquelle fut adopté l'amendement de M. Bérenger rétablissant les déclarations de nationalité que la proposition de loi supprimait ; le Sénat entendait bien que l'on reçût et que l'on enregistrât seulement les déclarations conformes à la loi. Cette solution résulte également du texte de la loi, qui ne prescrit évidemment l'enregistrement que des déclarations qu'il autorise ; enfin, de l'absence de toute disposition légale contraire et du simple bon sens, qui s'oppose à ce que le ministre de la justice puisse prêter la main, ne fût-ce que provisoirement, à ce qui lui paraît une violation de la loi.

Mais ce pouvoir d'appréciation se restreint uniquement au point de savoir si le déclarant est bien dans une des hypothèses prévues par la loi. Le ministre par exemple ne pourrait fonder son refus d'enregistrer la déclaration sur l'indignité du déclarant et sur le danger qu'il y aurait éventuellement à agréger à la nationalité fançaise tel ou tel individu. Ce serait là purement et simplement un excès de pouvoirs. Le ministre userait en effet du pouvoir qui lui a été confié par la loi « pour un cas et des motifs autres que ceux en vue desquels ce pouvoir lui a été attribué » ; c'est l'hypothèse bien connue du *détournement de pouvoirs*. L'intéressé aurait incontestablement le droit de se pourvoir devant le Conseil d'État (1) ; la décision ministérielle se trouverait comme annulée, et par suite le ministre serait en présence d'une déclaration nouvelle, dont on lui demanderait l'enregistrement. En pareil cas, il n'appartient pas au Conseil de substituer une décision propre à la décision ministérielle qu'il annule ; si donc, et par impossible, le ministre refusait de nouveau l'enregistrement, l'intéressé n'aurait plus d'autre ressource que la mise en jeu de la responsabilité ministérielle.

Mais que se passera-t-il si le ministre refuse, et ce sera l'hypothèse pratique, d'enregistrer une déclaration qui ne lui paraît pas fondée en droit ? Ainsi renfermée dans les limites exactes de son pouvoir d'appréciation, tel que la loi le lui a conféré, sa décision ne sera-t-elle pas désormais définitive ?

Il semble tout au contraire qu'on peut admettre comme point de départ que cette décision est purement provisoire ; elle porte en effet sur un droit que le déclarant prétend avoir et que le ministre lui dénie. Or, un ministre, envisagé même comme juge administratif, n'a jamais pu se rendre juge, et surtout juge souverain, de la légitimité d'un droit qu'un particulier prétend tenir de la loi seule. A plus forte raison ne peut-il en être ainsi, lorsque le ministre prend une décision qui constitue non pas un jugement, puisque jusque-là il n'y a pas eu même l'apparence d'une contestation, mais un simple acte d'administration.

Un recours existe donc contre la décision ministérielle ; le recours sera-t-il le même que dans l'hypothèse qui vient d'être examinée plus haut ? Sera-ce le recours ouvert contre tout acte administratif qui porte atteinte à un droit, le recours au conseil d'État pour excès de pouvoir ?

L'intéressé, dont le ministre de la justice refuse d'enregistrer la déclaration, peut certainement se pourvoir devant le Conseil

---

(1) Ces pourvois ont lieu sans frais ; le ministère d'un avocat au Conseil n'est point obligatoire. Décret du 2 novembre 1864, art. 1,

d'État afin de faire annuler la décision ministérielle, entachée non plus de détournement de pouvoir, mais d'erreur de droit ; c'est même le seul moyen qui existe de faire tomber légalement la décision prise, et c'est ce qui rend toujours possible ce mode de recours, que la jurisprudence du Conseil restreint aux seules hypothèses, où aucun autre moyen de réformation n'existe plus pour l'intéressé.

Le Conseil d'État statuera donc sur la légalité de la décision ministérielle. Mais dans cette hypothèse, la légalité ou l'illégalité de cette décision dépend de l'existence d'un droit conféré par la loi civile au déclarant ; avant de l'annuler ou de la maintenir, le Conseil aura donc une question à examiner : la loi autorisait-elle réellement l'intéressé à souscrire une déclaration (1) ? Cette question constitue une question préjudicielle, dont la connaissance ne peut appartenir aux tribunaux de l'ordre administratif. C'est en effet une question de nationalité, c'est-à-dire une question d'état, et les tribunaux judiciaires sont les gardiens exclusifs de l'état comme de la propriété des citoyens. Le Conseil d'État devra donc surseoir à statuer jusqu'à ce que les tribunaux de l'ordre judiciaire, saisis de la question, l'ait tranchée dans un sens ou dans l'autre ; alors seulement il pourra examiner utilement la question principale et déclarer, en conséquence de la décision judiciaire, que le ministre a eu tort ou raison de refuser l'enregistrement.

Mais il semble qu'il y ait un procédé beaucoup plus simple ; le Conseil d'État ne peut que renvoyer, quant à la question qui est pratiquement la seule importante, aux tribunaux judiciaires, et se borne à tirer de la décision intervenue sur ce premier point telles conséquences que de droit ; il constitue donc un simple intermédiaire, dont il y aurait avantage évident à se passer. Pourquoi le déclarant ne saisirait-il pas directement les tribunaux judiciaires de la question que seuls ils peuvent juger ?

Cette simplification si désirable nous paraît difficile à obtenir dans l'état actuel de la législation.

(1) C'est ce que constate la Circulaire du 23 août 1889, lorsqu'elle dit : « Dans le cas où une déclaration ne me paraîtra pas souscrite dans des conditions régulières, l'intéressé en sera avisé, et il pourra, s'il le juge à propos, faire trancher la question par les tribunaux, souverains juges en matière de questions de nationalité.

En effet si le déclarant agit contre le ministre à raison de son refus d'enregistrement et afin de faire constater son droit, il se heurtera au principe de la séparation des pouvoirs ; s'il se borne à assigner le ministre pour voir déclarer qu'il peut aux termes de la loi acquérir, décliner la nationalité française moyennant une simple déclaration, il sera en face de ce dilemme : ou nul ne conteste votre droit, et alors les tribunaux n'ont rien à faire ; ou la contestation a précisément pour point de départ le refus d'enregistrement, et les tribunaux judiciaires n'en peuvent connaître *de plano*. Au fond, le déclarant attaque toujours, d'une manière directe ou indirecte, la décision ministérielle prise à son encontre.

D'ailleurs, il faut le reconnaître, s'il est des hypothèses dans lesquelles le principe de la séparation des pouvoirs a des conséquences fâcheuses, c'est bien dans celle-ci (1). Le principe n'est pas en jeu d'une manière sérieuse ; le ministre lui-même reconnaît que sa décision est basée uniquement sur une interprétation de la loi que seuls les tribunaux judiciaires peuvent donner d'une manière souveraine. Et cependant pour arriver à les saisir, on sera obligé de recourir à l'intermédiaire du Conseil d'État. Le ministre ne peut en effet accepter, par une sorte de prorogation de juridiction, la compétence des tribunaux judiciaires : l'incompétence résultant du principe de la séparation des pouvoirs est d'ordre public, et en tout état de cause pourrait être opposée par le demandeur lui-même ; par exemple, il ne manquerait pas de le faire, s'il prévoyait un jugement sur le fond contraire à sa prétention et s'il pouvait espérer obtenir plus tard, et devant une autre juridiction, une décision plus favorable. Il semble donc que, si le déclarant agissait directement devant les tribunaux judiciaires, l'exception d'incompétence devrait être proposée, et pour le cas où le tribunal ne l'accueillerait point, le conflit devrait être élevé. Le tribunal peut d'ailleurs se déclarer incompétent, même d'office.

Antérieurement à la loi du 26 juin 1889, les questions que nous venons d'agiter ne se posaient pas dans les mêmes termes ; les déclarations de nationalité étaient reçues par les maires et

(1) V. Cogordan, *Nationalité*, 2ᵉ édit., p. 221.

s'ils refusaient de les recevoir, on pouvait directement agir contre eux devant les tribunaux judiciaires ; la réception de ces déclarations se rattachait en effet à leurs fonctions d'officiers d'état civil, à l'égard desquelles ils relevaient exclusivement des tribunaux de l'ordre judiciaire.

La pratique s'était introduite, dans le ressort de la cour de Douai notamment, d'agir, non pas contre le maire qui ne voulait pas recevoir la déclaration, mais contre le préfet du département, *comme représentant l'État* (1). C'était bien l'État qui par l'intermédiaire du maire, contestait au déclarant le droit de souscrire une déclaration. Cette pratique peut encore être suivie aujourd'hui ; la substitution des juges de paix aux maires pour la réception des déclarations ne peut avoir aucune influence sur sa légitimité, puisque le préfet n'était pas assigné en sa qualité de supérieur du maire dans la hiérarchie administrative et en raison d'un refus de recevoir la déclaration, mais au nom et comme représentant l'État et en dehors de toute contestation (2). Elle n'est pas du reste à l'abri des objections ; elle en soulevait déjà sous l'empire de l'ancienne loi et les règles nouvelles n'ont fait qu'en accroître le nombre (3).

(1) Cette pratique s'est évidemment inspirée de la règle posée par les diverses lois militaires successives, d'après lesquelles, en matière de recrutement, lorsqu'une question de nationalité est soulevée, l'intéressé plaide contre le préfet représentant l'État. V. plus loin.

(2) C'est d'ailleurs à cette pratique que semble se référer la circulaire du 23 août 1889 dans le passage cité précédemment.—Voici les qualités d'un jugement qui indiquent assez nettement quelle est la manière de procéder en cette matière : « Le demandeur prétendant que... aux termes de l'art. 10 § 2, c. civ., il pouvait toujours recouvrer la qualité de Français en remplissant les formalités prescrites par la loi de l'art. 9 du même code, a, suivant exploit de X., hʳ à.... en date du... enregistré ledit exploit contenant constitution, etc... fait assigner M. le préfet du département de.... au nom et comme représentant de l'État, par devant le tribunal civil de.... pour entendre conclure à ce qu'il plaise au tribunal dire que, moyennant par lui de remplir les formalités prescrites par l'art. 9 du c. civ., X. est Français. Dépens de droit... » C'est d'ailleurs contre le préfet de son département et non point contre le préfet de la Seine dans tous les cas, que le réclamant doit, quand il a un domicile en France, introduire son action. — V. Cogordan, *Nationalité*, 2ᵉ édition, p. 422. — Comp. Trib. Seine, 28 août 1878 et 9 février 1888.

(3) La jurisprudence s'est en effet montrée jusqu'à ce jour très peu ferme à cet égard. C'est ainsi qu'à côté de décisions proclamant d'une manière géné-

Tout d'abord, il importe de le remarquer, dans l'instance introduite contre le préfet, aucune allusion ne peut être faite au refus d'enregistrement de la déclaration ; il faut éviter de se heurter au principe de la séparation des pouvoirs. Mais alors quelle contestation les tribunaux ont-ils à trancher ? Le demandeur veut faire constater qu'il peut devenir Français moyennant une déclaration ; mais, de ce qu'un individu veut faire constater à son profit l'existence d'un droit, il ne s'ensuit pas qu'il puisse agir en justice ; il faut de plus que ce droit soit lésé ; c'est l'application du vieil adage : « pas d'intérêt, pas d'action » (1). Or, on est obligé, afin de pouvoir introduire l'instance, de faire abstraction de la lésion qui a eu lieu. Il semble donc que rigoureusement les tribunaux devraient déclarer l'action non recevable, tout comme ils déclareraient non recevable l'action d'un individu qui s'aviserait de solliciter un jugement constatant à son profit l'existence d'un droit, dont il n'aurait même pas tenté de faire usage, et qui n'aurait été lésé par aucun acte. Si en fait les tribunaux ont souvent accueilli l'action intentée dans ces conditions, c'est qu'ils sentaient, sous les termes calculés de l'acte introductif d'instance, la lésion du droit dissimulée afin d'éviter toute difficulté sur la compétence ; et encore à ce point de vue, cette solution nous paraît-elle critiquable : cette dissimulation du point véritablement contesté est un artifice de procédure qui peut être habile, mais qu'on ne peut guère approuver théoriquement.

rale la compétence du préfet, on rencontre des décisions contraires. V. notamment, Trib. Seine, 18 février 1875. V. Au surplus, Vincent, *Nationalité*, n° 208 ; Cogordan, *Nationalité*, 2e édit., p. 412. Nous verrons plus loin que la jurisprudence reconnaît à d'autres fonctionnaires qu'au préfet (ministre de la guerre, ministre de la marine) le droit de représenter l'État dans les contestations relatives à la nationalité.

(1) On trouve bien, en matière de réclamation d'état, une action dirigée avant toute contestation de la part de celui qui se trouve défendeur. Mais le point de départ de l'action est tout différent : le demandeur sollicite la reconnaissance à son profit d'un état de choses autre que celui qui existe. Rien de tel ici : le demandeur réclame purement et simplement la reconnaissance d'un droit, qui *par hypothèse* n'est point contesté. Si le code civil, au lieu de prévoir le changement de nationalité par une déclaration, avait prescrit ce changement par un jugement du tribunal, on aurait pu prendre cette voie. Mais il n'en est pas ainsi.

D'autre part, on peut s'étonner de voir l'action dirigée, non pas contre l'auteur de la lésion, qu'on ne nomme point, mais contre un fonctionnaire qui n'y a en rien été mêlé, qui n'a et ne peut en avoir à aucun titre la responsabilité. On répond, il est vrai, que l'action est dirigée, non pas contre tel ou tel fonctionnaire, mais contre la personne morale de l'État, qui, en définitive, est l'auteur de la lésion de droit dont souffre le demandeur. Mais la bizarrerie de la solution n'en subsiste pas moins : au fonctionnaire du fait duquel procède la lésion se substitue en justice un autre fonctionnaire complètement étranger à la contestation ; l'État représenté à un moment par un fonctionnaire est à un autre moment représenté par un fonctionnaire différent.

Au surplus, on peut se demander d'abord si c'est bien l'État qui est en cause par le fait de l'administrateur, si la responsabilité ne doit pas en incomber exclusivement au fonctionnaire, qui a pris la décision, origine véritable du litige. En somme, il s'agit ici de savoir uniquement si l'interprétation de la loi donnée par le ministre de la justice est exacte et par suite si le refus d'enregistrement est fondé ; la contestation a lieu, non pas entre le déclarant et l'État, qui dans un sens est aussi bien représenté par les tribunaux mêmes devant lesquels le débat s'agite aujourd'hui, mais entre le déclarant et le ministre de la justice ; l'État n'est sans doute pas désintéressé dans la question, mais il est en quelque sorte au-dessus d'elle. Quoi qu'il en soit, et s'il est pour nous douteux que le ministre en refusant l'enregistrement de la déclaration agisse au nom et comme représentant l'État, il est également douteux que le préfet soit chargé de représenter l'État en justice dans une instance de la nature de celle dont il s'agit.

L'intérêt qui est en jeu est un intérêt purement moral. Or, les divers textes que l'on peut invoquer et qui nous présentent le préfet comme estant en justice au nom de l'État prévoient tous l'État demandeur ou défendeur en raison d'un intérêt matériel. Il en est ainsi même du texte qui est de beaucoup le plus large, la loi du 17 nivôse an IV. Il est permis de se demander si ces textes sont susceptibles d'extension, et s'il convient de passer d'un ordre d'idées à un autre. Et toutefois nous devons reconnaître que cette objection est celle qui nous touche le moins. Les préfets ont en effet reçu, en matière de recrutement (1), un rôle qui les désigne comme les représentants naturels de l'État lorsqu'il s'agit de plaider sur les questions de nationalité et qui justifie une extension d'attributions, peu sensible d'ailleurs, en ces matières administratives où la coutume peut encore être considérée, dans une certaine mesure, comme faisant loi (2).

Ce qu'il importe de retenir de ces observations, c'est que ce mode de procéder est d'une correction théorique douteuse. On peut regretter que la loi nouvelle n'ait pas abordé le problème ; elle aurait pu donner une solution plus simple que celle indiquée par les principes, plus satisfaisante que celle de la pratique. Il eût suffi d'inscrire, dans les dispositions nouvelles, cette dérogation au principe de la séparation des pouvoirs qui se justifie si bien, et d'autoriser l'intéressé, auquel le ministre de la justice conteste le droit de souscrire une déclaration, à saisir les tribunaux judiciaires directement, puisqu'ici l'intermédiaire du Conseil d'État est de pure forme ; et par voie de simple requête, puisque l'intérêt de la loi, qui seul a dicté la décision du ministre de la justice, est toujours défendu près des tribunaux par le ministère public.

On aurait également ainsi tranché une difficulté que l'ancienne loi n'avait pas vu se produire. Au cas de refus de réception de la déclaration par le juge de paix, comment devra agir l'intéressé ? La voie du recours au Conseil d'État est absolument fermée ; il ne s'agit pas en effet ici d'un fonctionnaire de l'ordre administratif. La voie de l'appel est également close: le juge de paix n'a pas rendu de jugement. Enfin il n'y a pas davantage déni de justice.

---

(1) L. du 15 juillet 1889, art. 31. — Une circulaire du 7 juillet 1819 a prescrit qu'en matière de recrutement le préfet plaidant au nom de l'État serait représenté en justice par le ministère public. V. *infrà*.

(2) Un autre procédé pratique est celui qui consiste pour le déclarant à réclamer son inscription sur les listes électorales ; il peut alors faire juger incidemment la question de nationalité, ou pour mieux dire, faire constater son droit de souscrire une déclaration. Nul doute que l'enregistrement n'ait lieu sur la production d'un jugement rendu dans de pareilles conditions.

Dans une hypothèse qui offre quelque analogie, en matière d'adoption, si le juge de paix refuse de recevoir le contrat d'adoption, comme son ministère est forcé pour les parties et qu'il appartient exclusivement au tribunal de première instance et à la cour d'appel d'apprécier s'il y a lieu à adoption, on a admis que l'intéressé pourrait saisir le tribunal du domicile afin de faire condamner le juge de paix à recevoir le contrat, comme il pourrait être fait, en matière d'actes d'état civil, à l'égard du maire qui refuserait de célébrer un mariage, ou de constater une naissance ou un décès. Si cette solution est exacte, elle peut être transportée dans notre matière : le juge de paix qui refuse une déclaration pourrait donc être assigné devant le tribunal de première instance, pour être contraint à la recevoir, sous peine de dommages-intérêts ; la question du droit du déclarant constituerait ici, non plus une question préjudicielle, mais une question préalable (1). Cette manière de procéder a bien quelque chose d'anormal ; le juge de paix, qui est un juge, ne semble pas au premier abord pouvoir être assigné pour refus d'accomplir un acte de ses fonctions. Mais il suffit de réfléchir que le juge de paix n'agit pas en tant que juge, mais simplement comme chargé par la loi de donner l'authenticité à l'acte et de solenniser la déclaration; rien dès lors ne s'oppose à ce qu'il soit poursuivi, s'il se refuse à prêter son assistance lorsqu'il en est requis.

Dans tous les cas, le déclarant dont le juge de paix méconnaitrait le droit, aurait la ressource de solliciter l'intervention du ministre de la justice. Mais cette intervention ne pourrait être que toute gracieuse ; il ne peut appartenir au ministre de la justice de donner aux juges de paix des ordres en cette matière, où le refus de réception de la déclaration s'appuie sur une interprétation de la loi qui peut être inexacte, mais qui doit être indépendante.

(1) Demolombe, *Cours de Code Civil*, t. VI, n° 112 (solution implicite). — Comp. en matière d'émancipation, un jugement du tribunal civil de la Seine, du 2 août 1836, qui a admis une action dirigée contre un juge de paix, afin de le contraindre à recevoir une déclaration d'émancipation. (Jugement cité par Dalloz, *Rép.*, V. *Minorité*, n° 770). — Le juge de paix serait-il tenu de constituer avoué ou pourrait-il se faire représenter par le ministère public ?

Nous arrivons maintenant au second aspect de l'idée que nous avons rappelée au début de ces développements : l'enregistrement d'une déclaration sans valeur par elle-même n'a nullement pour effet de couvrir le vice dont elle est entachée. C'est un point qui n'est pas à démontrer ; il suffit d'en indiquer brièvement les conséquences : si une contestation s'élève sur la qualité d'un individu qui se prétend devenu Français par une déclaration, la validité de cette déclaration pourra être méconnue par le tribunal devant lequel elle sera invoquée, bien qu'elle ait été enregistrée au ministère de la justice. D'autre part, le ministère public en pourra poursuivre l'annulation : on se rappelle que les choses devaient toujours se passer ainsi, d'après le projet du Conseil d'État. En effet, le ministre de la justice peut ne pas vouloir refuser l'enregistrement d'une déclaration qui lui paraît se présenter sous un aspect très favorable, et cependant il faut éviter que le déclarant se considère comme Français, si en réalité il ne l'est pas devenu.

Le ministère public aura donc qualité pour poursuivre l'annulation d'une déclaration : l'ordre public est intéressé dans toutes les questions de nationalité (1). Il ne semble pas douteux que le préfet, d'après ce que nous avons indiqué plus haut relativement à son rôle en matière de nationalité, pourrait également contester la validité d'une déclaration. Enfin il a été jugé sous l'empire de l'ancienne loi, et cette solution devrait aussi bien être adoptée aujourd'hui, que le ministre de la guerre, en sa qualité de chef de l'armée de terre, pouvait poursuivre l'annulation d'une déclaration qui entraînerait l'incorporation à l'armée d'un individu qui, dans son appréciation, devait être considéré comme demeurant étranger (2). Il en serait de même du ministre de la marine, s'il s'agissait d'un engagé marin réclamant les avantages de la loi française (3). On s'est demandé si le préfet devrait être mis en cause à côté du ministre ; la jurisprudence n'a point tranché la question d'une manière formelle (4).

(1) Colmar, 19 mai 1868, S. 68. 2. 245.

(2) Cass., 20 juin 1888, S. 88. 1. 300 (V. les conclusions de M. l'av. gén. Petiton). — Comp. Paris, 13 août 1883, le Droit, n° du 20 août.

(3) Aix, 7 février 1885, Gaz. Pal., 85. 2. 180.

(4) V. en sens divers : Trib. Seine, 10 avril 1886 ; Paris, 5 août 1886, Journal

§ 3. — *Déclarations en vue d'acquérir la nationalité française.*

Peuvent acquérir la nationalité française par une simple déclaration d'intention : 1° les individus nés en France d'un père étranger, né lui-même hors de France, sous une distinction que nous aurons à examiner ; 2° les individus nés d'un ex-Français ; 3° la femme et les enfants majeurs des naturalisés, s'ils se trouvent encore dans les conditions de l'article 9. Nous allons reprendre successivement ces diverses catégories.

N° 1. — Individus nés en France d'un étranger né lui-même à l'étranger (art. 9).

Pour qu'un étranger puisse se prévaloir de la disposition de l'article 9, il faut d'abord qu'il soit né d'un *père étranger* ; l'individu, Français de naissance, et qui a perdu cette qualité postérieurement, demeure absolument en dehors de ses prévisions. Nous avons déjà indiqué cette règle en ce qui concerne l'application de l'article 8, II, 3° ; et elle ne paraît devoir soulever aucune difficulté. La disposition de l'article 9 pourrait au contraire être invoquée par l'individu né d'un ex-Français qui serait né lui-même hors de France. Mais il n'y aurait en fait aucun intérêt, puisqu'il se trouve également en droit de souscrire la déclaration de l'article 10 (1).

Il faut en second lieu qu'il soit né *en France.* Ici encore nous devons renvoyer à ce qui a été dit au sujet de l'article 8, II, 3°, quant au sens à donner aux expressions « né *en France* » ; nous avons vu que l'on devait y comprendre, non seulement la France continentale, mais la France coloniale ; non pas la France telle qu'elle est limitée au jour où l'on doit appliquer la disposition légale, mais la France telle qu'elle était limitée au temps où se produisent chacun des événements pris en considération, la naissance du père et celle du fils pour l'article 8, II, 3°, la naissance de l'intéressé pour l'article 9 ; il faut et il suffit que la

Droit Intern. Privé, 1886, p. 598 ; Trib. Seine, 9 février 1888, *le Droit* du 10 février. — Comp. sur tous ces points : Cogordan, *Nationalité,* 2ᵉ édition, p. 401 et suiv. ; Vincent, *Nationalité,* n° 207 et suivants.

(1) V. au surplus, *infrà,* p. 139 et suiv.

naissance ait eu lieu sur un territoire alors français, eût-il cessé de l'être depuis cette époque par le fait d'un démembrement : les traités emportant annexion ou cession de territoire n'impliquent en effet aucune idée de rétroactivité (1). Ainsi donc un individu, né dans les provinces cédées à l'empire d'Allemagne par le traité de Francfort, et avant cette cession, devrait être admis à bénéficier de la naturalisation de faveur de l'article 9, du moins s'il est né d'un père étranger ; car dans l'hypothèse inverse, ayant lui-même perdu la qualité de Français par le traité de cession, il se heurterait à la règle que nous venons de poser plus haut.

Si à sa majorité l'individu né d'un étranger, en France, s'y trouve domicilié, il n'aura pas besoin pour devenir Français d'invoquer les dispositions de l'article 9 : c'est l'article 8, II, 4° qui lui sera applicable. La loi nouvelle a en effet introduit en cette matière une distinction que le texte de l'article 9 ancien ne connaissait pas dans les mêmes termes. C'est seulement dans le cas où l'étranger né en France est domicilié hors de France lors de sa majorité, que sa situation est régie par l'article 9, et qu'il doit souscrire une déclaration d'intention pour acquérir la nationalité française. Si au contraire il est domicilié en France, une manifestation expresse de volonté n'est plus nécessaire : il devient Français par le seul fait de la résidence. Nous rechercherons à propos de l'article 8, II, 4° la portée exacte et la raison d'être de cette distinction.

Il s'agit, bien entendu, de la majorité telle qu'elle est fixée par la loi française. Il a été dit au cours des travaux préparatoires : « Toutes les fois qu'il s'agira, dans la loi votée, de la majorité, on entendra par là la majorité, telle qu'elle est fixée par la loi française (2) ». Au surplus, le texte de l'article 9 impose cette interprétation, il rapproche en effet dans une disposition commune la majorité et l'âge de vingt-deux ans, indiquant bien ainsi que la majorité dont il parle est la majorité de vingt et un ans (3).

---

(1) V. plus haut, p. 32 et suiv.— V. cependant, en ce qui concerne les traités de 1814, Aubry et Rau, t. I, § 72, texte et note 27, p. 265.

(2) Deuxième rapport supplémentaire Dubost, *Chambre des députés*, Session ordinaire 1889, n° 3560.

(3) « Tout individu né en France d'un étranger et qui n'y est pas domicilié

La déclaration de l'article 9 peut être souscrite jusqu'à l'âge de vingt-trois ans accomplis ; c'est là une limite qui ne peut jamais être dépassée, mais qui peut souvent n'être pas atteinte. Nous sommes en effet en présence d'un délai pour ainsi dire à double détente : l'intéressé a un premier délai, finissant avec sa vingt-deuxième année, pour souscrire un acte de soumission, et cet acte de soumission est le point de départ d'un second délai, délai d'une année, pour transporter son domicile en France et effectuer la déclaration en vue d'acquérir la nationalité française ; en sorte que le délai total expire entre le premier et le dernier jour de la vingt-troisième année, suivant l'époque à laquelle l'acte de soumission a été souscrit.

Cet acte de soumission, dont le seul but et la seule utilité est de permettre aux individus nés en France et domiciliés à l'étranger, de reculer l'époque à laquelle ils seront forcés de prendre une décision, est passé devant les agents diplomatiques et consulaires de France à l'étranger (art. 9, décret du 13 août 1889). Une copie en est remise à l'intéressé ; une autre en est adressée par la voie hiérarchique au Ministre de la justice.

Avant l'expiration de l'année, à compter de cet acte de soumission, l'étranger doit avoir transporté son domicile en France : il peut alors se présenter devant le juge de paix du canton de sa résidence, pour souscrire la déclaration en vue d'acquérir la nationalité française. La faculté de souscrire la déclaration est donc subordonnée à l'établissement effectif du domicile en France (1). D'autre part, l'établissement du domicile en France n'est pas le point de départ d'un nouveau délai : tout doit être accompli dans l'année à compter de l'acte de soumission.

Il semble que ce mécanisme soit bien compliqué ; d'abord, n'aurait-on pu supprimer l'acte de soumission ? Si l'article 9 ancien parlait d'un acte de soumission, il n'exigeait pas en même temps une déclaration de domicile : l'acte de soumission joint à la résidence effective suffisait. Du moment qu'on voulait rendre plus

à l'époque de sa majorité, pourra, jusqu'à l'âge de vingt-deux ans accomplis...».

(1) A l'appui de la déclaration doivent être produits : la copie de l'acte de soumission, l'acte de naissance du déclarant et l'acte de naissance ou de mariage de son père.

manifeste l'établissement du domicile au moyen de la déclaration, on pouvait, sans inconvénient aucun, supprimer l'acte de soumission, qui devait désormais faire double emploi. On trouvait peut-être trop rigoureux de n'autoriser les déclarations que jusqu'à l'accomplissement de la vingt-deuxième année? Il fallait alors simplement reporter cette limite à la fin de la vingt-troisième année, à l'âge de vingt-trois ans accomplis, d'une manière uniforme et sans conserver cet élément de complication (1).

Il eût été de beaucoup plus utile d'indiquer en quoi consiste ce domicile, que le déclarant doit établir en France avant de faire sa déclaration. Il semble qu'il eût été sage d'exiger une résidence préalable d'une certaine durée; mais la loi ne l'a point fait, et comme le domicile est au lieu où l'on a son principal établissement, il suffit que l'étranger soit venu se fixer en France, pour pouvoir souscrire valablement la déclaration de nationalité : la déclaration de nationalité semble donc continuer à se confondre avec les déclarations de domicile, et le vœu de la loi, qui désire évidemment un établissement en France préalable et définitif, ne sera pas toujours satisfait.

Au surplus, l'acte de soumission ne sera nécessaire que si le déclarant se trouve dans l'impossibilité d'effectuer la déclaration de nationalité avant l'expiration de sa vingt-deuxième année. S'il vient se fixer en France étant encore dans les délais pour souscrire la déclaration de domicile, il est clair qu'il pourra, immédiatement et sans accomplir cette formalité désormais superflue, faire sa réclamation de la qualité de Français (2). Mais d'ailleurs, s'il désire se ménager la limite dernière fixée par l'ar-

(1) M. Cogordan (*Nationalité*, 2ᵉ édition, p. 83) interprète l'article 9 comme nous le faisons. Mais telle n'est pas l'opinion de M. Vincent (*Nationalité*, nᵒ 100); l'honorable auteur a tiré de l'examen des travaux préparatoires la conviction que le dernier délai pour effectuer la déclaration est l'achèvement de la vingt-deuxième année. Il est en effet possible que jusqu'aux derniers moments de la préparation de la loi, on se soit attaché au système que préconise M. Vincent; mais il est certain qu'avant la rédaction définitive, un autre système a été adopté, ainsi qu'il résulte aussi nettement que possible de la modification du texte, modification que constate M. Vincent lui-même; l'opinion de cet auteur nous semblerait d'ailleurs de beaucoup préférable en législation.

(2) M. Vincent (*Nationalité*, nᵒ 107) semble admettre le contraire.

ticle 9, il pourra faire cette déclaration de soumission d'abord, ce qui fera courir à son profit pour souscrire la déclaration de nationalité, le second délai d'une année.

L'individu visé par l'article 9 peut-il dès avant sa majorité, souscrire la déclaration prévue par cet article et acquérir ainsi la nationalité française ? A première vue, l'affirmative ne semble point douteuse ; la seconde partie du texte paraît bien l'admettre (1), et il est certain qu'en ce qui concerne la question de capacité, le mineur pourrait, d'après ce que nous avons admis plus haut, effectuer cette déclaration, puisqu'elle a pour but de faire acquérir la qualité de Français. Mais il ne faut pas oublier que ces déclarations ne peuvent être souscrites que par des personnes ou au nom de personnes ayant en France leur domicile, ou mieux leur résidence (2) ; il n'y a aucune raison de distinguer à cet égard suivant qu'elles sont majeures ou mineures. La déclaration faite par le mineur né en France, qu'il faut donc y supposer résidant ou domicilié, semblerait ainsi se rattacher à la théorie de l'article 8, II, 4°, qui règle la situation des étrangers nés et résidants en France plutôt qu'à celle de l'article 9 qui s'occupe des étrangers nés en France, mais domiciliés à l'étranger. La place donnée par la loi à notre disposition, dans cet article 9, importe évidemment très peu : il s'agit de régler une hypothèse tout à fait distincte ; si la loi en a traité à cet endroit, c'est que l'article 9 est l'article-type dans la matière des déclarations, auquel tous les autres se réfèrent implicitement ou expressément. Toutefois, il faut remarquer que l'article 8, II, 4°, vise l'hypothèse de l'individu né en France, et *qui y est domicilié lors de sa majorité* : la distinction qu'établit cet article parmi les étran-

---

(1) On pourrait également trouver, pour appuyer cette interprétation, des arguments dans les travaux préparatoires (V. le rapport de M. Delsol, *Sénat*, session 1889, n° 160, p. 9) ; mais il n'y a dans ce passage le rapport qu'une pure inadvertance ; le rapporteur, ne s'est pas aperçu que le second paragraphe de l'article 9 devait forcément être beaucoup plus large que le premier.

(2) On paraît ne pas s'être toujours rendu compte de cette nécessité ; c'est ainsi que M. Vincent (*Nationalité*, n° 50, n° 108) parle de déclarations qui seront souscrites tantôt par un mineur domicilié, tantôt par un mineur *non domicilié*. Cette distinction pourrait être exacte si l'expression *domicile* devait être entendue au sens technique du mot ; mais nous avons vu qu'il n'en était rien.

gers nés en France, entre ceux qui à leur majorité y sont domiciliés et ceux qui sont fixés à l'étranger, n'offrira dans notre espèce aucun intérêt, puisqu'à sa majorité l'individu dont nous nous occupons aura déjà, par sa déclaration, acquis la nationalité française d'une manière définitive. Il résulte de cette seconde observation que la déclaration souscrite en minorité, qui ne rentre pas dans les termes de l'article 9 § 1 ne rentre pas non plus très exactement dans l'hypothèse de l'article 8, II, 4°. Au surplus, il s'agit toujours d'une déclaration qui aura pour effet d'attribuer à l'individu de qui elle émane, la nationalité française. Mais elle répond ici à une nécessité particulière (1), autre que les nécessités auxquelles pourvoient, soit l'article 8, II, 4°, soit surtout l'article 9 § 1.

La soumission préalable, dont il est parlé dans le premier paragraphe de l'article 9, est bien certainement inutile ici ; le mineur, ou plutôt, en son nom, les personnes qui ont été déterminées plus haut, souscrivent *de plano* la déclaration de nationalité.

Les déclarations passées en vertu de l'article 9 n'ont pas d'effet rétroactif ; les individus qui ont été étrangers jusque-là, et qui deviennent Français à ce moment, ne sont nullement censés avoir

---

(1) Le caractère hybride de cette déclaration de nationalité est bien indiqué dans la formule adressée par la Chancellerie aux juges de paix : « L'an..... etc., s'est présenté le sr N. lequel nous a déclaré que son fils désirant, bien qu'il soit encore mineur, s'assurer la qualité de Français, il réclamait au nom de celui-ci la nationalité française, en vertu de l'art. 9 § 2 du code civil et renonçait, en tant que de besoin, par avance, au droit que lui confère l'art. 8 § 4 du code civil de décliner la nationalité française dans l'année de sa majorité... » — V. Cogordan, *Nationalité*, 2e édition, p. 100. — M. Vincent (*Nationalité*, no 50) admet bien, comme nous, au profit du mineur né en France, la possibilité d'acquérir la nationalité française d'une manière définitive, et indique également la situation particulière de ce déclarant. Toutefois il ne reconnait pas que cette déclaration procède à de certains égards de l'art. 8, II, 4° et critique à ce point de vue la formule de la Chancellerie que nous venons de citer ; on n'aurait dû, suivant lui, viser que l'art. 9 § 2, qui seul a prévu et réglé cette situation. Cette théorie conduit l'honorable auteur à une conséquence qui nous parait exacte, mais qui chez lui peut paraître étrange : il refuse le bénéfice de la rétroactivité au mineur qui fait la déclaration dont il s'agit, tandis qu'il admet l'effet rétroactif de l'acquisition de la nationalité française en vertu de l'art. 8, II, 4° ; la contradiction manifeste qui existe entre ces deux solutions n'échappe pas à M. Vincent (no 108), mais il ne cherche pas à résoudre cette difficulté, qui nous parait être la condamnation de son système.

toujours eu leur nouvelle nationalité. C'est la solution expresse de l'article 20 (nouvelle rédaction) ; c'est d'ailleurs celle qui découle de cette idée que les déclarations de nationalité sont un mode de naturalisation. La controverse ancienne qui s'élevait sur ce point est donc tranchée ; et on ne peut qu'approuver le sens dans lequel la loi nouvelle l'a résolue ; la fiction de rétroactivité est toujours une chose artificielle et dans une matière aussi complexe que la nationalité, elle peut entraîner les conséquences les plus fâcheuses.

L'obligation du service militaire qui pèse aujourd'hui sur tous les Français ne peut évidemment pas être imposée aux individus visés par l'article 9, tant qu'ils n'ont pas fait la déclaration en vue d'acquérir la nationalité française. C'est à ce moment seulement qu'ils y sont astreints en vertu de l'article 12 de la loi du 15 juillet 1889.

Mais il arrive assez fréquemment que les étrangers nés en France sont appelés sous les drapeaux comme s'ils étaient Français. Le fait se présentera moins souvent pour ceux auxquels l'article 9 s'applique, puisque la loi les suppose domiciliés hors de France à leur majorité, et que l'appel sous les drapeaux ne peut guère se produire pour les jeunes étrangers domiciliés hors de France ; mais enfin il peut se produire, et l'article 9 § 3 le prévoit dans une disposition que nous nous bornons à enregistrer pour le moment et qui sera l'objet d'un développement ultérieur(1) : si le jeune étranger répond à l'appel sous les drapeaux, il devient Français.

La déclaration, souscrite en vertu de l'article 9 par un individu marié et ayant des enfants, peut-elle avoir quelque influence en ce qui concerne les divers membres de sa famille ? Nous pensons qu'il faut appliquer ici la disposition de l'article 12 : nous sommes en effet en présence d'une véritable naturalisation, ainsi que la loi l'a dénommée elle-même (art. 5); on ne concevrait d'ailleurs pas qu'elle eût laissé en dehors de ses prévisions les familles des individus devenus Français par une déclaration de nationalité (2). On objecte, il est vrai, que l'article 12 ne prévoit que la natu-

_____

(1) V. infrà.
(2) V. suprà, p. 90.

ralisation par décret (1) ; et en effet nous reconnaissons volontiers que les termes de la loi semblent ne viser que le mode le plus ordinaire de naturalisation ; mais de ce qu'elle a envisagé le mode de naturalisation le plus usité, il ne faudrait pas conclure qu'elle a exclu les autres : elle a statué *de eo quod plerumque fit* (2). En outre, il faut remarquer que la naturalisation par décret n'est désignée que tout incidemment, et non point dans la disposition principale. La femme de l'étranger naturalisé dans les conditions dont nous nous occupons pourra donc obtenir la naturalisation par décret, *de plano*, sans condition de stage ; elle pourra souscrire également une déclaration de nationalité, si elle remplit encore les conditions de l'article 9 (art. 12 § 2, *in fine*). D'autre part, les enfants mineurs deviennent Français de plein droit et sauf faculté de répudiation ; il faut remarquer que s'ils sont nés en France, ils sont déjà Français et d'une manière irrévocable (art. 8, II, 3°). Les questions transitoires sont également les mêmes que pour la naturalisation par décret (3).

N° 2. — Individus nés d'un ex-Français (art. 10).

En vertu des principes généraux, l'individu, issu de parents d'origine française, mais qui avant sa naissance ont perdu la qualité de Français, est étranger. Toutefois la loi met à sa disposition un mode de naturalisation simplifiée, analogue à celui qu'elle a consacré au profit des étrangers nés en France (art. 10).

La loi nouvelle s'est bornée à reproduire le texte ancien avec quelques modifications de détail qui en éclaircissent le sens.

Pour qu'un étranger puisse invoquer la disposition de l'article 10, il faut qu'il soit étranger de naissance ; c'est encore la règle que nous avons notée déjà à deux reprises. L'individu, qui

---

(1) Vincent, *Nationalité*, n° 145. — Cet auteur se refuse d'ailleurs à reconnaître au mode de naturalisation que nous venons d'étudier le nom même de naturalisation (V. *suprà*, p. 43, note 1, et p. 108, note 2) ; son opinion sur l'applicabilité de l'art. 12 dans l'espèce est par suite parfaitement logique.

(2) V. analogue. Douai, 16 avril 1889, précité p. 108, note 2. — La doctrine de cet arrêt, rendu sous l'empire de la loi de 1887, ne pourrait puiser que des appuis dans les textes nouveaux.

(3) V. *suprà*, p. 90 ; V. Douai, 16 avril 1889, précité, sur la situation faite aux enfants des déclarants par l'ancienne législation, situation identique à celle des enfants des naturalisés *stricto sensu*.

ᴀ perdu la qualité de Français, ne peut redevenir Français qu'au moyen de la réintégration.

En second lieu il doit démontrer que la qualité de Français a appartenu à ses parents, soit à tous deux, soit à l'un d'eux seulement, à un moment quelconque de leur existence.

La loi, tranchant dans le sens le plus large une controverse ancienne, a décidé que l'article 10 s'appliquerait, à l'individu né « de parents dont l'un a perdu la qualité de Français ». Ainsi pourra se prévaloir de cette disposition l'individu né d'une ex-Française, aussi bien que l'individu né d'un ex-Français ; faveur faite au sang dont l'étranger est issu, il n'y avait pas de raison pour en restreindre la portée à l'hypothèse où il est issu d'un père qui avait perdu la qualité de Français (1). Le champ d'application de l'article 10 est donc très large : il comprend tous les individus nés d'un mariage entre un étranger et une Française, à laquelle cette union fait perdre la nationalité d'origine. Nous croyons qu'il pourra de même être invoqué par l'individu né d'une Française mariée à un étranger et qui, n'ayant point acquis la nationalité de son mari, n'a point perdu sa qualité de Française (art. 19). Nous avons admis (2) que cet individu n'était point Français de naissance, et bien que l'article 10 ne parle que de parents dont l'un *a perdu la qualité de Français*, un *à fortiori* nous paraît imposer cette solution. On ne conçoit aucune raison plausible pour refuser à cet individu le bénéfice de notre article.

A l'individu né de parents dont *l'un* a perdu la qualité de Français, il faut absolument assimiler l'individu né de parents ayant *tous deux* perdu la qualité de Français ; la question avait paru faire doute, et l'honorable M. Lenoël, lors de la dernière discus-cussion au Sénat (3), appela l'attention du rapporteur sur ce point, demandant une interprétation en quelque sorte officielle du texte. Voici la déclaration de M. Delsol, elle est aussi catégorique que possible, et il semble qu'à cet égard aucune difficulté ne puisse plus subsister : « Si l'article ne prévoit que l'hy-

---

(1) Aubry et Rau, t. I, § 70, texte et note 17, p. 241.
(2) V. *suprà*, pp. 11 et suiv.
(3) Séance du 6 juin 1889.

pothèse où un des parents a perdu la qualité de Français sans viser celle où les deux parents ont perdu cette qualité, c'est qu'il pouvait y avoir doute dans la première et qu'il ne pouvait pas en exister dans la seconde. Il est bien clair en effet que, si les deux parents ont perdu la qualité de Français, la situation de l'enfant est plus favorable que dans le cas où l'un des parents est étranger... Cette application de faveur (du *jus sanguinis*)..., que l'article 10 accorde à l'enfant dont un seul des parents était Français et avait perdu cette qualité, doit, à plus forte raison, être accordée à l'enfant dont les deux auteurs étaient Français et avaient perdu cette qualité ».

Il suffit, avons-nous dit, que la qualité de Français ait appartenu à l'un des parents de l'enfant à un moment quelconque de leur existence (1). La loi en effet ne contient aucune distinction, et il était malaisé d'en introduire une ; on regrettera peut-être que cet article, écrit comme consécration du *jus sanguinis*, n'ait pas pu être restreint aux enfants d'individus qui étaient bien d'origine française. Quoi qu'il en soit l'article 10 pourra être invoqué par les enfants des individus qui ont été naturalisés Français, et qui ont, en recouvrant leur nationalité d'origine, perdu les bénéfices de la naturalisation ; — par les enfants des individus qui, saisis par l'article 8, II, 4°, ont échappé à l'application de cet article au moyen d'une déclaration d'extranéité, à moins que l'on n'admette avec nous, que cette répudiation a un effet rétroactif.

Nous croyons de même que le bénéfice de l'article 10 s'étend aux enfants des individus qui ont été Français et ont cessé de l'être, en vertu d'un démembrement de territoire, lorsque d'ailleurs ils sont nés étrangers. Nous appliquerons une fois de plus le principe que nous avons reconnu sous l'article 8, II, 3°, et qui refuse tout effet rétroactif aux traités d'annexion ou de séparation (2).

Ce principe peut cependant soulever en notre matière une

___

(1) V. dans ce sens, Vincent, *Nationalité*, n° 119, *Lois nouvelles*, 1889, n° 22.
(2) V. dans ce sens, Chavegrin, *Journal de Droit international privé*, 1885, p. 169 ; ce qui a été dit à cet égard sous l'empire de l'ancienne législation demeure évidemment exact avec les nouveaux textes.

difficulté que nous n'avons pas eu à examiner plus haut ; on a
pu prétendre que, si les traités n'avaient aucun effet rétroactif en
ce qui concerne les territoires démembrés, il en était autrement
en ce qui concerne les individus qui suivaient le sort de ces territoires ; qu'il devait désormais être fait complète abstraction de la
nationalité antérieure de ces individus. Cette doctrine mixte
s'appuie sur la loi du 14 octobre 1814, aux termes de laquelle
les habitants des provinces incorporées depuis 1791 et démembrées par le traité de 1814, doivent remplir les conditions imposées aux étrangers ordinaires pour jouir des droits de citoyen
français. S'ils avaient été considérés comme ayant été Français,
la loi de 1814 leur aurait purement et simplement fait application de l'article 18 du code civil.

Remarquons tout d'abord que cette doctrine, à raison même
de son point de départ, ne touche que les individus qui ont perdu
la qualité de Français par les démembrements de 1814. Pour
ceux qui ont perdu la qualité de Français en vertu d'autres
traités de cession, le principe de la non-rétroactivité reprend
tout son empire.

D'ailleurs cette interprétation de la loi de 1814 nous paraît
exagérée. Sans doute, et nous l'avons précédemment noté, le
législateur de 1814 était préoccupé d'abolir tout souvenir des
périodes révolutionnaire et impériale. Mais a-t-il fait passer cette
préoccupation dans la loi ? Il est permis d'en douter. La loi impose bien aux habitants des provinces démembrées en 1814, et
qui veulent jouir des droits de citoyen français, des conditions
spéciales et qui ne sont point imposées à un ex-Français en général ; mais il importe de remarquer que la réalisation de ces
conditions permettait aux habitants de ces provinces d'obtenir,
non pas la réintégration dans la qualité de Français, pour laquelle aucune règle spéciale n'est tracée par la loi, mais *des
lettres de déclaration de naturalité*, en vertu desquelles ils seront
censés n'avoir jamais été étrangers, du moins dans certains cas.
Au demeurant, on concevrait que le législateur ait pu vouloir
mettre à la réintégration de ces individus des conditions plus
sévères qu'à la réintégration des ex-Français en général, à raison de la faible durée du lien qui les avait rattachés à la France,

mais sans avoir entendu pour cela consacrer la doctrine de la rétroactivité.

Si notre interprétation de la loi de 1814 est exacte, les enfants nés de ces ex-Français peuvent comme tous les autres invoquer les dispositions de l'article 10 ; et il en sera ainsi de tous les descendants au premier degré des individus qui ont perdu la qualité de Français par l'effet des démembrements de territoire (1).

Les dispositions de l'article 10 ne sauraient s'appliquer aux petits-fils de l'ex-Français ; la faveur est faite par la loi exclusivement aux descendants au premier degré du ci-devant Français ; cette solution résulte aussi nettement que possible du texte même de la loi (2).

Ces conditions peuvent être remplies *à toute époque* ; à la différence de ce qui a été admis pour l'article 9, l'acquisition de la qualité de Français peut avoir lieu, non seulement jusqu'à l'âge de vingt-trois ans, mais *à tout âge*... Cette solution était déjà reçue sans difficulté sérieuse sous l'empire de l'ancienne loi. Si le législateur a cru devoir substituer l'expression « *à tout âge* » à l'expression « *toujours* », c'est bien plutôt afin d'accentuer la règle nouvelle, d'après laquelle l'acquisition de la qualité de Français peut se produire même en minorité. D'ailleurs la déclaration de l'article 10 faite en minorité ne revêt pas ce caractère particulier que nous avons reconnu à la déclaration effectuée par les mineurs nés en France (3).

Le texte de l'article 10 a subi d'autres changements; au mot « *recouvrer* » employé par l'ancien texte et qui était évidemment impropre, puisqu'il s'agit pour l'enfant d'acquérir une nationalité qu'il n'a jamais eue, un amendement de M. Léon Clé-

---

(1) L'individu qui souscrit la déclaration de l'art. 10 doit indiquer la cause qui a fait perdre à son père ou à sa mère la nationalité française : il doit même fournir une pièce justificative à cet égard. Les autres pièces à produire sont: l'acte de naissance du déclarant, l'acte de naissance de celui de ses auteurs dont il invoque la nationalité originaire, et toute autre pièce nécessaire pour établir cette nationalité.

(2) Cogordan, *Nationalité*, 2ᵉ édition, p. 72 ; Vincent, *Nationalité*, nᵒ 117, *Lois Nouvelles*, 1889, nᵒ 22.

(3) V. *suprà*, p. 136 et 137.

ment, lors de la dernière discussion au Sénat, a fait substituer le mot « *réclamer* ».

Une modification plus importante a été l'adjonction des mots « *en France* » au texte de l'article 10 ; on a tranché ainsi une ancienne controverse. On avait pu prétendre en effet que la situation de l'enfant né en France était exclusivement régie par l'article 9, en sorte qu'après l'expiration de sa vingt-deuxième année, il devait pour acquérir la qualité de Français recourir aux formalités de la naturalisation par décret; et il n'y avait pas, disait-on, à traiter différemment l'individu né d'un ex-Français.

Cette théorie avait en général été repoussée; mais il était bon de la condamner expressément, si on ne voulait pas la voir se reproduire. Ce droit, que nous reconnaissons aux enfants d'un ex-Français ou d'une ex-Française, continuera à leur appartenir après la réintégration de leur père ou de leur mère devenue veuve. La disposition de l'article 18, d'après laquelle les enfants majeurs d'un ex-Français peuvent obtenir la qualité de Français comme conséquence de la réintégration accordée à leur père, est simplement surabondante. Mais, s'ils étaient encore mineurs au moment de la réintégration, il faut remarquer que la disposition de l'article 10 devient inutile ; ils sont en effet devenus Français par le fait seul de la réintégration de leur père, sauf faculté de répudiation.

D'ailleurs d'autres textes viennent limiter sensiblement l'utilité pratique de la disposition nouvelle. Nous avons déjà vu que lorsque l'ex-Français est né en France, ce qui est naturellement le cas le plus fréquent, l'enfant, issu de cet ex-Français et né en France, doit être considéré comme Français de plein droit d'une manière irrévocable (art. 8, II, 3°), — d'autre part, à supposer même que l'ex-Français soit né hors de France, l'enfant qui est né en France, et y est domicilié lors de sa majorité, tombera sous le coup de l'article 8, II, 4°, et sera Français à moins qu'il n'use de la faculté de répudiation que lui reconnaît cet article ; et dans ce dernier cas, il ne serait évidemment plus recevable à réclamer la qualité de Français conformément à notre article 10 : il aurait en effet perdu la nationalité française qui lui a appartenu à lui-même pendant un certain laps de temps, et c'est également ce qui résulte de la disposition finale de l'article 10 (1). Dès lors il n'y aura plus lieu, pour l'individu né en France d'un ex-Français, de se prévaloir de l'article 10 que si son père est né hors de France et si lui-même est domicilié à l'étranger au moment de sa majorité. L'article 10 ne recevra donc son application large que relativement aux individus nés d'un ex-Français hors de France.

Enfin une dernière modification a été apportée au texte ancien : l'enfant de l'ex-Français ne pourra pas invoquer la disposition écrite en sa faveur dans l'article 10, si, « domicilié en France et appelé sous les drapeaux lors de sa majorité, il a revendiqué la qualité d'étranger ». L'examen de cette disposition, qui restreint encore la portée d'application de notre article, se placera ailleurs ; il suffit de le mentionner ici (2).

La déclaration de l'article 10 est calquée, ainsi que nous l'avons dit, sur celle de l'article 9. Toutefois on s'est demandé si elle doit obligatoirement être souscrite en France, ou si elle ne pourrait pas être passée à l'étranger. On a fait remarquer que l'article 6 du décret du 13 août 1889 prévoyait précisément la possibilité d'une déclaration reçue par les agents de la France à l'étranger. Toutefois il semble certain que la déclaration de l'article 10, comme celle de l'article 9, est subordonnée à l'établissement de la résidence en France ; c'est bien ce qui résulte des expressions « aux conditions de l'article 9 ». Mais il ne faudrait pas exiger de l'individu que vise l'article 10 une soumission préalable de fixer son domicile en France. Nous avons vu que cette soumission n'avait d'autre intérêt que de prolonger les délais pendant lesquels la déclaration de l'article 9 peut être reçue ; elle est donc absolument sans utilité ici, puisqu'aucun délai n'est imparti pour souscrire la déclaration de l'article 10, puisque cette déclaration peut être souscrite *à tout âge*.

Quant aux effets de la déclaration, ils sont exactement les

---

(1) Nous avons vu plus haut que l'art. 10 ne peut pas être invoqué par les individus qui ont été eux-mêmes Français.

(2) La conséquence pratique est l'obligation, pour l'individu qui veut souscrire la déclaration de l'art. 10, de produire une justification relative à son domicile au jour de sa majorité. V. chap. VII et Annexes.

mêmes ; aucune rétroactivité : le déclarant devient Français, mais pour l'avenir seulement. La famille dont il est le chef, sa femme et ses enfants peuvent invoquer les dispositions de l'article 12 : les mineurs deviennent Français de plein droit, sauf faculté de répudiation (réserve faite de l'application du 3° et du 4° de l'article 8, II) (1) ; la femme et les majeurs peuvent souscrire la déclaration de l'article 9, s'ils sont encore dans les conditions prévues par les articles 12 et 9 (2), ou solliciter un décret de naturalisation immédiat, sans avoir à remplir aucune condition de stage ou de résidence préalable (3).

N° 3. — Femme et enfants majeurs de naturalisés.

Nous avons vu que, par une disposition assez peu explicable, le législateur avait maintenu, tout en la restreignant, la faculté pour les enfants majeurs de l'étranger d'acquérir la qualité de Français au moyen d'une simple déclaration, et que cette faculté avait été étendue, peut-être par simple inadvertance, à la femme du naturalisé (4). C'était la faveur que la loi du 7 février 1851, dans son article 2, avait faite aux enfants ; mais elle a été restreinte au cas où la femme et les majeurs seraient encore « dans les termes » et pourraient encore remplir « les conditions de l'article 9 » ; c'est-à-dire, d'après les explications du rapporteur, M. Dubost, au cas où ils n'ont pas dépassé l'âge auquel l'individu visé par l'article 9 peut souscrire la déclaration précitée. Il faudra donc supposer que la femme ou les enfants du naturalisé sont majeurs, mais ont moins de vingt-deux ans accomplis ; ils pourront alors, soit immédiatement après avoir fixé leur domicile en France, ce qui pour la femme résultera du seul fait de la naturalisation du mari, faire la déclaration de nationalité; soit, s'ils veulent se ménager un plus long délai pour réfléchir, faire d'abord leur soumission de se fixer en France, puis, dans l'an-

---

(1) Mention doit alors être faite de ces mineurs dans la déclaration, et indication donnée de leur âge. Le déclarant doit produire l'acte de naissance de ses enfants et son acte de mariage.

(2) V. plus loin même page.

(3) Art. 5 § 3, art. 6 § 4, décret du 13 août 1889.

(4) V. dans ce sens, Vincent, *Nationalité*, n° 128. — *Suprà*, p. 86 et 87.

née, réclamer la nationalité française par la déclaration passée dans les termes ordinaires.

Les enfants du naturalisé ne peuvent souscrire cette déclaration que s'ils sont majeurs : l'article 12 § 3 a réglé leur condition pour le cas où ils sont encore mineurs, et l'article 12 § 2 vise expressément l'hypothèse des enfants *majeurs*. Mais en sera-t-il de même en ce qui concerne la femme? Et d'abord il est certain que, lorsque l'article 12 § 2 parle de « la femme et des enfants *majeurs* », le qualificatif de *majeurs* porte exclusivement sur enfants, bien que grammaticalement il s'applique tout aussi bien à la femme qu'aux enfants; et en effet, s'il en était autrement, la condition de la femme mineure ne serait nullement réglée ; or on ne peut concevoir une pareille lacune dans la loi. Dès lors la femme mariée mineure doit être admise à effectuer une déclaration de nationalité aussi bien que la femme majeure ; c'est ainsi que la loi concède au mineur né en France le droit de devenir Français au moyen d'une déclaration (1). Nous avons vu plus haut à quelle condition la femme mariée pouvait souscrire une déclaration de nationalité.

Les enfants majeurs et la femme des individus qui souscrivent des déclarations de nationalité sont, ainsi que nous l'avons indiqué, assimilés à la femme et aux enfants des naturalisés, au point de vue de la possibilité de faire eux-mêmes une déclaration.

Quant aux enfants de réintégrés, la loi n'avait point à s'en occuper : ils peuvent en effet souscrire la déclaration de l'article 10, comme issus d'un ex-Français ; mais, par une curieuse anomalie, la femme du réintégré, moins bien traitée que la femme du naturalisé, ne peut devenir Française qu'au moyen d'un décret. L'article 18 qui règle sa situation ne prévoit pas en effet qu'elle puisse souscrire une déclaration.

Les formes et les effets de cette déclaration sont ceux qui ont été précédemment décrits.

§ 4. — *Déclarations en vue de répudier la nationalité française.*

Peuvent souscrire des déclarations en vue de répudier la nationalité française les individus auxquels : 1° l'article 8, II, 4° ;

(1) V. *suprà*, p. 136.

2° l'article 12 ; 3° l'article 18 ont conféré la qualité de Français.

Nous déterminerons plus loin à quelles conditions l'article 8, II, 4° attribue la nationalité française aux individus dont il s'occupe ; nous allons déterminer immédiatement comment peut s'exercer la faculté de répudiation qu'il leur reconnaît.

Quant aux articles 12 et 18, nous savons déjà qu'ils autorisent les individus, devenus Français par la naturalisation ou la réintégration de leur père, à décliner cette qualité par une simple déclaration, *en se conformant aux dispositions de l'article 8, II, 4°* : la déclaration, que les individus visés par les articles 12 et 18 sont recevables à souscrire pour dépouiller la nationalité française, est soumise aux mêmes conditions et règles que celle de l'article 8, II, 4°. Nous n'avons donc à examiner qu'une seule et même déclaration qui sera passée tantôt en vertu de l'article 8, II, 4°, tantôt en vertu de l'article 12 ou de l'article 18.

Les formes générales de la déclaration d'extranéité sont celles que nous avons indiquées pour toutes les déclarations : elle est reçue, comme les déclarations acquisitives de la nationalité française, par le juge de paix du canton où réside le déclarant (art. 6, décret du 13 août 1889), et, comme celles-ci, elle doit être enregistrée au Ministère de la justice. Ce dernier point n'est pas tranché d'une manière expresse par la loi, mais ne saurait faire doute : la disposition de l'article 8, II, 4° a été en effet détachée de la disposition de l'article 9, et c'est pure inadvertance si la nécessité de l'enregistrement ne lui a pas été expressément imposée : il entrait bien certainement dans l'esprit du législateur d'opérer la centralisation de toutes les déclarations de nationalité au Ministère de la justice ; c'est même à l'égard des déclarations de répudiation, les seules qui subsistaient à ce moment, que la mesure de l'enregistrement avait tout d'abord été proposée (1).

La déclaration d'extranéité peut être souscrite à l'étranger ; elle y est reçue par les agents diplomatiques ou consulaires de France. C'est ce que décide le décret du 13 août 1889 (art. 6, *in fine*), reprenant sur ce point une disposition de la loi du 16 décembre 1874.

_____

(1) **V.** plus haut, p. 113, note 3, et p. 121.— Projet du Conseil d'État, art. 3.

D'ailleurs, elle est alors assujettie aux mêmes conditions de validité et de forme, notamment à l'enregistrement, bien que le décret du 13 août 1889, statuant *de eo quod plerumque fit*, n'ait réglementé expressément que l'enregistrement des déclarations souscrites devant les juges de paix (art. 7 et 8).

En principe, la répudiation de la qualité de Français peut se produire pendant tout le cours de la vingt-deuxième année ; mais la durée du délai ainsi imparti se trouve réduite en fait, dans la plupart des cas, par les dispositions de la loi militaire (art. 1, 1. 15 juillet 1889) (1).

Nous avons admis, d'autre part, que les déclarations de répudiation ne pouvaient intervenir pendant la minorité de l'intéressé.

Le droit de souscrire cette déclaration est subordonné à deux conditions : il faut que les intéressés aient conservé la nationalité de leurs parents, il faut qu'ils ne se soient pas soustraits à la loi militaire dans leur pays d'origine.

Quant à la première de ces deux conditions, nous la trouvons déjà requise par la loi du 16 décembre 1874, intervenue pour modifier, sur ce point surtout, la loi du 7 février 1851, qui avait reconnu la qualité d'étranger, sans justifications d'aucune sorte, à tout réclamant. Comment l'intéressé établira-t-il qu'il a conservé sa nationalité d'origine ? « Au moyen d'une attestation en due forme de son gouvernement » dit l'article 8, II, 4°, à l'exemple de la loi de 1874. Cette disposition de la loi de 1874 avait été très critiquée ; elle constituait, disait-on, un véritable empiètement sur le domaine de la législation étrangère et devenait une source de difficultés presque invincibles ; les intéressés pouvaient en effet ne pas trouver dans leur pays d'autorités compétentes pour délivrer de semblables attestations : c'est notamment ce qui se produirait en France, si une loi étrangère exigeait qu'un Français fournît une pareille attestation. On avait proposé en conséquence d'admettre la preuve « au moyen de toutes pièces, de tous documents de nature à justifier, d'après la loi du pays dont se réclame l'intéressé, la qualité qu'il invo-

(1) V. *infra*.

que » (1). Ce procédé offrait d'aussi grands inconvénients que le procédé de la loi de 1874, quoiqu'ils ne fussent pas les mêmes. Il aurait fallu que le fonctionnaire, chargé de recevoir la déclaration, connût la loi personnelle du déclarant d'une manière suffisante pour apprécier si cette loi conservait à celui-ci sa nationalité originaire ; c'était une impossibilité. Le système de la loi de 1874 est de beaucoup préférable ; si le pays, dont le déclarant est originaire, ne s'est pas montré assez désireux de conserver ses nationaux pour instituer une autorité chargée de délivrer, le cas échéant, des attestations relatives à la nationalité, ses ressortissants ne peuvent vraiment pas se plaindre de ce que la loi du pays où ils se sont fixés leur impose une nationalité à laquelle ils ne peuvent pas se soustraire.

Au reste, c'est là une situation qui paraît devoir être réglée surtout par des traités. Les efforts tentés à cet égard depuis la loi de 1874 n'ont, il est vrai, abouti qu'avec l'Angleterre. Un modèle d'attestation avait été arrêté d'un commun accord entre ce pays et la France et devait être produit par tout individu d'origine anglaise né en France, lorsque, saisi par la loi de 1874, il voulait à sa majorité réclamer la nationalité anglaise. Le même certificat sera produit aujourd'hui, non plus par l'individu d'origine anglaise que visait la loi de 1874, puisqu'il est désormais Français d'une manière irrévocable, mais par celui que touche l'article 8, II, 4°, auquel a été transportée, à peu de choses près, la faculté d'option instituée en 1851.

La seconde condition est nouvelle : elle a son origine dans diverses motions qui se sont produites au sein des assemblées législatives, notamment depuis la loi militaire du 27 juillet 1872, et qui tendaient à imposer les charges militaires aux fils d'étrangers nés en France, lorsqu'ils ne justifieraient pas les avoir subies dans leur pays d'origine. Jusqu'à présent les mesures diverses qu'on avait proposées avaient paru peu à leur place dans des lois sur la nationalité. Ces scrupules ont semblé excessifs ; le sentiment de l'influence prépondérante qu'exercent les dispositions des lois militaires françaises ou étrangères sur la décision des

(1) Projet du Conseil d'État.

intéressés, a amené le législateur à introduire dans notre matière cet élément nouveau. La possibilité de répudier la nationalité française, pour les individus auxquels la loi reconnaît en principe cette faculté, dépendra désormais de l'attitude qu'ils auront eue, dans leur pays d'origine, en ce qui concerne les obligations militaires : les ont-ils assumées ? Si légères qu'elles aient été pour eux, auraient-elles même été nulles, ils pourront en arguer pour user de la faculté de répudiation qui leur appartient en principe. Mais si au contraire ils s'y sont dérobés, ils ne pourront plus invoquer, pour écarter les charges de la nationalité française, une nationalité étrangère dont ils ont su ne pas se prévaloir lorsqu'elle se présentait à eux avec ses obligations.

La preuve sera faite par « des certificats constatant que le déclarant a répondu à l'appel sous les drapeaux conformément à la loi militaire de son pays ». Mais le texte ajoute « s'il y a lieu » ; il admet donc la possibilité pour le déclarant de produire, aux lieu et place des certificats militaires, d'autres justifications ; par suite si la loi originaire du déclarant ne fait pas peser sur ses nationaux l'obligation du recrutement, — il en est notamment ainsi en Angleterre — au lieu d'un certificat militaire que le déclarant ne pourrait matériellement pas se procurer, le fonctionnaire chargé de recevoir la déclaration pourra se contenter d'une justification relative à l'état de la législation dans le pays d'origine de l'intéressé. Il en sera de même si le déclarant appartient à une catégorie d'individus qui ne sont pas astreints au service militaire : tels les chrétiens en Turquie. Enfin nous pensons qu'il en sera encore de même dans l'hypothèse, peu pratique d'ailleurs, où d'après la loi militaire nationale du déclarant, l'appel sous les drapeaux n'aurait lieu que postérieurement à l'âge auquel peut être souscrite la déclaration.

D'ailleurs le texte réserve la possibilité d'une modification à ces règles au moyen de traités ; et ces modifications pourront porter non pas seulement sur l'obligation de produire un certificat de service militaire (1), mais encore sur les règles mêmes de

---

(1) M. Cogordan interprète ainsi ces expressions de la loi, et les critique à ce point de vue (*Nationalité*, 2ᵉ édit., p. 92). Mais il semble que ce soit trop restreindre la portée du texte.

l'article 8, II, 4° quant à la détermination de la nationalité des étrangers nés en France (1).

La loi a disposé d'une manière générale que les déclarations de nationalité n'auraient aucun effet rétroactif. Mais l'article 20, qui contient à cet égard la règle légale, est muet en ce qui concerne les déclarations d'extranéité. Que doit-on décider à leur égard ? Il est certain que la fiction de rétroactivité ne doit point être facilement admise ; la loi a précisément pris soin de l'écarter dans des hypothèses où jusqu'alors on était assez porté à l'appliquer.

Mais il semble que, dans le cas particulier qui nous occupe, elle puisse au contraire être accueillie sans trop de difficultés. En ce qui concerne l'article 8, II, 4°, tout d'abord, l'individu dont il parle est déclaré Français « à moins qu'il n'ait décliné la qualité de Français et prouvé... » : l'emploi de cette tournure semble bien démontrer que le législateur déclare seulement Français l'individu qui n'a pas décliné cette qualité ; celui qui, au contraire, a décliné la nationalité française est donc demeuré étranger, et ce résultat ne peut être atteint que si un effet rétroactif est attribué à la déclaration effectuée. Cette interprétation du texte est corroborée par les précédents ; ainsi que nous le verrons, l'article 8, II, 4°, procède des dispositions analogues des lois de 1851 et de 1874, et sous l'empire de ces lois, le fils d'étranger qui, à sa majorité, répudiait la nationalité française, était censé n'avoir jamais été Français. Au surplus la solution contraire aurait des inconvénients, du moins dans le système que nous adoptons : l'individu qui est visé par l'article 8, II, 4°, d'après nous, demeure étranger jusqu'à sa majorité ; c'est à ce moment seulement que se produit pour lui l'acquisition de la nationalité française. Dans ces conditions, et si l'on admettait la non-rétroactivité de la déclaration, il ne pourrait absolument pas échapper à cette acquisition de la nationalité française ; quelque diligence qu'il fît, il ne pourrait éviter que cette nationalité nouvelle ait reposé sur sa tête pendant quelque temps au moins ; de là des inconvénients, des difficultés graves peut-être,

(1) V. dans ce sens, les déclarations de M. Paris, *Sénat*, séance du 7 février 1887. — Vincent, *Nationalité*, n° 54.

et dans tous les cas une situation bizarre : celle d'un homme qui, après avoir eu pendant vingt-et-un ans une nationalité, la perd, malgré lui, mais pour la recouvrer sur une simple manifestation de sa volonté, et immédiatement.

On objecte, il est vrai, que l'article 17 prévoit la perte de la nationalité française en vertu de l'article 8, II, 4°. La réponse est aisée : la rétroactivité de la répudiation effectuée n'empêche pas qu'il y ait perte de la nationalité française ; celle-ci a appartenu au déclarant depuis l'instant où il atteint sa majorité jusqu'au moment précis où il a fait sa déclaration ; elle lui a appartenu, ne fût-ce qu'un instant de raison ; quant à la rétroactivité, c'est une fiction établie pour donner satisfaction à certains intérêts, mais une fiction qui ne peut pas abolir [d'une manière complète la réalité ; il y a bien réellement eu perte de la qualité de Français, et c'est au point de vue réel et non fictif que s'est placé l'article 17.

Quant aux individus devenus Français par la naturalisation ou la réintégration de leur père ou de leur mère, et qui usent de la faculté de répudiation à eux reconnue par les articles 12 et 18, la bizarrerie que nous signalons ne se produit sans doute pas ; la qualité de Français leur aura appartenu pendant un laps de temps ordinairement plus long. Mais les raisons qui militent en faveur du système de la rétroactivité subsistent tout entières ; le texte des articles 12 et 18 est conçu comme le texte de l'article 8, II, 4° : les individus que visent ces articles deviennent Français, « à moins qu'ils ne déclinent cette qualité »... D'ailleurs le renvoi fait à l'article 8, II, 4° indique bien que toutes ces déclarations d'extranéité ont une origine commune et doivent être traitées exactement selon les mêmes règles.

La rétroactivité de la déclaration d'extranéité aura des conséquences importantes quant à la famille du déclarant. Tandis que la perte de la nationalité française se restreint en principe (1) à l'individu directement atteint, la perte de la qualité de Français résultant de la déclaration d'extranéité a un effet plus puissant. Cette perte est rétroactive : la femme du Français qui devient étran-

(1) V. plus bas.

ger dans ces conditions est donc censée avoir épousé un étranger; les enfants issus du mariage sont censés nés d'un étranger ; par suite la femme et les enfants doivent être considérés, non pas comme devenus étrangers du jour de la déclaration, mais comme l'ayant été même dans le passé, depuis le jour du mariage ou de la naissance. Seulement, il faut le rappeler ici surtout, les dispositions des paragraphes 3 et 4 de l'article 8, II, qui dominent toute la matière de la nationalité acquise par la filiation, viendront souvent en fait modifier cette règle : si les enfants sont nés en France, et si leur père, qui cesse d'être Français d'une manière rétroactive, y est lui-même né (c'est ce qui arrive, par hypothèse, s'il s'agit de la répudiation faite en vertu de l'article 8, II, 4°), l'article 8, II, 3° s'applique ; nous sommes en présence d'individus Français d'une manière irrévocable. S'ils sont nés en France et que leur père soit né à l'étranger, ce qui peut se produire dans les hypothèses des articles 12 et 18, sans doute ils ne sont pas saisis définitivement par la nationalité française, et par suite le changement rétroactif de nationalité de leur père entraîne rétroactivement aussi leur changement de nationalité ; mais il y a en eux une cause qui leur est propre — le fait matériel de leur naissance sur le territoire français — et qui déterminera leur nationalité à un moment fixé par la loi, sans que la nationalité acquise définitivement à leur auteur puisse en rien influer sur la leur ; à leur majorité, ils deviendront Français s'ils sont domiciliés en France, sauf faculté de répudiation (art. 8, II, 4°).

§ 5. — *Des renonciations à la faculté de répudiation.*

Les individus, auxquels la loi reconnaît la faculté de répudier la qualité de Français qu'elle leur a conférée, doivent être admis à fixer d'une manière définitive leur nationalité pendant leur minorité, en renonçant par anticipation à cette faculté de répudiation.

L'existence de ces déclarations n'a pas été consacrée d'une manière expresse par la loi. Mais, à notre sens, elle résulte nécessairement de la disposition de l'article 9 qui autorise le mineur né en France à souscrire une déclaration acquisitive de nationalité.

Nous croyons l'avoir établi, cette disposition s'applique à tous les jeunes étrangers nés en France ; elle leur permet à tous de fixer d'une manière irrévocable sur leur tète la nationalité française ; elle implique par conséquent, pour ceux d'entre eux qui se trouveraient dans la situation prévue par l'article 8, II, 4°, le droit de renoncer à la faculté de répudiation que cet article leur réserve, et d'anticiper sur l'attribution qui leur est faite de la nationalité française à leur majorité. Sur ce premier point, il ne nous semble pas qu'aucun doute puisse s'élever au fond. Nous sommes en présence de cette déclaration, dont nous avons reconnu plus haut la nature mixte, mais dont l'existence ne saurait être contestée (1).

En ce qui concerne les enfants mineurs de naturalisés ou de réintégrés, la loi les déclare Français, tout en leur réservant une faculté de répudiation conformément aux dispositions de l'article 8, II, 4° ; ce que la loi a voulu bien évidemment, c'est appliquer aux enfants mineurs de naturalisés ou de réintégrés, les mèmes règles qu'aux étrangers nés en France et qui y sont domiciliés... avec cette différence, que l'époque à laquelle ils deviennent Français est marquée, pour les uns, par la naturalisation de leur auteur, et pour les autres, par leur majorité : à cela près, l'assimilation semble devoir être complète et la possibilité pour ceux-ci de fixer leur nationalité avant même leur majorité, entraîne pour ceux-là semblable faculté.

S'il est donc exact de dire que la loi n'a pas *formellement* prévu « la renonciation au droit de renonciation » (2), on doit admettre qu'un pareil droit résulte implicitement de la disposition de l'article 9 et des dispositions des articles 8, II, 4°, 12 et 18 combinées. On ne concevrait pas que la situation faite aux enfants mineurs des naturalisés et réintégrés fût moins favorable en définitive que celle faite aux enfants d'étrangers nés en France, auxquels on a voulu les assimiler, et qui tous peuvent

(1) V. *suprà,* p. 136.
(2) Vincent, *Nationalité,* numéros 139 et suivants.

acquérir irrévocablement, même pendant leur minorité, la nationalité française.

Cette institution ne constitue d'ailleurs pas une innovation ;
c'est la reproduction pure et simple des dispositions de la loi
du 16 décembre 1874 (art. 2), de la loi du 14 février 1882, appliquées aux individus qui se trouvent actuellement dans la situation que prévoyaient ces lois (1).

On soutient cependant qu'admettre une renonciation à la faculté de répudiation dans l'hypothèse des articles 12 et 18, c'est
aller à l'encontre de la loi. Le législateur, dit-on, a voulu écarter
pour les mineurs des naturalisés « une acquisition définitive de la
qualité de Français *obligatoire* ; on a voulu soustraire l'enfant à la
volonté et même au caprice de son père ou de sa mère, et c'est
dans cette intention qu'on lui a réservé un droit d'option à sa
majorité » ; on ne peut donc permettre au représentant légal du
mineur de renoncer à ce droit d'option. (2)

Nous ne croyons pas que cette interprétation des travaux
préparatoires soit exacte ; le Sénat a introduit le droit d'option
uniquement pour écarter une acquisition de la nationalité française irrévocable et *de plein droit*, telle que l'avait établie la
Chambre, et nullement pour soustraire le mineur à la volonté
de ses parents : le système qu'avait tout d'abord admis le Sénat
consacrait précisément l'acquisition de la nationalité française,
irrévocable, intervenant sur la demande des parents ; des traces
subsistent encore de ce système primitif dans l'article 19, qu'on
a négligé de mettre en harmonie avec le système adopté d'une
manière générale. Il est donc manifestement faux de dire que

(1) V. plus loin le commentaire de l'art. 8, II, 4o.
(2) Au surplus tous les auteurs qui repoussent la théorie que nous soute-
nons ne prétendent pas qu'elle soit en contradiction avec l'esprit de la loi ;
M. Despagnet (journal *le Droit*, n° du 19 octobre 1889) s'exprimait ainsi : « La
faculté de renonciation à l'option pour la nationalité étrangère n'est pas, d'a-
près nous, susceptible d'être exercée pendant la minorité ; les art. 12 et 18 par
leur texte ; l'art. 8, II, 4° par son texte et par le sens même de la disposition
qu'il contient, s'y opposent absolument. Que *telle soit la pensée du législateur*,
nous n'enjurerions pas, et nous serions même porté à croire que les rédacteurs
du décret et de la circulaire ont cru, *non sans raison*, être en harmonie avec
les auteurs de la loi du 26 juin qui, *estimant avoir conservé le sens de la loi
de 1874, l'ont abrogée comme désormais inutile* en présence de la loi nouvelle.»

notre théorie va à l'encontre de la loi. Tout ce que la loi a voulu écarter c'est *l'acquisition de plein droit* irrévocable pour le mineur, et nous ne contrarions en rien le but qu'elle a voulu atteindre.

Au surplus, il importe de le remarquer, la question n'existe que pour les enfants mineurs des *naturalisés*, et seulement lorsqu'ils sont nés à l'étranger. Quant aux enfants nés en France, que leur père soit demeuré étranger ou se soit fait naturaliser, peu importe : la disposition de l'article 9 § 2 doit leur être toujours applicable, *parte in qua*. En ce qui touche les enfants des *réintégrés*, ce sont des enfants d'ex-Français, qui, aux termes de l'article 10, peuvent réclamer la nationalité française *à tout âge*. Il serait absurde de prétendre que la naturalisation ou la réintégration, accordée aux parents, peut avoir pour effet de rendre plus difficile aux enfants l'accès de la nationalité française : comme nous le disions plus haut, à un autre point de vue d'ailleurs, ils ont en eux une cause qui leur est propre, — naissance sur le territoire, origine française — et dont le changement de nationalité de leur auteur n'entraine pas l'abolition, cause en vertu de laquelle ils peuvent prétendre, dès avant leur majorité, à une acquisition définitive de la nationalité française.

Notre conclusion est donc que l'individu né en France, et à son exemple les individus visés par les articles 12 § 3° et 18 § 3°, peuvent au courant de leur minorité fixer irrévocablement sur leur tête la nationalité française, en renonçant à la faculté de repudiation qui leur appartient dans un cas d'une manière éventuelle, et qui dans les autres leur compète d'ores et déjà.

L'article 11 du décret du 13 août 1889 a expressément consacré l'existence de ces déclarations de renonciation ; il a disposé qu'elles seront faites au nom du mineur par les personnes désignées dans l'article 9 § 2 du Code civil.

§ 6. — *De la disposition de l'article 8, II, 4°.*

Nous avons dû indiquer par avance, et à diverses reprises, à quels individus s'appliquait l'article 8, II, 4° et quelle situation leur était faite ; mais ce texte a une très grande importance et doit être l'objet d'une étude toute spéciale.

Il contient d'abord deux dispositions principales, qui se lient l'une à l'autre. La première se formule ainsi : l'individu né en France d'un étranger et qui, à l'époque de sa majorité, est domicilié en France, est Français. — La seconde : cet individu peut, dans l'année qui suit sa majorité, telle qu'elle est fixée par la loi française, décliner la qualité de Français, en prouvant, etc... Comme conséquence, cette seconde disposition entraîne elle-même une disposition accessoire, à double aspect, que la loi n'a sans doute pas expressément formulée, mais qui s'impose, et que nous avons déjà dégagée : cet individu peut également, pendant sa minorité, acquérir immédiatement et d'une manière définitive la nationalité française, en renonçant à se prévaloir à sa majorité de la faculté de répudiation que lui a réservée la loi.

L'article 8, II, 4º présente ainsi des applications de presque toutes les déclarations de nationalité, et nous offre en même temps un mode nouveau d'acquisition de la nationalité française : l'acquisition par le seul fait de la résidence en France.

Nous avons dû étudier par anticipation les règles relatives à ces diverses déclarations de nationalité ; lorsque nous aurons précisé l'hypothèse à laquelle s'applique ce mode spécial d'acquisition de la qualité de Français, nos explications sur tous ces points se trouveront complétées.

Origine de la disposition de l'article 8, II, 4º. — L'article 8, II, 4º est, à certains égards du moins, la disposition de la loi du 7 février 1851 et de la loi du 16 décembre 1874 : la loi nouvelle semble avoir transporté à la première génération d'étrangers nés en France les règles que la loi du 7 février 1851 avait tracées pour la seconde. L'individu, né d'un étranger en France et qui y est domicilié, est Français, à moins qu'il ne manifeste une volonté contraire. On renverse donc dans cette hypothèse particulière la disposition de l'article 9 ancien, qui englobait tous les individus nés d'un étranger en France.

Du premier jour où le Parlement a été saisi de l'examen de ces questions, on a vu se manifester la préoccupation qui a entraîné en définitive cette modification à l'article 9. La proposition de loi de M. Batbie reproduisait purement et simplement les lois du 7 février 1851 et du 16 décembre 1874 ; elle ne touchait en aucune façon à l'article 9 du code civil. Mais nous lisons dans l'exposé des motifs : « Des jurisconsultes ont demandé pourquoi nous attendons la deuxième génération ; à leur avis on devrait faire, pour la première génération, ce qu'on a décidé de faire pour la deuxième ; ils proposent donc de dire que tout individu né en France de parents étrangers serait Français, à moins qu'il ne déclarât à sa majorité vouloir conserver sa nationalité d'origine » (1).

Mais l'auteur de la proposition avait craint que cette modification n'eût pour conséquence de conférer la qualité de Français à des étrangers nés accidentellement en France, sans lien avec notre pays, ou du moins sans autre lien que ce fait matériel ; il n'avait pas pu admettre que jusqu'à la majorité, pendant vingt et un ans, la qualité de Français fût attribuée à des gens qui n'avaient jamais eu l'idée d'être Français, dont les parents n'avaient eu cette pensée, ni pour eux, ni pour leurs enfants. Quand deux générations au contraire sont nées sur le sol français, la solution pouvait être tout autre ; quoique les deux naissances eussent peut-être eu lieu en France d'une manière purement accidentelle, il était possible d'établir sur cette double circonstance une présomption que les faits devaient démentir rarement.

Cette appréciation fut également celle du Conseil d'État et du Sénat. Mais la commission de la Chambre des députés adopta un tout autre point de vue. Supprimant la faculté d'option que les lois de 1851 et de 1874 laissaient à l'individu né en France d'un étranger qui lui-même y est né, elle fut amenée à se demander si l'on ne pouvait pas transporter à la première génération la règle que la loi de 1851 avait posée pour la seconde. Les avantages de cette modification étaient évidents ; c'étaient ceux-là mêmes que la loi de 1851 avait prétendu obtenir, c'était le choix de la nationalité française fait par la loi pour tous les individus nés en France, et que leur simple indifférence empêchait de bénéficier des dispositions de l'article 9. Toutefois les objections qui avaient arrêté le Sénat subsistaient entièrement :

(1) *Sénat*, Session ordinaire 1882, n° 156.

leur justesse ne pouvait être méconnue. Mais ne pouvait-on dans une certaine mesure en atténuer la gravité, tout en procédant à une réforme désirable ? Il fallait en somme trouver un signe qui permit de reconnaître les étrangers nés en France, et qui y étaient d'ores et déjà fixés définitivement ; d'après lequel on pût classer, d'une part, les étrangers nés en France et auxquels on devait laisser leur nationalité originaire, d'autre part ceux auxquels on pouvait attribuer la nationalité française, sous réserve d'ailleurs d'une faculté d'option ; il fallait ajouter aux dispositions de la loi de 1851, rendues applicables aux étrangers nés en France dès la première génération, une condition permettant d'en exclure ceux dont la naissance n'avait eu lieu en France que par le pur effet du hasard. On pouvait obtenir ainsi des résultats plus heureux que ceux obtenus avec l'ancienne règle du code civil, sans mériter les critiques que nous rappelions plus haut ; d'ailleurs, l'article 9 continuerait à s'appliquer aux étrangers nés en France, mais ne remplissant pas la condition prévue.

Le critérium choisi fut *le domicile à l'époque de la majorité* : Est Français, dit l'article 8, II, 4°, tout individu né en France d'un étranger *et qui, à l'époque de sa majorité, est domicilié en France*, à moins que, dans l'année qui suit sa majorité, telle qu'elle est réglée par la loi française, il n'ait décliné la qualité de Français et prouvé, etc... — Tout individu né en France d'un étranger, *et qui n'y est pas domicilié à l'époque de sa majorité*, pourra, etc... (art. 9). Et en effet, le domicile établi en France à la majorité permet de présumer que la naissance d'un étranger en France n'y a pas eu lieu par un pur accident, mais bien au cours d'une résidence durable ; on peut donc le déclarer Français sans soulever d'objections sérieuses.

Portée de la disposition de l'article 8, II, 4°. — Les deux textes font aux individus qu'ils visent une situation qui est sensiblement la même ; dans un cas comme dans l'autre, l'étranger né en France *devient Français* au moment où se trouvent réalisées les conditions prévues au texte : de part et d'autre, naissance en France, d'une part, simple résidence à la majorité, d'autre part, déclaration d'intention dans un délai déterminé et établissement de la résidence ; le parallélisme est presque parfait.

Cette interprétation cependant, en ce qui concerne l'article 8, II, 4°, peut soulever quelques difficultés. La contexture de l'article a pu donner à penser que l'étranger visé par cette partie du texte était Français depuis sa naissance ; en effet, l'article 8, II, donne une énumération des individus qui sont Français, et met sur la même ligne que l'individu né d'un Français, l'individu né en France : celui-ci serait donc Français du jour de sa naissance, sauf une faculté de répudiation à sa majorité. C'était bien ainsi, ajoute-t-on, que devait être interprétée la loi de 1851, dont se sont inspirés les rédacteurs de notre article. C'est encore ce qui résulte des travaux préparatoires : « Le premier, — lisons-nous dans le rapport de M. Dubost, au sujet de l'individu touché par l'article 8, II, 3°, — serait Français de plein droit sans pouvoir en décliner la qualité, sous aucun prétexte. Le second — et il s'agit de l'individu visé par l'article 8, II, 4°, — serait Français aussi, mais aurait la faculté de renoncer à cette qualité en prouvant, toutefois, qu'il a conservé sa nationalité d'origine ». Et plus loin : «... cette qualité de Français qui lui appartient de par la naissance... » (1). Enfin l'article 17 prévoit, comme mode de perte de la qualité de Français, la répudiation faite dans les termes de l'article 8, II, 4° : c'est bien indiquer que cette qualité appartenait déjà à l'individu qui souscrit la déclaration de répudiation (2).

Cette interprétation est, croyons-nous, erronée. Elle aurait pu être admise si la disposition nouvelle était restée ce qu'elle était dans la loi de 1851, si la qualité de Français avait été attribuée à tout étranger né en France, sauf faculté de répudiation. Mais il faut bien remarquer qu'une condition positive a été mise par la loi à l'acquisition de la nationalité française ; il ne suffit pas d'être né en France, il faut de plus y être domicilié *au moment de la majorité ;* c'est à ce moment seulement qu'on saura si les deux conditions posées par la loi, naissance en

(1) Rapport de M. Dubost, *Chambre des députés,* Session extraordinaire 1887, n° 2083.

(2) Cette solution avait été adoptée par un jugement du Tribunal de Nice du 14 octobre 1889, qui a d'ailleurs été réformé en appel. V. plus loin p. 163, note.

France, domicile en France, sont réalisées ; c'est à ce moment seulement qu'elles produiront leur effet, qu'elles entraineront acquisition de la nationalité française.

D'ailleurs, l'opinion que nous combattons conduit à des conséquences inadmissibles. Elle fait dépendre la nationalité du mineur du fait de sa résidence en France ; et en effet il est bien certain que l'individu né en France, et qui n'y réside pas, demeure étranger jusqu'à ce qu'il ait souscrit la déclaration de l'article 9. Si donc, au cours de la minorité, le domicile de l'individu né en France est transporté de France à l'étranger, sa nationalité doit changer. Il était Français, dans ce système, parce qu'il résidait en France. Il cesse de résider en France : il devient étranger. Et encore faudrait-il faire une réserve : il recouvrera la nationalité française, s'il rentre en France étant encore mineur. Or, rien dans la loi ne révèle l'existence de cette cause de perte et de recouvrement de la nationalité française : la translation du domicile.

Au demeurant, rien ne vient à l'appui de cette doctrine. Le texte de l'article 8 n'est nullement favorable à cette interprétation ; il déclare Français l'individu né en France et qui y est domicilié à sa majorité, comme plus loin il déclare Français l'individu naturalisé, sans que, dans le premier cas pas plus que dans le second, il entende faire de ces individus des Français, avant que la naturalisation n'ait été obtenue, avant que le fait de résidence à la majorité ne se soit produit.

Quant à l'article 17, il n'implique nullement la solution qu'on prétend en faire découler : la répudiation de la qualité de Français ne peut intervenir qu'à dater de la majorité ; or à cette époque la nationalité française a réellement été acquise à l'étranger né en France, et la répudiation lui fait bien perdre la qualité de Français, sans qu'il soit nécessaire de dire qu'il a eu cette qualité depuis le jour de sa naissance.

Restent les travaux préparatoires ; les passages mêmes que nous avons cités et qui paraissent les plus topiques ne dénotent pas une volonté formelle chez le législateur de faire de l'enfant mineur, né en France d'un étranger, un Français dès sa naissance ; il sera bien Français *de par la naissance*, comme le dit un de ces passages, quoiqu'il le soit seulement à une époque ultérieure. Au surplus, il faudrait une disposition expresse de la loi pour admettre une solution, acceptable d'ailleurs, mais contraire aux principes (1).

Nous avons vu que l'article 12 et l'article 18 faisaient aux enfants mineurs des naturalisés et réintégrés une situation voisine de celle que l'article 8, II, 4° fait aux étrangers nés et résidant en France. Il est bon toutefois de remarquer qu'une différence existe entre ces deux catégories de personnes : les unes deviennent Françaises d'une manière uniforme à leur majorité, ainsi que nous venons de l'établir; les autres deviennent Françaises au moment où leur père ou leur mère acquièrent ou recouvrent la nationalité française.

Une fois l'âge de vingt-et-un ans atteint, s'il est domicilié en France, l'individu qui y est né *devient Français*. Nous sommes là en présence d'une véritable naturalisation : la Constitution du 24 juin 1793 attribuait de même la nationalité française aux étrangers qui étaient domiciliés en France depuis un an, sans réclamer d'eux aucune manifestation expresse de volonté. Nous avons dû blâmer ce mode de naturalisation qui avait le grand tort de ne pas tenir assez de compte de la volonté des intéressés : mais les objections qu'il suscitait comme mode général de naturalisation disparaissent, lorsqu'il n'est plus employé qu'à titre exceptionnel, anormal, lorsqu'il ne constitue plus qu'un mode de naturalisation *de faveur* (2); d'ailleurs, la faculté de répudiation atténue ce que la législation de 1793, appli-

---

(1) Notre solution a été adoptée par un jugement du tribunal de la Seine en date du 25 juillet 1889 (*Le Droit*, 18 septembre 1889) et par un arrêt de la Cour d'Aix, du 4 décembre 1889, réformant le jugement du tribunal de Nice dont il est parlé dans une note précédente.

(2) La qualification de *naturalisation de faveur* n'est nulle part donnée dans la loi à ce mode d'acquisition de la nationalité française. Nous croyons toutefois pouvoir l'employer à raison de l'analogie très grande que ce mode de naturalisation présente avec ceux que la loi a ainsi nommés. D'ailleurs il y a eu un moment, au cours de la rédaction, où l'article 5 de la loi du 26 juin 1889 citait bien l'article 8 parmi ceux qui contenaient une naturalisation de faveur qu'un décret devait réglementer; plus tard cette mention a disparu, non pas qu'on ait trouvé que notre hypothèse ne constitue pas un cas de naturalisation de faveur, mais sans doute parce qu'elle n'a pas paru appeler de réglementation.

quée aux individus visés par l'article 8, II, 4°, aurait pu avoir d'excessif.

Si l'acquisition de la nationalité française dans les conditions de l'article 8, II, 4° constitue une naturalisation, il faut en conclure que les enfants mineurs de l'étranger devenu ainsi Français deviendront eux-mêmes Français conformément à l'article 12 du Code civil, en même temps que leur père et sauf faculté de répudiation,— si du moins ils n'étaient pas déjà Français en vertu de l'article 8, II, 3° —; que sa femme pourra soit souscrire une déclaration en vue d'acquérir la nationalité française, si elle est encore dans les termes de l'article 9, soit obtenir la naturalisation par décret immédiatement et sans condition de résidence. La demande de naturalisation ne pourra cependant être formée, croyons-nous, ou la déclaration souscrite, que si le mari renonce à user de la faculté de répudiation qui lui appartient ; en effet, tant que dure la vingt-deuxième année, l'étranger né en France n'est pas devenu Français d'une manière définitive, et d'autre part, la vingt-deuxième année expirée, il sera trop tard pour que la demande puisse être formée (art. 12, C. civ.). D'ailleurs en pratique l'individu dont il s'agit sera célibataire le plus souvent.

Il faudra de même admettre que l'étranger né en France ne devient éligible aux assemblées législatives que dix ans après sa majorité (art. 5, 1. 26 juin 1889).

L'acquisition de la qualité de Français en vertu de l'article 8, II, 4° n'a-t-elle pas lieu avec effet rétroactif? — Les solutions qui précèdent sont d'ailleurs susceptibles d'être contestées à un autre point de vue. Tout en reconnaissant que l'acquisition de la nationalité française ne s'est produite qu'au jour de la majorité, on peut en effet soutenir que cette acquisition rétroagit, qu'une fois l'âge de vingt-et-un ans atteint et la condition de domicile accomplie, le jeune étranger devenu Français est censé l'avoir toujours été : ses enfants seraient donc nés Français, sa femme serait devenue Française par son mariage ou n'aurait jamais cessé de l'être ; il devrait, au point de vue des droits politiques, être pleinement assimilé aux Français de naissance. L'acquisition de la qualité de Français était subordonnée à la réalisation d'une condition qui, une fois accomplie, doit avoir un effet rétroactif (art. 1179, C. civ.). C'est ce qui justifie, dit-on, le silence de l'article 20 du Code civil qui, dans son énumération des divers cas de naturalisation de faveur ne comportant pas de rétroactivité, omet le cas prévu par l'article 8, II, 4°(1).

Mais la fiction de rétroactivité nous paraît devoir être écartée ; l'omission de l'article 8, II, 4° dans l'énumération de l'article 20 s'explique aisément ; la disposition de l'article 20 a été rédigée à un moment où l'article 9 seul contenait les règles relatives à l'individu né en France d'un étranger ; on a négligé de la compléter lorsqu'une partie de ces règles a été transportée sous l'article 8, II, 4°. Le principe de la rétroactivité de la condition ne nous semble pas pouvoir être invoqué ici ; le domicile dont il est parlé dans l'article 8, II, 4° n'est pas une condition proprement dite, c'est un élément d'existence de la naturalisation, tout comme le décret dans la naturalisation ordinaire, ou la déclaration dans les autres cas de naturalisation de faveur ; il s'ensuit que, lorsque cet élément se rencontre, la naturalisation est acquise à l'étranger, mais sans qu'il puisse se prétendre devenu Français rétroactivement. D'ailleurs, en l'absence d'une décision formelle, on ne peut pas aller contre l'évidence des faits : l'individu dont il s'agit a été étranger pendant toute sa minorité, on ne peut pas faire qu'il ait été Français (2).

A quels individus s'applique l'article 8, II, 4° ? — D'après ce que nous avons dit au début de ces explications, les individus auxquels s'applique l'article 8, II, 4°, sont ceux-là mêmes auxquels s'applique l'article 9 ; dans un cas, ils sont domiciliés en France, dans l'autre cas, ils sont domiciliés à l'étranger ; mais c'est là que réside la seule différence entre ces deux catégories de personnes, au point de vue qui nous occupe. On devra donc se reporter aux développements donnés sous l'article 9, quant à l'interprétation des termes : « individu né en France d'un étranger ».

(1) V. dans ce sens : Audinet, *Journal du Droit Internat. privé*, 1889, p. 198 et 200 ; Cohendy, *le Droit*, n° du 17 octobre 1889 ; Vigié, *Cours de Droit civil*, p. 60 ; Vincent, *Nationalité*, n°s 39 et 40.

(2) Dans le sens que nous adoptons : Baudry-Lacantinerie, *Droit civil*, t. I., suppl. p. 5 et 6.

Du sens de l'expression « domicile ». — Quant à l'expression *domicilié*, il est certain qu'elle ne doit être prise au sens technique du mot, ni dans l'article 8, II, 4°, ni dans l'article 9. Il résulte très nettement des travaux préparatoires que l'on doit considérer comme *domiciliés en France* tous les jeunes gens qui y sont établis d'une manière permanente : « Il y a bien, dit le rapporteur de la Commission de la Chambre, M. Dubost (1), juridiquement une différence entre la résidence et le domicile, mais... le domicile, tel qu'il est prévu à notre article 8, doit être entendu *lato sensu* ; il s'agit évidemment de déclarer Français les individus qui, nés en France, *habitent* encore notre pays à leur majorité ; la résidence permanente équivaut ici au domicile... »

Ainsi les individus que vise l'article 8, II, 4° sont ceux qui sont fixés dans notre pays. Il faudra donc ranger parmi eux, d'abord, les jeunes gens qui auront en France une résidence effective. Et il en sera ainsi même si leur famille a cessé d'y résider ; il en aurait été autrement si le terme *domicile* avait été pris dans son sens technique ; on aurait pu soutenir, en effet, que les mineurs n'ayant qu'un domicile de dépendance, l'individu né en France, qui y réside à sa majorité, mais dont les parents ont leur principal établissement à l'étranger, n'est pas domicilié en France : les explications données par le rapporteur, et que nous venons de reproduire, nous semblent imposer l'interprétation que nous adoptons. D'ailleurs et en sens inverse, il importera peu que ces jeunes gens se trouvent accidentellement en France à leur majorité, s'ils n'y résident pas d'une manière normale ; dans ce cas, l'article 8, II, 4°, ne les touchera pas.

D'autre part, il faudra appliquer l'article 8, II, 4° à tous les jeunes gens dont les parents résident en France. Et il en devra être ainsi même si ces jeunes gens ont, dans un but facile à saisir, transporté leur établissement à l'étranger ; dans cette hypothèse, en effet, ils sont en propres termes domiciliés en France, où leurs parents sont établis.

Cette double signification, qu'il faut donner au mot « domicile »

(1) Deuxième rapport supplémentaire, *Chambre des Députés*, Session 1889, n° 3560.

dans l'article 8, II, 4°, conduit à considérer comme seuls domiciliés hors de France, aux termes de l'article 9, les jeunes gens dont les parents sont établis à l'étranger et qui eux-mêmes y résident. Ainsi la même expression « domicilié », employée dans l'article 8, II, 4° et dans l'article 9, se trouve en réalité désigner dans chaque article deux situations différentes : dans l'article 8, II, 4°, celle d'un individu qui a soit une résidence durable soit un simple domicile de dépendance ; dans l'article 9, celle de l'individu qui a, *à la fois*, son domicile de dépendance et sa résidence habituelle... Au fond, cette bizarrerie apparente se justifie parfaitement ; les solutions qui résultent de ces textes correspondent toujours à la même idée : l'individu né en France, et qui y est domicilié (*stricto sensu*) ou résidant à sa majorité, est lié assez étroitement à la France pour que l'on puisse le présumer Français. L'expression « domicile » n'est peut-être pas assez compréhensive ; le terme « habitation », moins juridique sans doute et qui a dû être écarté pour cette raison, eût été à peu près adéquat à l'idée que l'on voulait exprimer ; c'est du reste celui qui est employé dans le passage précité du rapport à la Chambre des députés ; on aurait dû les employer concurremment.

D'ailleurs, il ne faut pas méconnaître qu'en pratique cette disposition suscitera d'assez sérieuses difficultés : la résidence est un état de fait vague et indéterminé ; on ne doit prendre en considération que la résidence effective et durable ; un simple séjour n'entraînerait pas l'application de l'article 8, II, 4°. Il y a là bien des causes de contestations. Au demeurant, ces difficultés seront bien atténuées dans la majorité des cas par la disposition de la loi militaire, en vertu de laquelle les étrangers nés et résidant en France se trouvent forcés d'opter au cours de leur vingt-deuxième année entre les deux nationalités. Il ne pourra guère y avoir de questions sérieuses que pour les femmes étrangères nées en France ou pour les individus omis sur les tableaux de recrutement (1).

Si l'individu qui est né en France et qui y est domicilié à sa majorité devient Français, il ne le devient cependant pas d'une manière définitive et au même titre que les autres nationaux.

(1) V. *infra*, chap. VII.

La loi a bien voulu inciter les individus nés en France à devenir Français ; elle a interprété leur silence dans le sens d'une acceptation de la nationalité française : mais elle n'a pas estimé que les liens qui les unissaient à leur pays d'origine fussent forcément assez relâchés pour que cette nationalité française pût leur être imposée, en présence d'une manifestation de volonté nettement hostile (si du moins ils établissent que leur pays d'origine les reconnaît toujours pour ses nationaux). Elle leur a donc réservé une faculté de répudiation, dont nous avons dû déjà étudier la mise en œuvre, et sur laquelle il est inutile de revenir. Rappelons cependant que les individus, qui usent de cette faculté, recouvrent, aux yeux de la loi française, la qualité d'étranger d'une manière rétroactive, et que tous les effets qui s'étaient attachés à leur naturalisation se trouvent abolis même dans le passé (1).

Nous avons vu de même que ces individus peuvent par anticipation acquérir la nationalité française en minorité, en souscrivant une déclaration d'une nature mixte, sur laquelle nous avons suffisamment insisté (2).

Nous examinerons ultérieurement dans quelle mesure la loi sur le recrutement (15 juillet 1889) a modifié les règles que nous venons de tracer.

Questions transitoires. — A qui va s'appliquer, parmi les individus nés avant la loi nouvelle, la disposition de l'article 8, II, 4°ʔ Il est certain que les étrangers qui, nés en France et ayant atteint leur vingt-deuxième année avant la loi nouvelle, n'ont pas bénéficié de l'article 9 ancien, ne pourront pas plus se prévaloir de notre disposition qu'on ne pourra l'invoquer contre eux ; il en sera ainsi, eussent-ils été domiciliés en France au moment de leur majorité. La qualité d'étranger constitue en effet pour eux un droit acquis ; une loi nouvelle pourrait bien la leur retirer, mais au moyen d'une disposition expresse qui n'a pas été formulée (3).

La rigueur des principes conduirait peut-être à une même

(1) V. suprà, p. 152.
(2) V. suprà, p. 136 et p. 154.
(3) V. dans ce sens, Trib. civ. Lille, 6 mars 1890.

solution en ce qui concerne les individus mineurs au moment de la promulgation de la loi nouvelle. La loi ancienne leur laissait en effet la qualité d'étranger jusqu'à une manifestation contraire de volonté de leur part, tandis que l'article 8, II, 4° leur attribuerait la qualité de Français à leur majorité, si du moins ils étaient domiciliés en France à cette époque.

Mais il semble qu'en réalité l'objection ne soit pas aussi sérieuse qu'elle le paraît tout d'abord. La situation qui est faite par la loi de 1889 aux individus nés et domiciliés en France au moment où ils arrivent à leur majorité, demeure sensiblement la même ; étrangers jusque-là sauf réclamation de la qualité de Français, ils deviennent, avec la loi nouvelle, Français sauf répudiation. Leur liberté est aussi pleinement sauvegardée dans les deux systèmes ; la modification ne touche pas au fond du droit. On peut donc, sans porter, à proprement parler, atteinte au principe de la non-rétroactivité des lois, leur faire d'ores et déjà application du texte nouveau.

Ce texte semble bien en effet se saisir de tout individu qui, au moment où la loi est devenue exécutoire, est né et domicilié en France. D'ailleurs, c'était l'interprétation qui, lors de la promulgation de la loi du 7 février 1851, dont la disposition est si voisine de celle qui nous occupe (1), avait été admise sans aucune résistance. Et au surplus, l'intention du législateur n'est point douteuse : on ne peut reculer l'application de la règle nouvelle jusqu'à l'expiration d'un délai de vingt-et-un ans.

La question peut paraître plus délicate relativement aux individus qui, ayant atteint leur majorité avant la promulgation de la loi nouvelle, n'avaient cependant pas encore dépassé leur vingt-deuxième année. L'article 8, II, 4° subordonne en effet l'acquisition de la nationalité française au domicile en France à la majorité : c'est donc à ce moment que la nationalité française s'acquiert. Or, à l'époque de la majorité de ces individus, la loi nouvelle n'existait pas encore... elle ne saurait donc les toucher, à moins qu'on ne la fasse rétroagir (2).

Mais ces individus pourront passer valablement, selon nous,

(1) V. *suprà*, p. 158.
(2) V. conf. Trib. civ. Lille 6 mars 1890, précité.

la déclaration de l'article 9. Il serait en effet singulièrement excessif d'affirmer que l'article 9 a entendu viser exclusivement les individus domiciliés à l'étranger au moment de leur majorité. Cette disposition a, croyons-nous, une portée beaucoup moins absolue. Le législateur se proposant de définir la condition des individus nés en France d'un étranger, les a rangés en deux catégories : l'une principale, celle de l'article 8, II, 4° à laquelle la qualité de Français a été attribuée *de plano*, l'autre accessoire, comprenant tous ceux que cette première disposition n'a point visés, et qui peuvent devenir Français au moyen d'une déclaration. Les individus qui, ayant atteint leur majorité avant la promulgation de la loi nouvelle, n'avaient pas encore dépassé leur vingt-deuxième année, ne peuvent être répartis dans la catégorie de l'article 8, II, 4° ; ils rentrent donc nécessairement dans la catégorie de l'article 9. Il serait du reste antijuridique d'attribuer, comme le fait le système que nous combattons, une efficacité moins grande au point de vue de l'acquisition de la qualité de Français, au domicile établi en France qu'au domicile établi à l'étranger ; il en est ainsi surtout en présence de la distinction contenue dans les articles 8, II, 4° ét 9 et de la situation particulièrement favorable faite à l'étranger né et domicilié en France. D'autre part, il ne nous semble pas douteux que l'individu né en France et domicilié à l'étranger, pourrait, quoique majeur avant la loi nouvelle, souscrire la déclaration de l'article 9, s'il était encore dans les délais.

CHAPITRE IV. — De l'acquisition dé la nationalité française par le mariage.

Nous avons étudié jusqu'à présent les modes généraux d'acquisition de la qualité de Français : la filiation, la naissance sur le territoire, la naturalisation. A ces causes générales, il faut en ajouter une dernière, particulière à la femme, l'acquisition de la nationalité française par le mariage.

L'article 12 du code civil dispose en ces termes dans son paragraphe premier : « L'étrangère qui aura épousé un Français suivra la condition de son mari ». C'est dire qu'elle acquerra la nationalité française. La naissance d'intérêts pécuniaires communs, l'établissement des rapports de famille rendaient nécessaire l'attribution d'une même nationalité aux deux époux ; et comme le mari est légalement le chef de l'association conjugale, soit quant aux biens, soit quant aux personnes, il a paru naturel de donner sa nationalité à la femme. Ainsi que le disait Boulay au Corps Législatif, cette règle est fondée « sur la nature même du mariage, qui de deux êtres n'en fait qu'un en donnant la prééminence à l'époux sur l'épouse » (1). La loi nouvelle n'a apporté sur ce point aucune modification au Code civil.

L'acquisition de la nationalité française est donc un effet du mariage ; cet effet se produit *ipso facto*, par le seul fait du mariage, sans que la femme soit tenue de déclarer en aucune façon qu'elle entend devenir Française. Elle ne peut même pas répudier cette conséquence de l'acte qu'elle accomplit, stipuler valablement que, tout en épousant un Français, elle entend conserver sa nationalité d'origine. Pareille stipulation serait nulle comme contraire à l'ordre public ; il s'agit là d'un effet du mariage, défini comme tel par la loi, et qu'il n'appartient ni à l'une, ni à l'autre des parties d'atténuer ou d'aggraver (2).

Néanmoins la nationalité française n'est pas, à proprement parler, imposée à la femme ; la femme étrangère, qui épouse un Français, est présumée savoir que son mariage emportera pour elle, au regard du moins de la loi personnelle de son mari, perte de sa nationalité originaire ; en consentant au mariage, elle en a accepté toutes les conséquences, notamment celle dont nous nous occupons (3).

(1) Exposé des motifs au Corps législatif, séance du 11 frimaire an X.

(2) Cogordan, *Nationalité*, 2e édition, p. 278 ; de Folleville, *Naturalisation*, p. 177 ; Laurent, *Droit Civil*, t. I, no 848 ; Vincent, *Nationalité*, no 122 ; Cohendy, *Le Droit*, 10 novembre 1885. — L'opinion contraire a cependant été quelquefois enseignée.

(3) Observons d'ailleurs que la femme est capable, quoique mariée, d'acquérir une nationalité étrangère, en se faisant naturaliser avec l'autorisation de son mari ; elle pourra par suite également récupérer sa nationalité originaire, au moyen d'une naturalisation obtenue dans ces conditions. Des difficultés à cet égard pourront cependant résulter de l'état de la législation dans son pays ; c'est notamment ce qui se produira si la législation du pays d'origine de la femme la considère comme n'étant pas dénationalisée.

Si la femme acquiert la nationalité que possède son mari au moment où s'effectue le mariage, la loi ne dit pas que la femme étrangère deviendra Française toutes les fois que son mari acquerra la qualité de Français. L'article 12 § 1 est conçu, il est vrai, en termes quelque peu absolus ; rien ne vient limiter expressément la portée de la règle qu'il contient ; il se réfère à la condition du mari, sans se restreindre à cette condition telle qu'elle se comportait au moment du mariage. Cependant si quelque doute pouvait s'élever à ce sujet avant la loi du 26 juin 1889, il doit complètement disparaître aujourd'hui. Nous avons vu, en effet, qu'il a été question au cours des travaux préparatoires, d'étendre de plein droit à la femme les changements de nationalité du mari, survenus au cours du mariage (1) ; mais on a reculé devant cette solution qui n'a pas paru respecter suffisamment la liberté individuelle de la femme (art. 12 § 2).

La femme qui épouse un Français devient Française, encore qu'elle soit mineure ; la loi n'a établi, quant à cet effet du mariage, aucune distinction tirée de la minorité : l'application de la maxime *habilis ad nuptias, habilis ad pacta nuptialia* suffit d'ailleurs à justifier cette solution.

Mais pour que le mariage soit attributif de nationalité, il est absolument nécessaire qu'il soit valable. S'il avait été affecté d'une nullité absolue, il n'aurait jamais pu conférer à la femme la nationalité du mari. S'il était simplement annulable, on pourrait considérer la femme comme bénéficiant de l'article 12 tant que la nullité n'a pas été prononcée ; mais le jugement d'annulation anéantirait tout effet du mariage, même rétroactivement et la femme devrait être traitée comme n'ayant jamais perdu sa nationalité d'origine (2). Au cas de mariage putatif à l'égard de la femme, il est hors de doute qu'elle pourrait se réclamer de la nationalité française, comme elle pourrait invoquer tous les effets civils du mariage (art. 201 et 202, C. civ.). Cependant cette solution, qui est certaine lorsque le mariage est entaché de nullité relative, est au contraire vivement controversée quand il s'agit d'une

---

(1) V. *suprà*, p. 85.

(2) V. Poitiers, 16 décembre 1845 (S. 45. 2. 215) ; Cogordan, *Nationalité,* 2e édition, p. 277 ; de Folleville, *Naturalisation*, p. 178, no 237.

nullité absolue; mais cette difficulté se présente comme un des côtés d'une question plus générale, celle de savoir si un mariage nul absolument peut, même au cas de bonne foi, constituer un mariage putatif (1).

Il arrive assez souvent en fait que l'étrangère qui épouse un Français a elle-même des enfants. L'attribution de la nationalité française, qui lui est conférée par le seul effet de son mariage, s'étendra-t-elle aux enfants légitimes qu'elle aurait eus d'un précédent mariage ou aux enfants naturels qu'elle aurait reconnus ?

S'il s'agissait d'une naturalisation obtenue par la mère dans les conditions ordinaires, elle aurait pour effet de permettre aux enfants majeurs de solliciter la qualité de Français sans condition de stage dans les termes de l'article 12 et d'attribuer de plein droit la nationalité française aux enfants mineurs, sauf faculté de répudiation. Mais il semble bien que ce texte ne puisse être étendu à notre hypothèse; sans doute il statue pour tous les cas de naturalisation, mais rencontre-t-on dans notre hypothèse les caractères d'une véritable naturalisation ?

L'acquisition de la nationalité française est pour la femme, nous ne saurions trop le répéter, une conséquence inéluctable du mariage. Au cas de naturalisation par décret, comme au cas de naturalisation de faveur, le législateur a étendu aux enfants les effets d'un acte directement accompli par la mère, acte qui n'a point d'autre but ni d'autre raison d'être que de produire ces effets; aussi la nationalité, qu'une demande principale a fait acquérir à la mère, réfléchit-elle sur la personne de ses enfants. Mais ici les conditions dans lesquelles se produit l'acquisition de la nationalité française sont bien différentes; ici, cette nationalité n'a pas été réclamée par la mère; l'acquisition éventuelle de la qualité de Française n'a pas été, la chose est évidente, l'objet principal du mariage qu'elle a contracté; en un mot, c'est déjà par voie de conséquence que la femme a acquis la nationalité du mari. Peut-

(1) En sens divers : Paris, 14 mars 1889, *le Droit*, n° du 22 mars 1889; Weiss, *Droit intern. privé*, p. 147 ; Baudry-Lacantinerie, *Précis de Droit civil*, 3e édition, t. I, p. 330 ; de Folleville, *Naturalisation*, p. 178 ; Vincent, *Nationalité*, n° 124.

on dès lors étendre encore cette conséquence ? Peut-on tirer de
ce qui constitue déjà un effet d'autres effets, et d'autres effets
qui devront se produire sur d'autres personnes ? Ajoutons que
l'on ne saurait ici invoquer l'unité de la famille pour justifier
cette extension aux enfants de la nationalité française qui appartient au second mari de la mère ; le second mari de la mère n'acquiert point la puissance paternelle sur les enfants ; il ne devient leur co-tuteur qu'autant que la mère a conservé la tutelle ;
aucun rapport de succession ne s'établit entre lui-même et les
enfants de sa femme. Dès lors, quelle utilité y a-t-il à leur attribuer la nationalité du mari de leur mère, qui en définitive demeure pour eux, presque à tous les points de vue, un étranger?

Nous concluons que l'acquisition de la nationalité française
par le mariage est strictement personnelle à la femme étrangère
qui épouse un Français ; ses enfants majeurs ou mineurs sont
étrangers et ne peuvent acquérir la qualité de Français qu'au
moyen de la naturalisation ordinaire. Au surplus, cette solution concorde parfaitement avec celle que nous donnerons plus
bas relativement aux effets de la dénationalisation de la femme
française qui épouse un étranger.

On a, sous l'empire de la législation antérieure, soulevé une
autre question qui conserve son intérêt aujourd'hui ; l'article 12
§ 1 s'applique-t-il à l'ex-Française qui, ayant perdu sa qualité par
un des modes ordinaires de perte de la nationalité française,
notamment par son mariage avec un étranger, vient à épouser
dans la suite un Français ? M. Beudant a soutenu la négative, en
se basant sur ce que les articles 18 et 19 ont établi des règles
spéciales pour le recouvrement de la qualité de Français ; dans
cette opinion, l'ex-Française qui épouse un Français ne deviendrait Française qu'après avoir obtenu sa réintégration par décret (1). Mais on observe avec raison que l'article 12 se sert d'expressions absolument générales ; où le texte ne distingue point,
il paraît impossible de distinguer (2). Nous devons ajouter que
l'opinion de M. Beudant conduit en dernière analyse à porter

(1) Beudant, *De la naturalisation*, n° 72.
(2) De Folleville, *Naturalisation*, p. 177 ; Vincent, *Nationalité*, n° 123 ;
Weiss, *Dr. intern. privé*, p. 147.

atteinte aux effets du mariage, tels que la loi civile les a déterminés, et qui appartiennent à l'ordre public ; cette considération nous semble entraîner nécessairement la condamnation de ce système. Enfin, nous avons eu l'occasion d'assimiler à plusieurs reprises, notamment lorsqu'il s'est agi de l'application de l'article 8, II, 3°, l'ex-Français à l'étranger ; ici encore, nous estimons que la loi, en employant l'expression « *étrangère* » a entendu viser toute femme qui est étrangère au moment de son mariage, qu'elle ait été ou non Française dans le passé.

Notons en dernier lieu que l'acquisition de la qualité de Française résultant de la célébration du mariage survit à sa dissolution ; nulle part en effet la loi n'a attaché à ce fait la vertu d'entraîner à l'encontre de la femme la perte de la nationalité française.

Nous verrons au chapitre suivant que la perte au cours du mariage de la nationalité française par le mari ne produit pas d'effet sur la personne de la femme, à moins qu'elle ne consente elle-même à la dénationalisation.

CHAPITRE V. — De la perte de la nationalité française.

D'une manière très générale aujourd'hui, les diverses législations, nous l'avons déjà indiqué (1), considèrent la nationalité comme un rapport libre entre un individu et une société : ce rapport, qui ne peut s'établir que du consentement, au moins présumé, des deux parties, doit 'pouvoir se dénouer au gré de chacune ; l'association doit avoir la faculté de retrancher du nombre de ses membres ceux qui ont démérité, comme chacun des associés doit pouvoir se retirer librement de l'association : « La nationalité n'est pas indélébile » (2).

La législation française a toujours admis pour les Français le droit de dépouiller leur nationalité. Les rédacteurs du code civil s'étaient montrés larges à cet égard. Sans aller jusqu'à reconnaître aux Français le droit d'abdiquer purement et simplement

(1) V. *suprà*, p. 41.

(2) Bard, *Précis de Droit international,* p. 144. Comp. Cogordan, *Nationalité*, 2ᵉ édit., p. 8.

leur qualité, ils avaient consacré de nombreuses causes de perte de la nationalité, et parmi elles notamment, l'acquisition d'une nationalité étrangère par la naturalisation, naturalisation d'ailleurs qui pouvait avoir lieu sans aucune entrave. La loi de 1851 avait bien admis un cas isolé et spécial d'abdication de la nationalité française. Mais ce cas lui-même disparut avec la loi de 1874, lorsqu'elle substitua, ainsi que nous l'avons vu, à la déclaration d'extranéité pure et simple une déclaration subordonnée à la preuve que le déclarant avait conservé sa nationalité originaire ; on était désormais en présence d'un cas tout analogue aux cas de perte par la naturalisation acquise à l'étranger.

Dans un autre ordre d'idées, la perte de la qualité de Français avait été imposée, à titre de peine, par le décret du 27 avril 1848, modifié par la loi du 28 mai 1858, aux individus qui faisaient le commerce des esclaves, ou qui même en acquéraient en pays étranger, à titre onéreux.

La loi du 26 juin 1889 a apporté dans cette matière des modifications importantes.

Notons tout d'abord la disparition de quelques-unes des causes de perte de la nationalité française. La loi ancienne admettait la perte de la qualité de Français par *tout établissement fait en pays étranger, sans esprit de retour* (art. 17 § 3). Cette disposition soulevait les plus graves difficultés d'application. Quand pouvait-on considérer un établissement comme fait sans esprit de retour ? C'était là un point absolument abandonné à l'arbitraire du juge ; le code ne contenait à cet égard qu'une brève indication : « Les établissements de commerce ne pourront jamais être considérés comme ayant été faits sans esprit de retour », dont le sens même était l'objet de contestations; l'établissement de commerce impliquait-il nécessairement l'esprit de retour ? Ou bien au contraire devait-il simplement être écarté de tout débat relatif à la perte de la nationalité ? D'ailleurs, l'esprit de retour se présumait : la preuve contraire incombait par suite à celui qui prétendait le Français déchu de sa qualité ; de là encore des incertitudes, des difficultés. Enfin, cette règle avait le grand défaut de laisser des individus sans nationalité ; le Français établi hors de France, même définitivement, était loin d'acquérir toujours la nationalité du pays où il s'était fixé : on avait remarqué que telle était précisément la situation de l'étranger demeurant en France ; il ne devenait pas Français, quelque longue que fût sa résidence. Cette disposition a été purement et simplement abrogée (1).

En second lieu, la loi nouvelle a fait disparaître la disposition de l'ancien article 21 du code civil, qui attachait la perte de la qualité de Français au fait de s'être affilié à une corporation militaire étrangère ; ce texte visait, en effet, des corporations d'un caractère à la fois religieux et militaire, qui n'existent plus de nos jours, du moins dans les mêmes conditions que lors de la rédaction du code civil ; il était, partant, devenu absolument suranné.

L'abrogation des lois de 1851 et de 1874 a supprimé une troisième cause de perte de la qualité de Français ; mais les dispositions de l'article 8, II, 4° et des articles 12 et 18 lui en ont substitué une tout analogue. Enfin, une dernière modification a été apportée aux règles anciennes, en ce qui concerne la perte de la qualité de Français par l'acceptation de fonctions publiques à l'étranger ; la perte de la nationalité française résultera non plus de l'acceptation de ces fonctions, mais de leur conservation nonobstant les injonctions du gouvernement français.

Aux termes des articles 17 et 19 du Code civil qui régissent la matière, la qualité de Français se perd aujourd'hui par cinq causes : la naturalisation acquise en pays étranger, l'exercice de la faculté de répudiation dans les cas prévus à l'article 8, II, 4° et aux articles 12 et 18, le fait de n'avoir point résigné, sur l'invitation du gouvernement français, des fonctions publiques conférées par un gouvernement étranger, l'engagement dans

(1) A l'exemple de certaines législations étrangères, on aurait pu imposer au Français établi à l'étranger l'obligation de déclarer à des époques déterminées, soit à l'ambassade, soit à la légation ou au consulat de France, qu'il entend conserver sa nationalité ; à défaut de déclaration dans les délais déterminés, il aurait été considéré comme déchu de sa qualité de Français. « Cette solution, dit M. Sée dans son rapport au Conseil d'État, aurait mis un terme aux difficultés que fait naître la question de savoir si le Français a ou non perdu l'esprit de retour ; mais elle n'aurait pas déjoué les calculs égoïstes des personnes sans patrie ».

les armées étrangères, le mariage d'une Française avec un étranger. Il faut y ajouter le trafic ou l'acquisition à titre onéreux d'esclaves en pays étranger, conformément au décret du 27 avril 1848 et à la loi du 28 mai 1858, qui n'ont pas été abrogés par la loi nouvelle.

La qualité de Français se perd encore par la cession ou le démembrement d'une portion du territoire ; mais l'examen de ce cas de perte de la nationalité française ne rentre pas dans les limites de notre étude.

Quant à la perte de la qualité de Français qui, aux termes de l'article 17, 2° du code civil, résulte de l'exercice de la faculté de répudiation dans les cas prévus à l'article 8, II, 4° et aux articles 12 et 18, nous nous bornerons à renvoyer aux développements précédemment fournis (1).

SECTION I. — **Des différents cas de perte de la nationalité française.**

§ 1. — *Naturalisation acquise en pays étranger.*

Les rédacteurs du code civil avaient admis sans difficulté que la naturalisation acquise en pays étranger entraînerait la perte de la qualité de Français. « L'expatriation, disait Tronchet, est l'exercice d'une faculté naturelle que l'on ne peut contester à l'homme »; et l'on en avait conclu que le Français pourrait se faire naturaliser à l'étranger, sans qu'il eût à se pourvoir d'aucune autorisation à cet effet.

Mais, en 1811, sous l'empire de considérations pratiques impérieuses, Napoléon jugea nécessaire de mettre un obstacle à l'exercice de cette faculté ; le décret du 26 août 1811 disposa qu'aucun Français ne pourrait désormais être naturalisé à l'étranger sans une autorisation de l'Empereur. Cette règle nouvelle n'avait point pour effet de subordonner la validité de la naturalisation à la justification d'un permis préalable ; le Français perdait par l'effet seul de la naturalisation sa nationalité, qu'il eût ou non obtenu l'autorisation de se faire naturaliser. Mais le défaut d'autorisation entraînait à l'encontre du Français

(1) V. *suprà*, p. 147.

dénationalisé certaines peines et déchéances, telles que la mort civile, la confiscation, l'incapacité de succéder, la radiation des ordres français, l'interdiction du droit de porter des décorations et l'impossibilité de rentrer en France sous peine d'être reconduit à la frontière et condamné à la détention en cas de récidive. La légalité de ce décret fut contestée ; la jurisprudence en avait cependant reconnu la validité, surtout depuis un avis du Conseil d'État du 26 mai 1842, déclarant que « le décret du 25 août 1811 n'avait jamais été abrogé ». Il était donc appliqué en pratique ; toutefois, quelques-unes de ses dispositions étaient devenues lettre morte, en même temps qu'étaient disparues de nos lois les pénalités dont elles contenaient une application ; c'est, notamment, ce qui était résulté de la suppression de la mort civile et de la confiscation des biens, ainsi que de l'abolition du droit d'aubaine.

Le décret du 26 août 1811 ne figure plus aujourd'hui dans notre législation ; l'article 6 de la loi du 26 juin 1889 l'abroge expressément. Mais un emprunt important lui a été fait. L'article 17 nouveau reconnaît bien en principe, comme l'ancien texte, la faculté pour les Français de se faire naturaliser à l'étranger sans qu'ils aient à réclamer d'autorisation ; mais, par exception, cette autorisation devient nécessaire, si le Français, qui veut dépouiller sa nationalité d'origine et acquérir une nationalité nouvelle, est encore soumis aux obligations du service militaire dans l'armée active (1). La loi nouvelle va même beaucoup plus loin que le décret de 1811 : elle ne prononce aucune peine contre le Français, qui ne se pourvoit pas de l'autorisation du gouvernement dans les hypothèses où elle l'exige, mais elle tient pour non avenue la naturalisation qu'il a acquise à l'étranger ; la validité même de la naturalisation est subordonnée à l'obtention préalable de l'autorisation.

A cet égard, le législateur de 1889 s'est inspiré de diverses législations étrangères : en Allemagne notamment, la nationalité ne peut être en principe perdue sans l'agrément du gouverne-

_____

(1) Ce permis de naturalisation est accordé par un décret rendu sur la proposition du ministre de la justice ; un droit de sceau de 675 fr. 25 est dû, sur lequel peuvent être d'ailleurs accordées des remises.

ment, qui délivre à cet effet un permis d'émigration (*Entlassungs-Urkunde*). Mais, tandis que dans la loi française la nécessité de l'autorisation préalable constitue l'exception, elle forme la règle générale dans la loi allemande. D'autre part, cette dernière législation a été beaucoup plus avant que la législation française dans les mesures prises pour protéger le recrutement de l'armée : le permis d'émigration, à l'obtention duquel se trouve subordonnée la validité de toute naturalisation, est refusé, d'abord, en cas de guerre ou de guerre imminente, à tout homme valide ; puis, d'une manière normale, à tous les hommes de 17 à 25 ans (1). La loi française au contraire se borne dans le même but à exiger simplement l'obtention préalable du permis de naturalisation, exigence qui s'imposait si l'on voulait déjouer les calculs de certains Français qui n'eussent pas craint d'abandonner leur nationalité pour se dégager du service militaire. Mais le gouvernement français conserve un pouvoir d'appréciation discrétionnaire dans la délivrance des permis de naturalisation ; il n'hésitera donc pas à les accorder lorsque le postulant aura justifié de la légitimité des motifs qui le poussent à se faire naturaliser. Au surplus, la loi allemande, admettant à la règle qu'elle pose une exception basée sur des motifs analogues à ceux que nous venons d'indiquer (2), l'opposition des deux législations est moins accentuée qu'elle ne le paraît tout d'abord.

Le permis de naturalisation n'est exigé que si le Français est encore soumis aux obligations du service militaire pour l'*armée active*, c'est-à-dire s'il fait partie de l'armée active, de sa disponibilité ou de sa réserve ; il ne s'applique point aux hommes qui sont passés dans l'armée territoriale ; en d'autres termes et d'une manière générale, l'article 17, dans son deuxième alinéa, n'a en-

---

(1) A moins qu'ils ne produisent un certificat de la commission militaire du Cercle, attestant qu'ils ne requièrent pas le permis dans le but unique d'échapper à l'obligation de servir dans l'armée active. (L. du 1er juin 1870, art. 13, 15, 17.)

(2) V. la note précédente. — La différence des deux législations repose, semble-t-il, surtout sur ce que la décision du gouvernement est subordonnée en Allemagne à la délivrance d'une pièce, tandis qu'elle est absolument libre en France, théoriquement du moins ; car en pratique, il est évident que l'autorité militaire sera toujours consultée.

tendu viser que les hommes âgés de v ngt à trente ans, la durée du service dans l'armée active étant fixée à dix années (l. du 15 juillet 1889, art. 37).

Mais s'il en est ainsi, que faut-il décider relativement à la nationalité acquise à l'étranger par un Français qui, âgé de moins de vingt ans, n'est pas encore tombé sous le coup de la loi militaire ? Le silence du texte conduirait par un argument *a contrario* à ne point exiger l'obtention du permis; mais, de même que nous avons refusé au mineur étranger la faculté de se faire naturaliser Français, de même nous n'admettrons point que le mineur français puisse se faire naturaliser à l'étranger. Il n'y aura donc pas lieu en principe de délivrer de permis, et le mineur, demeurant français sera inscrit sur les listes de recrutement.

Toutefois, nous ne croyons pas que l'on puisse refuser au gou- vernement la faculté de délivrer des permis de naturalisation aux mineurs. Rien, en somme, ne vient limiter le pouvoir que la loi lui donne à cet égard, et l'on peut concevoir telles circonstan- ces où la naturalisation d'un mineur à l'étranger se justifiera plei- nement. La question de dénationalisation devra toujours être réservée ; mais l'obtention du permis aura un effet important. Si un mineur a obtenu l'autorisation du gouvernement, il semble qu'alors on ne puisse plus le porter sur les tableaux de recen- sement.... L'utilité très grande de cette solution apparaîtra bientôt.

Le mineur ne peut donc pas en principe perdre la nationalité française (1) ; c'était d'ailleurs la solution admise sous l'empire de la loi ancienne (2), et l'esprit de la loi nouvelle ne peut que venir à l'appui de cette solution.

(1) Cogordan, *Nationalité,* 2ᵉ édit., p. 179 ; Vincent, *Nationalité,* n° 160.
(2) Weiss, *Précis de Droit international,* p. 172. Lyon, 19 mars 1875, S. 76. 2. 21; Douai, 10 novembre 1887, *Gaz. Pal.,* 89. 2. 500. Un pourvoi dirigé contre cet arrêt a été rejeté par la cour de cassation (Ch. civ., 26 février 1890, *le Droit* du 1ᵉʳ mars 1890 ; *Gaz. Pal.,* 90. 1. 500). La cour de cassation recon- naît que l'individu, qui, naturalisé en minorité, a, conformément à la loi étran- gère, manifesté *en majorité* sa volonté d'acquérir une nationalité nouvelle, a perdu la qualité de Français en vertu de l'art. 17, 1°. C'est partir de l'idée que le mineur ne pouvait pas, sous l'ancienne législation, changer de nationa- lité. La solution admise par la cour se justifie d'ailleurs pleinement : on est, somme toute, en présence d'une naturalisation acquise en majorité et une pro-

Relativement aux autres incapables, l'interdit, la femme mariée, il faudra appliquer ici, comme nous l'avons fait ailleurs,
les principes généraux. Des difficultés peuvent du reste se présenter ; c'est ainsi qu'en ce qui concerne l'interdit, certains
auteurs se refusent d'une manière absolue à lui reconnaître le
droit de changer de nationalité (1), tandis que d'autres l'y autorisent pourvu que le changement se produise dans un intervalle
lucide. Quant à la femme mariée, elle doit être pourvue de l'autorisation de son mari, ou, à défaut, de justice (2) : il en serait
ainsi, même si elle était séparée de corps (3).

L'article 17 du code civil, dans sa rédaction ancienne, n'attachait la perte de la qualité de Français qu'à la naturalisation acquise en pays étranger ; il ne faisait aucune mention d'autres modes d'acquisition d'une nationalité étrangère, et la jurisprudence
avait consacré à cet égard une interprétation rigoureuse : elle
ne considérait comme naturalisation, faisant perdre la nationalité française aux termes de l'article 17, que la naturalisation
par décret, telle qu'elle existait en France depuis 1809. Cette interprétation était ainsi en contradiction absolue avec la vérité
historique, puisque la seule naturalisation que connussent les
rédacteurs du code civil était une naturalisation *de plein droit*.
Elle présentait en outre, au point de vue pratique, l'inconvénient
de faire traiter comme Français des individus qui avaient acquis
une nationalité étrangère par le moyen d'une naturalisation
non concédée par décret. C'est ainsi que cette jurisprudence attei-
gnait en particulier les individus nés en Belgique d'un Français
et qui passaient dans ce pays la déclaration de l'article 9 du
code civil belge, identique à notre ancien article 9 : d'où des
conflits incessants (4). Au surplus, la question se posait en gé-

mière naturalisation acquise en minorité ne saurait empêcher la seconde de
produire ses effets.

(1) Weiss, *Précis de Droit international*, p. 172 ; Cogordan, *Nationalité*,
2ᵉ édit., p. 179.

(2) De Folleville, *Naturalisation*, p. 315 ; Cogordan, *Nationalité*, 2ᵉ édit.,
p. 180. Comp. Paris, 3 janvier 1868, D. 68. 2. 28.

(3) C'est la question qui s'est posée à propos du procès Bauffremont : Cass.,
18 mars 1878, S. 78. 1. 193. — V. Cogordan, *Nationalité*, 2ᵉ édit., p. 179.
Féraud-Giraud, *Journal de Droit international privé*, 1885, p. 234.

(4) V. notamment : Cass., 3 août 1871 ; Cass., 19 août 1874 ; Douai, 14 dé-

néral au moment où le service militaire était réclamé en France à l'individu qui se prétendait devenu Belge ; et, à cet égard, elle se compliquait d'éléments nouveaux. Il s'agissait de savoir si la dénationalisation, en supposant qu'elle dût résulter de l'article 17 dans cette hypothèse, ne rencontrait pas un obstacle dans l'existence, à la charge du Français, d'obligations militaires dont il ne pouvait être délié, si les lois militaires ne contenaient pas une dérogation implicite aux dispositions de l'article 17. D'autre part, la naturalisation (*lato sensu*) obtenue dans ces circonstances ne constituait-elle pas une naturalisation frauduleuse ? Nous verrons plus loin que la loi nouvelle a levé ces difficultés.

Quoi qu'il en soit, le législateur a jugé nécessaire de condamner expressément cette jurisprudence, en consacrant l'interprétation large que les auteurs avaient d'ailleurs toujours proposé d'admettre. Le texte nouveau s'applique à tout mode d'acquisition volontaire d'une nationalité étrangère, qu'il s'agisse de la naturalisation *stricto sensu* ou de l'acquisition par l'effet de la loi ; il se trouve ainsi en harmonie parfaite avec le caractère que le législateur a attribué aux déclarations de nationalité (1).

Mais le texte s'applique seulement aux modes d'acquisition volontaires ; la dénationalisation ne se produit que si le Français a sollicité, par une demande formelle et expresse, la naturalisation ou l'application en sa faveur de la loi étrangère ; il demeurerait donc Français si la nationalité étrangère lui avait été imposée sans sa volonté. Il serait en effet rigoureux d'enlever la qualité de Français à celui que certaines lois étrangères naturalisent de droit après un court séjour dans le pays, sans exiger aucun fait qui manifeste l'intention de la part du rési-

---

cembre 1881 ; Renault, *Revue critique*, 1882, p. 716; Herbaux, *Revue Pratique*, 1882, p. 155.

(1) On s'explique que pour éviter toute contestation à l'avenir le législateur ait employé cette périphrase « *acquisition par l'effet de la loi* » pour désigner ce qu'il appelle ailleurs (art. 5) « *naturalisation de faveur* » (V. *suprà*, p. 109). Mais il y a bien plutôt là une approbation qu'une condamnation du sens large que nous avons cru devoir donner au terme « *naturalisation* », puisque la loi ne distingue ces deux modes d'acquisition d'une nationalité étrangère que pour leur faire produire des effets semblables.

dant de changer de nationalité ; cette naturalisation forcée ne doit pas, contre la volonté de celui qui la subit, entraîner la perte de droits que l'individu naturalisé malgré lui n'a jamais eu l'intention d'abandonner (1).

Aucun doute ne peut s'élever à cet égard relativement à l'acquisition de la nationalité étrangère par l'effet de la loi ; l'article 17,1° subordonne en effet expressément la dénationalisation à une demande formée par l'intéressé. Mais cette exigence n'est pas formelle pour la naturalisation, le texte disant simplement que perd la qualité de Français le Français « *naturalisé à l'étranger* ». Ne faudrait-il pas conclure de cette différence de rédaction que la dénationalisation pourrait résulter d'une naturalisation acquise à l'étranger, alors même que celle-ci n'aurait pas été sollicitée (2)? Cette interprétation serait absolument contraire à l'esprit général du texte ; l'article 17,1° envisage en définitive un seul mode de dénationalisation, la dénationalisation en vertu de l'acquisition d'une nationalité étrangère, que cette nationalité nouvelle résulte d'une naturalisation par décret ou de l'application de la loi étrangère ; le législateur a entendu, nous l'avons indiqué plus haut, formellement assimiler les deux causes de perte de la qualité de Français, contrairement à la jurisprudence qui s'était refusée à le faire sous l'empire de l'ancien texte. Les règles auxquelles a été subordonnée la dénationalisation sont donc nécessairement les mêmes dans les deux cas : qu'il s'agisse d'une naturalisation *stricto sensu* ou de l'acquisition de la nationalité étrangère par l'effet de la loi, il faut que cette nationalité ait été *demandée* (3). Au surplus, l'article 12 de la proposition Batbie le disait expressément : « La naturalisation prononcée de plein droit par la loi étrangère ne fait pas perdre la qualité de Français ». Et répondant à M. Clément au Sénat, M. Batbie a précisé de la manière la plus nette le sens de la disposition de l'article 17,1° en expliquant que la commission entendait bien que « l'acquisition de la nationalité étrangère ne ferait perdre la qualité de Français que s'il y avait naturalisation ou acquisition par la loi, mais en vertu

(1) Rapport Batbie, *Sénat*, Session 1884, n° 65.
(2) V. dans ce sens, Weiss, *La proposition de loi sur la nationalité*, p. 55.
(3) *Sic* : Vincent, *Nationalité*, n° 164.

d'une demande » (1). Il suit de là que les Français ne perdent point leur qualité lorsqu'une nationalité étrangère leur est imposée, soit à raison du seul fait de leur naissance sur le territoire, soit à raison du seul fait de leur résidence dans le pays.

Il en est ainsi incontestablement lorsque cette nationalité leur est attribuée d'une manière irrévocable ; mais faut-il décider de même quand la loi étrangère, tout en leur imposant en principe la nationalité indigène, leur a néanmoins laissé la faculté de la répudier ? La question s'est posée récemment : un décret du gouvernement provisoire brésilien a décidé en effet que tout étranger qui, résidant au Brésil le 15 novembre 1889, n'aurait pas déclaré avant six mois qu'il veut conserver sa nationalité et tout étranger qui, après deux ans de résidence dans le pays, n'aurait pas fait la même déclaration, seraient considérés comme Brésiliens.

Il semble bien que les individus qui n'auront pas usé de cette faculté de répudiation conserveront néanmoins, au regard de notre loi, la nationalité française. Il faut en effet, pour que la dénationalisation se produise, que le Français ait acquis, *sur sa demande*, la nationalité étrangère par l'effet de la loi (art. 17, 1º). Or, une demande est nécessairement formelle et ne peut point se confondre avec une adhésion purement tacite ; considérer dans l'espèce le Français comme dénationalisé, ce serait admettre, en dernière analyse, que ne point manifester l'intention de conserver sa nationalité d'origine équivaut à manifester l'intention d'acquérir une nationalité étrangère. Telle n'a pu être la pensée d'un législateur qui, parmi les causes de perte de la qualité de Français, a précisément abrogé celle qui résultait, sous la législation antérieure, de l'établissement en pays étranger sans esprit de retour. Ajoutons que l'article 17, 1º visait tout d'abord les Français qui ont acquis la nationalité étrangère par l'effet de la loi « en vertu d'un acte volontaire » et que la commission du Sénat a, entre les deux délibérations, substitué à ces derniers mots les mots « sur sa demande », pour mieux marquer ainsi la nécessité d'une demande expresse et l'inefficacité de l'acquisition d'une nationalité étrangère provenant d'une simple omission (2).

(1) Séance du 15 novembre 1886.
(2) Conf. Cogordan, *Nationalité*, p. 176 ; Vincent, *Nationalité*, nº 169.

Nous entendons bien que cette interprétation de l'article 17
conduirait à ne point reconnaître comme applicables à nos nationaux les législations étrangères qui contiendraient une disposition identique à notre article 8, II, 4°. Mais ce n'est point
dans ce seul cas que le législateur de 1889 a posé des règles
excluant la réciprocité ; ces règles ont été jugées utiles au point
de vue national français, mais elles auraient précisément manqué
leur but, s'il avait été permis aux nations étrangères de les re-
tourner contre nous (1).

Il ne nous paraît pas douteux que la nécessité du permis de
naturalisation s'impose à l'individu qui, encore soumis aux obligations du service militaire dans l'armée active, acquiert sur sa
demande, pour prendre la périphrase de l'article 17, 1°, une
nationalité étrangère par l'effet de la loi. Il est vrai que le second
paragraphe de l'article 17, 1°, emploie uniquement le mot « naturalisation », quand le premier paragraphe y adjoint la périphrase
que nous venons de rappeler. Mais d'abord, les deux paragraphes se relient : « s'il est encore soumis... » dit le second alinéa,
ce qui a rapport à l'individu dont parle le premier, c'est-à-dire
aussi bien au Français *naturalisé* qu'à celui *qui acquiert sur
sa demande, etc.* Peu importe ensuite l'emploi unique du mot
« *naturalisation* »; il n'a plus pour but que de rappeler, sans
aucun souci de précision, le fait en vertu duquel le Français
acquiert une nationalité étrangère. En second lieu, et c'est la
considération importante, le terme de « *naturalisation* » comprend toute acquisition de nationalité étrangère, et notamment
l'acquisition volontaire par l'effet de la loi ; c'est même l'appel-
lation que lui donne le législateur (2). Que si les rédacteurs de
l'article 17 (nouveau) ont jugé nécessaire de développer dans le
premier alinéa et de dire expressément que l'acquisition par
l'effet de la loi d'une nationalité étrangère entraînerait la perte
de la nationalité française, c'est à raison de l'interprétation adoptée par la jurisprudence et qu'il fallait bien condamner d'une
manière précise ; il n'y a rien là qui implique une limitation de

(1) V. *infrà*, les effets de la naturalisation quant à la famille du Français
naturalisé à l'étranger.

(2) V. *suprà*, p. 109.

l'expression « *naturalisation* » (1). Cette périphrase a permis d'ailleurs d'exclure les naturalisations imposées par la loi, au moyen de l'insertion des mots « *sur sa demande* ».

A ce point de vue encore, les difficultés anciennes relatives à la dénationalisation des jeunes Français, qui souscrivaient à l'étranger une déclaration en vue d'acquérir une nouvelle nationalité, ne se produiront plus ; l'administration, notamment quant au service militaire, n'aura plus à examiner qu'une seule chose : un permis d'émigration a-t-il été obtenu ? Dans le cas de l'affirmative, elle ne pourra évidemment pas rechercher les jeunes gens qui auront par la suite acquis une nationalité étrangère ; et, dans le cas de la négative, ces jeunes gens ne pourront même plus se prétendre, comme par le passé, devenus étrangers.

Des applications possibles du permis de naturalisation. — Peut-être l'institution du permis de naturalisation pourrait-elle être appelée à recevoir de plus nombreuses applications pratiques.

Le permis n'est évidemment nécessaire pour la dénationalisation des Français que dans les hypothèses où il y aura acquisition volontaire de la nationalité étrangère ; mais on conçoit qu'il puisse être accordé dans des cas beaucoup plus nombreux, par exemple, à l'individu qu'un État étranger regarderait d'ores et déjà comme un de ses nationaux. N'entraînerait-il pas alors, au regard même de la loi française, la perte, pour celui qui l'a demandé, de la qualité de Français ? On trouverait là un moyen efficace de remédier aux conflits de lois que le législateur de 1889 n'a pas cherché à éviter, parce qu'il se rendait compte de son impuissance, mais qu'il n'a nullement voulu provoquer. Toutes les fois qu'une nationalité étrangère se trouverait acquise à un Français, le gouvernement pourrait accorder à celui-ci un permis de naturalisation, au moyen duquel sa dénationalisation serait effectuée, et le conflit de lois résolu. C'est notamment ce qui pourrait se produire pour les Français qui deviennent citoyens des pays de l'Amérique du Sud, par l'effet de la loi, sans qu'ils y aient expressément consenti : tant que leur volonté ne s'est pas mani-

(1) V. *supra*, p. 108, note 2.

festée, la loi française peut et même doit continuer à les considérer comme Français ; mais on comprendrait moins que, du jour où ils demandent à cesser d'être Français, on persiste à les traiter comme tels : s'ils sollicitent et obtiennent un permis de naturalisation, ils deviendront étrangers. De même, nous avons déjà signalé que les individus, Français par application de l'article 8, II, 3°, devraient pouvoir, en obtenant un permis de naturalisation, cesser d'être traités comme des Français ; on éviterait ainsi de se saisir des individus nés tout accidentellement en France, et l'on résoudrait d'une manière satisfaisante les inconvénients que présenterait la règle, quand il s'agirait de l'appliquer aux enfants des agents diplomatiques. C'est surtout alors, remarquons-le, qu'il sera utile de reconnaître au gouvernement la faculté d'accorder le permis de naturalisation pendant la minorité.

Dans cette fonction d'*acte de dénationalisation*, le permis de naturalisation changera bien un peu de caractère. Mais, d'une part, il y a une très grande utilité à lui reconnaître cette fonction, sans qu'il en résulte aucun inconvénient ; d'autre part, le texte se borne à prévoir un cas d'application des permis de naturalisation, consacrant ainsi l'institution qu'il ne limite ni ne définit. Dans ces conditions, il semble que le gouvernement pourrait accorder à des individus devenus déjà étrangers, tout en étant demeurés Français, une autorisation qui aurait pour effet de les délier de toute sujétion envers la France ; effet absolument identique à celui que produit le permis de naturalisation dans le cas spécial prévu par la loi (1).

Enfin, la qualité de Français n'est perdue qu'autant que le Français a réellement acquis une nationalité nouvelle. Une naturalisation imparfaite telle que la *denization* en Angleterre (2), l'admission à domicile en Belgique, ne suffirait pas pour entraîner la perte de la nationalité française. Mais à quel critérium conviendra-t-il de s'attacher en pratique ? La proposition de

(1) Comp. Cogordan, *Nationalité*, 2° édit., p. 111.

(2) « Le *denizen* peut acquérir de la terre par achat ou par donation, mais non par succession. Les enfants nés avant la *denization* n'héritent pas non plus de ses biens immobiliers. Le *denizen* ne peut enfin ni siéger dans le Parlement ou le Conseil privé, ni remplir aucun office civil ou militaire. » (*La Constitution de l'Angleterre*, par Fischel, trad. par Vogel, t. I, p. 63.)

M. Batbie contenait à cet égard une règle, qui, si elle n'a pas été reproduite dans le texte définitif, nous paraît néanmoins devoir être observée : la naturalisation ou l'acquisition de la qualité d'étranger par l'effet de la loi, ne doit entraîner la perte de la nationalité française que si elle confère au Français la plénitude des droits civils dans sa nouvelle patrie (1). Il en résulte également, que dans les pays où existent une petite et une grande naturalisation, l'acquisition de la première serait suffisante pour enlever au naturalisé la qualité de Français. Mais la naturalisation qui n'assimilerait le Français aux autres nationaux que dans l'intérieur du pays où elle aurait été conférée n'entraînerait pas perte de la qualité de Français (2).

Il va de soi qu'il est également indispensable que la naturalisation à l'étranger ait été obtenue pour que la qualité de Français soit perdue : la simple demande, fût-elle accompagnée d'une abdication, ne peut produire cet effet. Cette solution était admise sans conteste sous l'empire du Code de 1804 et a été confirmée dans les travaux préparatoires de la loi nouvelle (3).

Le Français qui se fait naturaliser à l'étranger use, ainsi que nous l'avons dit plus haut, d'un droit légitime ; il perd donc incontestablement sa qualité de Français, pourvu qu'il se soit d'ailleurs conformé aux prescriptions de l'article 17. Mais il peut arriver qu'en fait la naturalisation, régulière en apparence, ait été poursuivie en vue de faire fraude à la loi française et d'en éluder certaines dispositions. Il en était souvent ainsi avant le rétablissement du divorce en France ; on conçoit encore aujourd'hui qu'un Français cherche à se faire naturaliser à l'étranger dans le but de contracter mariage au mépris d'une prohibition de notre loi. La jurisprudence n'avait point admis la validité de ces naturalisations dites « frauduleuses » ou du moins, si elle n'en prononçait pas la nullité absolue, n'avait-elle point toléré

---

(1) Propos. Batbie, art. 10. — Rapport Batbie, *Sénat*, Session 1884, n° 65, p. 10 et 17.

(2) Cass., 14 février 1890, *Gaz. Pal.*, 90. 1. 500.— C'est là une question très important pour les Français qui s'établissent dans les colonies Anglaises notamment dans l'île Maurice.

(3) Proposition de M. Sée au Conseil d'État, *Sénat*, Session 1884, Annexe, n° 65, p. 177.

qu'elles fussent invoquées en France « à l'encontre des intérêts d'ordre public ou d'ordre privé, que la loi française a pour but de protéger » (1). Telle n'était point cependant la doctrine ; elle considérait que le Français n'avait fait en somme qu'user d'un droit que lui reconnaît la loi ; qu'il n'appartenait à personne de rechercher les mobiles qui avaient pu le pousser, et que si la naturalisation avait été acquise régulièrement, il était impossible de la priver des effets que la loi lui attribue sans aucune restriction (2).

Sous l'empire de la loi de 1889, cette jurisprudence paraît devoir se maintenir sans difficulté dans les cas où la naturalisation n'est point soumise à l'obtention préalable d'un permis du gouvernement. Nous croyons qu'elle sera même admise dans ces dernières hypothèses ; l'autorisation du gouvernement ne constitue en effet qu'une simple condition de validité de la naturalisation ; cette condition est jointe à d'autres que nous avons énumérées, elle n'a pas plus d'importance que celles-ci et ne peut avoir pour effet nécessaire, quand elle intervient, de décerner à la naturalisation un brevet de sincérité. Le gouvernement peut avoir été insuffisamment éclairé sur le but poursuivi par le postulant ; en accordant le permis, il n'a d'ailleurs donné qu'un simple avis et cet avis ne peut être nullement de nature à lier les tribunaux qui, mieux renseignés, prétendraient découvrir dans la naturalisation un mobile frauduleux.

Il semble que ce raisonnement puisse même être étendu sans plus grandes difficultés, au cas où la nationalité étrangère aurait été acquise au Français sur sa demande par l'effet de la loi : le droit de solliciter la naturalisation existe aussi pleinement que celui de réclamer une nationalité étrangère par l'effet d'une option et si la jurisprudence se reconnaît la faculté de pénétrer les intentions, elle peut, dans l'une et l'autre hypothèse, l'étayer sur les mêmes raisons, sans que d'ailleurs celles-ci soient pour nous convaincre ou pour nous satisfaire absolument (3).

---

(1) Paris, 30 juin 1877 ; Cass., 19 juillet 1875 ; Rouen, 6 avril 1887.
(2) De Folleville, *Naturalisation*, p. 299 et suiv. ; Weiss, *Droit intern. privé*, p. 186 ; Cogordan, *Nationalité*, 2ᵉ édit., p. 183.
(3) Cogordan, *Nationalité*, p. 184 ; Vincent, *Nationalité*, nᵒ 167.

§ 2. — *Des fonctions publiques et du service militaire*
à l'étranger.

I. — Poursuivant son énumération, l'article 17, 3° décide que
le Français perdra sa nationalité, si « ayant accepté des fonctions publiques conférées par un gouvernement étranger, il les
conserve nonobstant l'injonction du gouvernement français de les
résigner dans un délai déterminé». Cette disposition est l'œuvre
du Conseil d'État ; elle est moins rigoureuse que la disposition
ancienne, aux termes de laquelle le seul fait d'avoir accepté,
sans autorisation du gouvernement, des fonctions publiques
conférées par un gouvernement étranger, entraînait la perte
de la qualité de Français. On a observé qu'en pareille matière
« l'essentiel était d'armer le gouvernement et de lui donner le
moyen de frapper l'individu qui, en acceptant de telles fonctions,
nuirait au pays, porterait atteinte aux intérêts français » (1); qu'il
suffisait donc de prononcer la déchéance de la qualité de
Français, lorsque, nonobstant l'injonction de son gouvernement,
le Français persistait à conserver les fonctions publiques à lui
conférées. D'ailleurs, la disposition qui édictait la déchéance
absolue était de nature à augmenter le nombre des individus
sans patrie (*Heimathlosen*); dans bien des législations, en effet,
l'exercice des fonctions publiques conférées par le gouvernement étranger ne suffit point à lui seul pour donner au fonctionnaire droit de cité dans le pays auquel il a consacré ses services.

De cette disposition nouvelle il résulte que l'acceptation de fonctions publiques conférées par un gouvernement étranger est libre
en principe ; le Français n'est tenu de se munir d'aucune autorisation préalable et la déchéance ne peut résulter contre lui que
du fait de n'avoir point obéi à l'injonction de les résigner.

Sous l'empire du texte ancien, on s'était demandé quel sens
exact il fallait attribuer aux mots *fonctions publiques;* les décrets
du 6 avril 1809 et du 26 août 1811 avaient, il est vrai, précisé la
signification de ces termes : et on les restreignait d'ordinaire à

(1) Rapport de M. Dubost, *Chambre des députés,* Session 1887, n° 2083,
p. 44.

toute fonction politique, judiciaire ou administrative, impliquant une participation à l'exercice de la puissance publique(1). Mais bien des doutes subsistaient encore, en ce qui concernait notamment une distinction que les commentateurs prétendaient établir entre l'exercice d'une profession libérale et l'exercice d'une fonction publique. Quoique la disposition nouvelle de l'article 17 continue à se servir de ces mêmes expressions, ces difficultés, qui sont encore les mêmes en principe, se représenteront rarement en fait. Il faudra en effet supposer, d'abord une injonction adressée à un Français d'abandonner l'exercice d'une profession libérale à l'étranger, et ensuite la question se posant en justice de savoir si le mépris de cette injonction a entraîné la perte de la nationalité française. On ne pourrait, croyons-nous, écarter tout débat, et déclarer la dénationalisation survenue par le seul fait que le gouvernement a invité le Français à abandonner l'exercice de cette profession libérale, sous peine de déchéance. Le pouvoir de haute police que notre article reconnaît au gouvernement ne va pas jusqu'à lui permettre de faire perdre la qualité de Français dans des hypothèses autres que celles prévues par la loi. Les tribunaux auront donc à examiner si les deux conditions requises pour la perte de la nationalité française — exercice d'une fonction publique, injonction de la résigner — se trouvent réunies, et c'est seulement au cas de l'affirmative qu'ils déclareront la déchéance encourue.

Il n'y a d'ailleurs là aucun empiètement du pouvoir judiciaire sur le pouvoir exécutif. Le gouvernement, en enjoignant à un Français d'avoir à résigner la fonction qu'il exerce à l'étranger, n'a pas à prononcer la déchéance : il se borne à donner un simple avertissement ; la déchéance résulte de la loi, à l'expiration du délai fixé. Les tribunaux, en déclarant que le Français a perdu ou conservé sa nationalité, n'apprécient pas l'acte du gouvernement. Ils en déduisent la conséquence que la loi a voulu lui faire produire, dans l'hypothèse seulement où elle a jugé la déchéance nécessaire. Dans toute autre circonstance, l'injonction du gouvernement est parfaitement légale, et les tribunaux ne le contesteront

(1) Cogordan, *Nationalité*, 2ᵉ édition, p. 292 ; Weiss. *Précis de Droit international*, p. 191.

pas : mais, et c'est là ce qu'il faut retenir de ces développements, elle n'a pas pour sanction la perte de la nationalité française. Ce n'est pas à dire d'ailleurs qu'elle soit dépourvue de tout effet : l'État français pourra cesser de protéger ceux de ses nationaux qui, nonobstant l'injonction à eux faite de résigner leurs fonctions, continueront à les exercer.

Terminons sur ce point en rappelant que, par l'effet tant du nouveau principe de l'article 17, 3°, que de l'abrogation expresse des décrets des 6 avril 1809 et 26 août 1811, les dispositions exceptionnelles, qui régissaient les Français exerçant des fonctions conférées par un gouvernement étranger, sont abolies, encore qu'ils n'aient point obéi à l'injonction de les résigner ; il en est ainsi, notamment, de la défense qui leur était faite autrefois de se laisser accréditer comme ambassadeurs, ministres ou envoyés en France, et de servir comme ministres plénipotentiaires dans les traités où nos intérêts pourraient être débattus.

II. — L'autorisation préalable du gouvernement demeure au contraire nécessaire, sous peine de déchéance, au Français qui prend du service militaire à l'étranger (1). Telle est la disposition de l'article 17, 4°, qui est la reproduction de l'ancien article 21 § 1 du Code civil, sauf la partie du texte relative à l'affiliation à une corporation militaire étrangère. Cet article ajoutait que cet ex-Français ne pourrait rentrer en France qu'avec la permission du gouvernement, et recouvrer la qualité de Français qu'en remplissant les conditions imposées à l'étranger pour devenir citoyen ; l'article 21 de la loi nouvelle consacre, en en précisant les termes, cette sanction déjà posée par le Code civil. L'article 21 ancien terminait par ces mots : « le tout, sans préjudice des peines prononcées par la loi criminelle contre les Français qui ont porté ou porteront les armes contre leur patrie ». L'article 17, 4°, dans sa rédaction nouvelle n'a point reproduit cette disposition qui était devenue inutile, l'article 75 du code pénal réprimant le fait de porter les armes contre la France.

---

(1) L'autorisation est donnée par un décret rendu sur la proposition du ministre de la justice et inséré au *Bulletin des Lois*. Un droit de sceau de 675 fr. 25 peut, en principe, être réclamé de ce chef, sauf remises possibles.

Mais il a en revanche ajouté que la perte de la nationalité française était encourue « sans préjudice des lois pénales contre celui qui se soustrait aux obligations de la loi militaire ». Par suite, le Français, qui, étant encore soumis à la loi militaire, a pris du service à l'étranger, est d'abord déchu de sa qualité de Français; de plus, s'il rentre en France, il s'expose, quoique ayant perdu la nationalité française, à des poursuites comme réfractaire (art. 73, 1. 15 juillet 1889). Ajoutons que, malgré sa qualité nouvelle d'étranger, il nous semble qu'il devra accomplir, une fois sa peine finie, les années de service réglementaire ; on ne comprendrait point en effet qu'un Français réfractaire pût échapper aux obligations militaires qui pèsent sur tous les nationaux, par cette raison qu'il aurait aggravé son infraction en prenant du service à l'étranger (1).

L'autorisation obtenue mettra le Français à l'abri de la déchéance dont le frappe l'article 17, 4°? le mettra-t-elle également à l'abri des pénalités de l'article 73 de la loi du 15 juillet 1889, s'il ne remplit pas ses obligations militaires en France ? Nous ne le croyons pas ; l'autorisation de prendre du service à l'étranger n'équivaut pas à une dispense de service en France, que d'ailleurs le gouvernement ne saurait accorder en dehors des hypothèses prévues par la loi (2).

Le permis de naturalisation produirait, il faut le remarquer, des effets beaucoup plus complets ; l'individu qui l'aurait obtenu, régulièrement dénationalisé au regard même de l'État français, échapperait aux obligations militaires que la loi ne fait peser en principe que sur les Français ; il a le droit absolu de prendre du service militaire, sans avoir à réclamer aucune autorisation. La seule obligation, que continue à lui imposer la loi française, est une obligation négative : c'est la défense de porter les armes contre la France (art. 75, C. pén.). Il en serait

(1) Ayant cessé d'être Français, il ne pourra d'ailleurs pas être incorporé dans l'armée française continentale, mais seulement dans les corps spéciaux d'étrangers que possèdent les colonies.

(2) Par suite, si le Français a pris du service dans un pays d'Europe, il devra, malgré l'autorisation obtenue, répondre à tout appel de sa classe, fût-ce à un appel de l'armée territoriale ; s'il sert hors d'Europe, il devra fournir les justifications exigées par l'art. 50 de la loi du 15 juillet 1889.

de même, croyons-nous, du Français qui, ne faisant plus partie de l'armée active, mais seulement de l'armée territoriale, se serait fait naturaliser à l'étranger, sans même se munir d'un permis de naturalisation. Le permis n'est en effet nécessaire, aux termes de l'article 17, qu'au Français encore astreint au service dans l'armée active et, aussi bien que l'individu dont nous parlions tout à l'heure, se trouve régulièrement dénationalisé, celui qui, passé dans l'armée territoriale, s'est fait naturaliser sans permis ; il ne peut donc être poursuivi pour infraction à la loi militaire française. Il faut toujours réserver l'application de l'article 75 du Code pénal.

Cette déchéance s'appliquera-t-elle si le Français qui a pris du service militaire à l'étranger était encore mineur ? Le doute provient de ce que la dénationalisation ne peut atteindre, d'après les principes, que les individus majeurs et capables de leurs droits (1). Mais il nous semble qu'il s'agit ici d'une disposition pénale qui comme telle peut frapper les mineurs, pourvu qu'ils aient agi avec discernement. Nous ajouterons avec le tribunal de Blidah (2) que « si l'acceptation d'un tel service devait être considérée comme une abdication implicite de nationalité, cette abdication n'en devrait pas moins être retenue, car l'engagement volontaire est l'un de ces actes pour lesquels le mineur a été, par dérogation au droit commun, habilité par le législateur». D'ailleurs les auteurs mêmes, qui admettent que les mineurs échappent à cette déchéance, la leur étendent, lorsqu'ils n'ont point cessé le service à l'époque de leur majorité (3).

De ce que la loi exige que le Français ait pris du service militaire à l'étranger, il résulte que la dénationalisation ne se produira que lorsqu'il aura servi sur sa demande en s'engageant ou en acceptant d'être incorporé ; le service militaire imposé et subi ne peut entraîner la déchéance (4). Enfin la jurisprudence

---

(1) Weiss, *Dr. intern. pr.*, p. 201 ; Cogordan, *Nationalité*, p. 301 ; Vincent, *Nationalité*, n° 181.

(2) 7 avril 1887 (*Revue algérienne*, 88. 2. 469) ; De Folleville, *Naturalisation*, p. 390.

(3) Circul. minist., 1er mai 1862 ; *Contrà* : Cogordan, *Nationalité*, p. 301.

(4) Vincent, *Nationalité*, n° 183 ; Cogordan, *Nationalité*, p. 304 ; Trib. Orléansville, 29 mars 1887 (*Gaz. Pal.* 87.278) ; Paris, 21 février 1889.

et la doctrine décident généralement qu'il est indispensable que
l'incorporation ait eu lieu dans une armée régulière d'un État
étranger et non point à la solde d'un prétendant ou d'un gouvernement non reconnu (1).

§ 3. — *De la perte de la nationalité française par le mariage.*

« La femme française qui épouse un étranger suit la condition
de son mari, dit l'article 19, à moins que son mariage ne lui
confère pas la nationalité de son mari, auquel cas elle reste
Française ». Ce texte est la contre-partie de l'article 12, aux
termes duquel l'étrangère qui aura épousé un Français suivra
la condition de son mari. Ils s'expliquent l'un et l'autre par les
mêmes considérations tirées de la nature et des effets du mariage.
Mais tandis que l'article 12 dispose d'une manière absolue que
le mariage d'une étrangère avec un Français entraîne pour la
femme acquisition de la qualité de Française, la perte de la
nationalité française ne se produit dans l'hypothèse inverse
qu'autant que le mariage confère la nationalité étrangère à la
femme française qui épouse un étranger. Et en effet si le législateur français peut déclarer que dans tous les cas la femme qui
épouse un Français devient Française, il ne lui appartient pas
de disposer d'une manière aussi absolue, en ce qui concerne
l'acquisition de la nationalité de son mari par la femme française qui épouse un étranger ; cet effet du mariage ne peut se
produire qu'autant que la loi étrangère contient une règle analogue à celle de notre droit. La loi française peut bien, il est
vrai, imposer à la Française qui épouse un étranger la perte
de la nationalité française, et tel était le sens qu'il convenait de
donner à l'ancien article 19, conçu en termes d'ailleurs trop
absolus. Mais la divergence des législations étrangères avec
la nôtre entraînait souvent ce résultat fâcheux que la femme
française qui épousait un étranger cessait d'être Française sans
devenir étrangère ; il en était ainsi, du moins jusqu'en 1844 (2),

(1) Cass. 20 février 1877 ; Bordeaux, 14 mars 1850 ; Trib. Draguignan,
31 janvier 1888 ; Cogordan, p. 298 ; Vincent, n° 184 ; Weiss, *Dr. int. pr.*, p. 204
et suiv.; Clunet, *Journ. de Dr. intern. pr.* 1889, p. 74.
(2) Bill de 1844, confirmé et complété par le bill du 12 mai 1870.

de la femme française qui se mariait avec un Anglais. La rédaction nouvelle de l'article 19 a supprimé cette anomalie : la femme
Française qui épouse un étranger demeurera Française quand
son mariage n'aura point pour effet de lui attribuer la nationalité
de son mari.

Ajoutons que, contrairement au principe d'après lequel le
mineur ne peut se faire naturaliser à l'étranger, le mariage
d'une Française même mineure entraîne sa dénationalisation, si
d'ailleurs elle acquiert la nationalité de son mari ; cette conséquence résulte de l'application de l'adage *Habilis ad nuptias,
habilis ad pacta nuptialia.*

Au surplus ces effets du mariage ne peuvent se produire que si
le mariage est valable (1); nous avons indiqué plus haut en com-
mentant l'article 12 § 1, les solutions qu'il convient de donner au
cas où le mariage serait nul, simplement annulable ou putatif.

§ 4. — *Commerce et possession d'esclaves.*

Enfin, aux termes du décret du 27 avril 1848, modifié par une
loi du 28 mai 1858, l'individu qui possède, achète ou vend des
esclaves perd sa qualité de Français ; il en est de même de celui
qui participe soit directement, soit indirectement, à tout trafic ou
exploitation de ce genre ; par exception, cette déchéance ne
frappe point les propriétaires d'esclaves dont la possession est
antérieure au 27 avril 1848, ou résulterait soit de succession,
soit de donations entre-vifs ou testamentaires, soit de conventions matrimoniales. Le projet élaboré par le Conseil d'État com-
prenait les dispositions relatives au trafic des esclaves dans le
nouvel article 17 ; le Sénat avait au contraire voté l'abrogation
pure et simple du décret de 1848 et de la loi de 1858. La Chambre
des députés fut d'avis que dans l'état de nos mœurs cette cause
de perte de la qualité de Français devenant de plus en plus rare,
on pouvait sans inconvénient aucun, non pas la faire disparaître
absolument, ce qui eût pu sembler une approbation des pratiques esclavagistes, mais laisser subsister la loi spéciale qui la
prévoit. Ce fut cette solution qui l'emporta en définitive ; les

(1) Vincent, *Nationalité*, n° 176.

textes précités ne figurent point en effet parmi ceux que l'article 6 de la loi du 26 juin 1889 déclare expressément abrogés (1).

Section II. — Des effets de la perte de la nationalité française quant à la famille de l'ex-Français.

La perte de la qualité de Français est-elle personnelle ou collective? En d'autres termes atteint-elle la personne de la femme et des enfants du Français? Aucun doute ne peut s'élever relativement à la femme et aux enfants majeurs : le changement de nationalité, dans le système consacré par la législation de 1889, ne s'étend jamais de plein droit à la femme et aux enfants majeurs, même dans l'hypothèse éminemment favorable où il entraîne acquisition de la nationalité française. La question n'est donc intéressante qu'en ce qui concerne la personne des enfants mineurs de celui qui cesse d'être Français. Or, il n'est point douteux que lorsque la perte de la qualité de Français est encourue à titre de déchéance, ses effets sont strictement personnels ; elle revêt le caractère d'une peine prononcée par la loi et les peines ne peuvent être étendues ; il en est ainsi dans les hypothèses des numéros 3 et 4 de l'article 17, ainsi que dans celles visées par le décret du 27 avril 1848 et la loi du 28 mai 1858.

Aucune difficulté non plus dans les cas prévus par l'article 17,2°; ainsi que nous l'avons vu, la rétroactivité attachée à cette cause de perte de la qualité de Français entraine d'une manière également rétroactive la perte de la nationalité française pour les enfants et la femme du déclarant (2).

Que faut-il décider maintenant dans l'hypothèse où un Français, père d'enfants mineurs, se fait naturaliser étranger

---

(1) Le Conseil d'État proposait d'ajouter aux causes de perte de la qualité de Français la condamnation en vertu des art. 75 à 85 du Code pénal qui punissent les crimes ou délits contre la sûreté extérieure de l'État ; cette adjonction fut repoussée par la Commission du Sénat, qui fit observer que les condamnés pouvaient ne point acquérir une autre nationalité, et qu'il ne fallait pas, dans l'intérêt des tiers appelés à traiter avec eux, multiplier le nombre des hommes sans patrie.

(2) V. plus haut au chapitre des déclarations de nationalité, p. 153.

ou acquiert sur sa demande la nationalité étrangère par l'effet de la loi ? Faut-il, *mutatis mutandis*, étendre l'article 12 par voie de réciprocité et admettre que les enfants mineurs du Français qui a perdu sa qualité sont devenus étrangers ? Il n'est pas inutile d'observer au début de cette discussion qu'aucun texte semblable à l'article 12 n'a prévu l'hypothèse qui nous occupe ; or, le changement de nationalité collectif est en définitive un principe nouveau, qui déroge au système qu'avaient universellement consacré la jurisprudence et la doctrine sous l'empire de l'ancienne législation ; l'interprétation restrictive paraît donc devoir *a priori* s'imposer d'une manière irrécusable. La lecture attentive des travaux préparatoires conduit d'autre part à constater que l'intention des rédacteurs de la loi a été de maintenir le caractère strictement personnel de la naturalisation acquise à l'étranger ; ils n'ont pas voulu tenir compte des conflits dont ce caractère pouvait devenir la source en pratique.

Est-il nécessaire tout d'abord de rappeler l'esprit général de la loi nouvelle, dont le but évident a été de rattacher à la nationalité française le plus grand nombre d'étrangers possible ? Ce serait manifestement aller contre le vœu du législateur que d'étendre les cas de perte de la qualité de Français. D'autre part, nous avons déjà suffisamment insisté sur cette idée que le législateur, en édictant les dispositions de la loi nouvelle, ne s'est point préoccupé de l'éventualité des conflits de loi, pour qu'il soit inutile de réfuter à fond l'argument tiré d'une opposition sur ce point avec les législations étrangères. Mais il y a plus ; le Conseil d'État avait admis, de la manière la plus large, le principe aux termes duquel l'acquisition, la perte et le recouvrement de la qualité de Français s'étendent à la femme et aux enfants mineurs ; l'article 13 de son projet disposait notamment que « la perte de la qualité de Français en cas de naturalisation acquise à l'étranger s'étend à la femme et aux enfants mineurs, à la double condition qu'ils ne résident pas en France et que la nationalité nouvelle leur soit acquise par le fait de la naturalisation à l'étranger du mari ou du père ». Lorsque ce projet fut soumis à la Commission du Sénat, en 1884, l'article 12 du projet de la Commission reproduisit cette disposition. « Dans la même pensée d'assurer l'unité de la famille, dit M. Batbie dans son rapport, le Conseil d'État a proposé de disposer que si un Français se faisait naturaliser à l'étranger, sa femme et ses enfants mineurs cesseraient comme le père d'être Français, à deux conditions : 1° qu'ils ne résident plus en France ; 2° que la loi étrangère leur fasse acquérir la nationalité nouvelle du père naturalisé à l'étranger. Nous vous proposons d'adopter cette extension, sous les conditions exigées par le projet du Conseil d'État » (1).

Plus tard encore, en 1886, lorsque la commission du Sénat crut devoir incorporer au Code civil la proposition de loi sur la nationalité, l'article 17 contenait *in fine* un paragraphe reproduisant textuellement la disposition que nous venons de rappeler. Mais lors de la discussion publique devant le Sénat, dans l'intervalle qui s'écoula entre la première et la deuxième délibération, cette disposition additionnelle fut supprimée et la Chambre des députés, qui avait poussé si loin dans sa rigueur l'extension de la naturalisation aux enfants mineurs des étrangers, ne crut pas devoir rétablir un texte qui, consacrant la réciproque pour la naturalisation des Français à l'étranger, eût été préférable au point de vue doctrinal, mais eût diminué dans des proportions sensibles le nombre de nos nationaux, contrairement au but que la loi nouvelle cherchait à atteindre. Cette dernière idée a exercé, au cours de l'élaboration de notre loi, une influence prépondérante sur l'esprit du législateur. Au Sénat notamment, M. Clément avait été frappé de l'incorrection théorique d'une disposition qui étendait la naturalisation aux enfants de l'étranger naturalisé Français, sans l'étendre aux enfants du Français naturalisé étranger. « Il ne faut poser dans la loi, disait l'honorable sénateur, que des principes absolument justes, absolument conformes aux traditions de la famille, aux idées acceptées de tout temps. Du moment que vous établissez des principes nouveaux, vous serez bien obligés, en face des nations voisines qui auront intérêt à côté de nous à invoquer des principes analogues, de les appliquer aussi bien contre nous que

(1) *Sénat*, session 1884, n° 65, p. 9.

pour nous. Il faut n'admettre que des règles fondées sur la justice et le droit naturel, parce que la réciprocité s'impose » (1).
M. Clément envisageait dans cette discussion, tout en la géné-
ralisant, l'hypothèse spéciale d'une femme étrangère, veuve
d'un Français, et redevenant étrangère. Le rapporteur, M. Delsol, lui a répondu nettement que les enfants de cette femme de-
meureraient Français ; il n'a pas affirmé, il est vrai, que d'une
manière absolue, tout changement de nationalité d'un Français
resterait inopérant, quant à la personne de ses enfants mineurs ;
mais il n'en résulte pas moins de ses explications, corroborées
par le vote du Sénat, que telle était bien sa pensée et qu'il a entendu poser la règle générale, dans les termes où nous l'avons
nous-mêmes formulée. D'ailleurs, comme M. Clément répliquait
au rapporteur et reprenait, en insistant davantage, son argumentation primitive, M. Delsol répondit textuellement : « Nous
ne parlons (à l'art. 12) que de l'enfant redevenu Français avec le
père ou la mère ; notre article ne prévoit pas un enfant devenu
étranger ». Au surplus, le recouvrement de sa nationalité originaire par la femme, dont il s'agissait dans cette discussion, ne
revêt pas un caractère différent, à notre point de vue, de la
naturalisation acquise en pays étranger. Toutes deux produiraient certainement les mêmes conséquences.

Il n'a été question au cours de cette discussion que d'une réciprocité générale et un peu vague. Que se passerait-il cependant si
une législation étrangère contenait une disposition législative
identique à la disposition de l'article 12 ? Le rapporteur, M. Delsol, paraît avoir fait à cet égard certaines réserves qui seraient
quelque peu en contradiction avec les déclarations que nous
signalions tout à l'heure. « Je suppose, a dit l'honorable rapporteur, que la loi étrangère soit conforme à la nôtre, ce qui, en
fait, n'existe pas ; quelle sera la conséquence ? c'est que l'enfant
mineur sera présumé suivre la nationalité de sa mère devenue
étrangère. Mais la loi étrangère étant supposée conforme à la
nôtre, cet enfant ne suivra la nationalité de sa mère, que sous le
bénéfice de son droit d'option, et à l'époque de sa majorité il

(1) Séance du 6 juin 1889.

-n'aura qu'à revendiquer la nationalité française pour rester Français. Cet enfant restera Français, et s'il porte un nom illustre, ce nom continuera d'appartenir à la France ; il n'aura même pas cessé un seul instant de lui appartenir » (1). Nous croyons au contraire que, même dans cette hypothèse, aucune idée de réciprocité ne peut être admise. Il est en effet impossible d'en organiser le fonctionnement régulier, uniquement par des textes de loi. Le mineur, acquérant par la naturalisation de son père la nationalité étrangère et perdant la nationalité française, conserverait une faculté d'option, qu'il pourrait exercer à sa majorité, au moyen d'une déclaration. Mais si les deux législations sont identiques, ce qu'il faut admettre pour que la réciprocité soit possible, cette déclaration d'option pour la nationalité française ne peut avoir lieu que s'il est démontré que l'État français regarde encore le déclarant comme un de ses nationaux... Or, le point de départ de tout le système fait envisager la dénationalisation comme un fait accompli. Que si la législation étrangère, moins rigoureuse que la nôtre, admet une déclaration d'extranéité pure et simple, on est alors forcé de décider que ce déclarant, redevenu Français aux yeux de la loi étrangère, est demeuré étranger aux yeux de la loi française : notre loi ne connaît pas en effet, comme cas de réintégration dans la nationalité française, une déclaration d'option souscrite à l'étranger (2). Il eût fallu toute une série de textes pour régler législativement ces situations particulières d'une manière tout à fait satisfaisante.

Dès lors, en présence de ces impossibilités ou de ces résultats choquants, on est conduit à déclarer qu'en l'état actuel de la législation, les enfants mineurs du Français naturalisé à l'étranger demeurent Français. Ici encore, et faute de traités intervenant pour régler les situations délicates, les permis de naturalisation pourraient remplir cette fonction d'*acte de dénationalisation*

---

(1) Séance du 6 juin 1889, *Journ. off.*, p. 667, colonne 2 *in fine* et colonne 3.

(2) La disposition de l'article 10 serait de même inapplicable à ces individus, quoique enfants d'ex-Français, puisque, par hypothèse, ils auraient perdu eux-mêmes la qualité de Français. V. *suprà*, p. 189.

que nous serions disposés à leur reconnaitre ; il semble qu'en tous cas le Français qui a des enfants mineurs pourrait, avant de se faire naturaliser à l'étranger, solliciter au nom des enfants des permis de naturalisation qui, joints à leur naturalisation par voie de conséquence, entraîneraient leur dénationalisation (1).

En règle générale, la naturalisation n'atteint donc pas les enfants mineurs existant au moment où le Français l'a obtenue; mais au contraire les enfants qui peuvent naitre de cet ex-Français postérieurement à la naturalisation seront étrangers. Toutefois, ici encore il faut faire la part des dispositions de l'article 8, II, 3° : s'ils sont nés en France et si leur père, ex-Français, y est lui-même né, ils sont irrévocablement Français par application de l'article 8, II, 3°. Dans tous les autres cas, ils conservent la faculté de réclamer la qualité de Français en faisant la déclaration de l'article 10, quel que soit le lieu de leur propre naissance. S'ils sont nés en France et y résident à leur majorité, ils deviendront Français en vertu de l'article 8, II, 4°, sans avoir à faire aucune déclaration; rien ne s'oppose en effet à ce que qu'on considère l'ex-Français comme un étranger ordinaire et qu'on permette à ses enfants — privilégiés au point de vue de l'acquisition de la qualité de Français — d'invoquer un bénéfice appartenant aux enfants d'étrangers, qui ne se trouvent pas dans une situation aussi favorable.

La perte de la qualité de Français est encore peut-être plus strictement personnelle dans l'hypothèse où elle résulte du mariage d'une Française avec un étranger (art. 19). Jamais, dans aucun cas, les enfants qu'elle pourrait avoir d'un précédent mariage ou les enfants naturels qu'elle aurait reconnus, ne seront touchés par cette dénationalisation. La question a été soulevée et expressément résolue en ce sens au cours des travaux préparatoires. Dans la séance du Sénat du 15 novembre 1886, M. Clément, en

---

(1) M. Vincent (*Nationalité*, n° 188) admet comme nous que la perte de la qualité de Français se restreint à la personne du Français naturalisé à l'étranger. V. également Cogordan; *Nationalité*, 2e édit., p. 249. — *Contra* : Cohendy, *le Droit*, 10 novembre 1889.

(2) *Journal officiel* du 16 novembre 1886.

présence du dernier alinéa de l'article 17, qui étendait la perte de la qualité de Français aux enfants mineurs dans les cas prévus aux numéros 1 et 2 du même article, avait demandé au rapporteur si la dénationalisation, qui atteint la femme française épousant un étranger, atteindrait également les enfants mineurs qu'elle aurait pu avoir d'un précédent mariage. Le rapporteur, M. Batbie, répondit expressément que cet effet ne se produirait pas à l'égard des enfants du premier lit ; et cette affirmation formelle, jointe à l'abrogation postérieure du texte visé, ne permet point d'élever le moindre doute au sujet du caractère exclusivement personnel de la dénationalisation résultant du mariage d'une Française avec un étranger.

CHAPITRE VI. — DE LA RÉINTÉGRATION DANS LA NATIONALITÉ FRANÇAISE.

La loi ne met point obstacle à ce que la qualité de Français puisse être recouvrée quand elle a été perdue, quelle que soit d'ailleurs la cause qui l'ait fait perdre. Bien mieux, elle envisage favorablement le retour de l'ex-Français à la patrie d'origine ; elle le dispense de tout stage préalable à l'obtention de la nationalité française. En effet, il n'y avait point à traiter comme un étranger ordinaire, qui n'a jamais eu de point de contact avec notre pays et dont l'assimilation sera peut être difficile, l'ancien Français qui a déjà les mœurs, les traditions de ceux dont il va redevenir le concitoyen, qui va se mêler immédiatement à eux sans que rien puisse l'en distinguer. D'autre part, on ne peut lui tenir rigueur de l'abandon qu'il a fait pendant un temps de cette nationalité française, pour des motifs que peut-être nul ne pourrait blâmer (1). Mais on comprend

(1) « Si l'on peut supposer, disait Boulay au Corps législatif dans l'exposé des motifs de l'article 18 du Code civil, qu'un Français perde volontairement sa qualité de Français, on doit supposer à plus forte raison qu'il aura le désir de la recouvrer après qu'il l'aura perdue ; et alors la patrie ne doit-elle pas être sensible à ses regrets ? Ne doit-elle pas lui rouvrir son sein, lorsqu'elle est assurée de leur sincérité ? Ce ne doit plus être à ses yeux un étranger, mais un enfant qui rentre dans sa famille (Séance du 11 frimaire an X) ».

en même temps que, si au point de vue du recouvrement de sa nationalité originaire, l'ex-Français paraît devoir être traité plus favorablement à certains égards que l'étranger ordinaire, son titre d'ancien Français ne lui confère cependant pas à proprement parler un droit; il faut qu'il prouve qu'il est encore digne de posséder la qualité de Français; il faut que sa conduite n'ait pas été entachée d'hostilité à l'égard de son ancienne patrie; suivant les expressions de Treilhard, il ne faut pas que le retour de ce Français « soit un sujet de troubles pour l'État ou de discordes pour les familles ». Or, c'est au gouvernement seul qu'il peut appartenir de s'en assurer, dans chaque cas particulier. Aussi les rédacteurs du Code civil, qui pourtant avaient laissé subsister, et par suite avaient consacré le système de la naturalisation de plein droit, tel que l'établissait la Constitution de l'an VIII, admirent-ils au contraire que la qualité de Français ne pourrait être recouvrée qu'avec l'intervention du gouvernement, sans d'ailleurs imposer au postulant aucun délai de stage analogue à celui qui est exigé en matière de naturalisation. L'article 18 (ancien) du Code civil décidait que « le Français qui aurait perdu la qualité de Français pourrait toujours la recouvrer, en rentrant en France avec l'autorisation du gouvernement, et en déclarant qu'il veut s'y fixer et qu'il renonce à toute distinction contraire à la loi française ».

Parmi les individus qui ont perdu la nationalité française, une situation plus favorable encore avait semblé devoir être faite à la femme française devenue étrangère par son mariage. Si en effet la perte de la qualité de Français continue sans doute à résulter d'un fait purement volontaire, elle n'est plus dans l'espèce qu'une conséquence médiate de ce fait; le changement de nationalité n'a pas été l'objet principal de l'acte accompli par la femme française. On avait donc cru pouvoir, après la dissolution du mariage, rendre encore plus aisé le recouvrement de la nationalité originaire de la femme, notamment dans l'hypothèse où, au moment de la dissolution du mariage, elle résiderait en France. Dans ce cas l'intervention gouvernementale ne lui était plus nécessaire pour redevenir Française; il lui suffisait de déclarer son intention de se fixer en France (art. 19, C. civ.); même, dans l'opinion

générale, elle recouvrait la nationalité française de plein droit,
sans aucune manifestation de volonté. C'était seulement dans le
cas où elle résidait à l'étranger que l'intervention du gouvernement devenait nécessaire (1).

Dans d'autres hypothèses, au contraire, la condition du Français
qui a perdu sa qualité avait paru moins digne d'intérêt. Il en
était ainsi spécialement de la situation du Français, qui sans
autorisation du gouvernement avait pris du service militaire à
l'étranger ; l'article 21 § 2 (rédaction ancienne) avait décidé qu'il
ne pourrait recouvrer sa nationalité d'origine qu'au moyen de la
naturalisation ordinaire. Les articles 12 et 25 du décret du 26
août 1811 avaient encore renchéri à cet égard, en disposant qu'il
ne pourrait redevenir Français qu'en obtenant des lettres de
relief accordées dans la forme des lettres de grâce ; aux Français
qui avaient pris du service militaire à l'étranger, ils avaient
même assimilé ceux qui avaient accepté sans autorisation du
gouvernement français des fonctions publiques conférées par
un gouvernement étranger et ceux qui s'étaient fait naturaliser
à l'étranger sans autorisation du gouvernement.

Le Code civil n'admettait pas plus pour le recouvrement de la
qualité de Français que ne l'admettait pour la naturalisation la
Constitution de l'an VIII, avec laquelle il se trouvait à cet égard
en parfaite harmonie, l'intervention *directe* du gouvernement :
le recouvrement de la qualité de Français résultait du fait de
rentrer en France, joint à une déclaration d'intention, semblable
à celles que prévoyaient l'article 9 du Code civil pour la naturalisation de faveur et l'article 3 de la Constitution de l'an VIII
pour la naturalisation ordinaire. Le gouvernement se bornait
à autoriser ce retour en France, sans intervenir dans le changement même de nationalité, qui, dans tous les cas, s'opérait
par la volonté de l'intéressé et par l'effet direct de la loi.

Cette distinction un peu subtile devait disparaître en même
temps que le système de la naturalisation de plein droit, tel qu'il
résultait de la Constitution de l'an VIII. Du jour où le gouverne-

---

(1) Cass. civ., 13 janvier 1873 ; Bourges, 4 août 1874. *Contrà* : Baudry-Lacantinerie, *Précis de droit civil*, t. I, n° 175, p. 100 ; Aubry et Rau, t. I, § 75,
texte et note 6 ; Laurent, t. I, n° 297, p. 502.

ment intervint pour conférer la qualité de Français aux étrangers ordinaires, il intervint également pour la conférer aux ex-Français : il leur accorda à proprement parler leur *réintégra-tion*. Pour cette transformation, un acte législatif ne fut cependant pas nécessaire comme il l'avait été en matière de naturalisation. L'intervention du gouvernement se produisait déjà auparavant ; elle subit une simple modification de forme : au lieu de constituer une autorisation de rentrer en France, elle fut une véritable concession de la nationalité française. La transformation se fit insensiblement. Elle eut pour conséquence de rendre inutile la déclaration d'intention dont parlait l'article 18.

La loi du 26 juin 1889 a modifié, conformément à cet état de choses, le texte du Code civil. L'article 18 du Code civil dans sa nouvelle rédaction dispose en effet que « le Français qui a perdu sa qualité de Français peut la recouvrer, pourvu qu'il réside en France, en obtenant sa réintégration par décret ».

La réintégration est donc bien une institution parallèle à la naturalisation ; elle est, à proprement parler, une naturalisation simplifiée et privilégiée. Les formalités de la demande sont identiques ; l'article 2 du décret du 13 août 1889 s'applique à la réintégration comme à la naturalisation. L'ex-Français qui veut obtenir sa réintégration doit donc dans tous les cas adresser au ministère de la justice une demande sur papier timbré, en y joignant son acte de naissance, un extrait du casier judiciaire et, le cas échéant, son acte de mariage et les actes de naissance de ses enfants mineurs, avec la traduction de ces actes, s'ils sont en langue étrangère. A la suite de l'enquête administrative, ordonnée par les soins du gouvernement, la demande est ou non accueillie ; le gouvernement jouit, comme en matière de naturalisation ordinaire, d'un pouvoir d'appréciation souverain, et le refus de réintégrer n'est point motivé.

Le postulant est d'ailleurs tenu en principe d'acquitter un droit de sceau de 175 fr. 25 (1).

En ce qui touche les formalités à remplir, l'avantage de la réintégration consiste uniquement, on le voit, en ce que l'ex-

(1) C'est aux réintégrations surtout que s'appliquent les nombreuses remises de droits consenties en fait par la chancellerie.

Français n'est point tenu, comme l'étranger ordinaire, de solliciter l'autorisation préalable d'établir son domicile en France et d'y accomplir ensuite un stage de trois années. Mais dans l'un et l'autre cas, le postulant doit résider en France au moment où il forme sa demande. Au surplus cette condition est expressément exigée par l'article 18, relativement à la réintégration.

Nous avons précédemment décidé que la naturalisation ne peut être accordée qu'aux individus majeurs au moment où elle est demandée ; nous estimons de même que les majeurs seuls pourront se faire réintégrer dans la qualité de Français (1). Telle était l'opinion commune sous l'empire de l'ancienne législation ; il ne paraît point que la législation de 1889 ait entendu innover. Au contraire, l'ex-Français pouvait, selon l'ancienne rédaction, *toujours* recouvrer sa qualité, ce qui aurait permis de supposer qu'on lui reconnaissait ce droit à toute époque, même en minorité ; or, le mot *toujours* a été effacé dans la rédaction du nouvel article 18, ce qui laisse supposer que le législateur a subordonné au droit commun, c'est-à-dire à l'accomplissement de la vingt-et-unième année, la faculté d'obtenir la réintégration.

Le texte de l'article 18 est susceptible, il est vrai, de soulever une autre objection : le Français qui a perdu sa qualité de Français, y est-il dit, peut la recouvrer « pourvu qu'il réside en France, en obtenant sa réintégration par décret ». La forme essentiellement limitative des mots « pourvu que » paraît impliquer que le texte n'a mis qu'une seule condition, la résidence en France, à l'obtention de la réintégration par décret. Mais ce serait, croyons-nous, attribuer à ces mots une portée que le législateur n'a point voulu leur donner ; la résidence en France est exigée comme pour la naturalisation, sans que le

_____

(1) Il importe d'observer que les cas de réintégration en minorité se présenteront rarement en fait, si l'on s'en tient aux causes de perte de la nationalité prévues par le Code civil : le Français n'est en effet habile à perdre sa qualité par un fait volontaire que du jour de sa majorité, sauf peut-être dans l'hypothèse où il a pris du service militaire à l'étranger. V. *suprà*, p. 195. L'intérêt pratique de ce débat ne se rencontrera donc qu'au sujet des Français ayant perdu leur nationalité par l'effet d'une cession ou d'un démembrement de territoire, et la question peut notamment se poser jusqu'en 1893 en ce qui touche les Alsaciens-Lorrains.

législateur ait entendu, en formulant expressément cette exigence, déroger aux principes généraux, notamment aux règles ordinaires de capacité. La réintégration, quoiqu'elle ait pour objet le retour à la nationalité originaire, n'en constitue pas moins un changement de nationalité ; or, la loi nouvelle s'est formellement prononcée dans les cas où, par exception aux principes généraux, elle a voulu autoriser certains changements de nationalité en minorité (art. 9 § 2). En vertu de leur caractère même, ces exceptions doivent être limitativement interprétées et la règle du droit commun, c'est-à-dire l'incapacité du mineur, doit être maintenue dans toutes autres hypothèses, quelque favorable que soit la situation, et quelque intérêt qu'il y ait d'ailleurs à incorporer le plus tôt possible à la patrie française des individus qui, déjà liés à notre pays, manifestent l'intention de recouvrer une nationalité qu'ils ont peut-être perdue malgré eux.

De même que les formes, les effets de la réintégration sont analogues, en principe, à ceux de la naturalisation ; nous rappellerons toutefois, qu'à la différence des étrangers naturalisés, les Français qui recouvrent leur nationalité après l'avoir perdue acquièrent immédiatement tous les droits civils et politiques, même l'éligibilité aux assemblées législatives (art. 3 de la loi du 26 juin 1889). A tous autres points de vue, les deux actes produisent les mêmes conséquences ; c'est ainsi que les individus auxquels s'appliquent la réintégration et la naturalisation ne peuvent s'en prévaloir que pour les droits ouverts à leur profit depuis l'époque où elles sont intervenues (art. 20). De même, la femme et les enfants du réintégré bénéficient de l'acquisition de la nationalité française par le chef de la famille, dans les mêmes conditions que la femme et les enfants du naturalisé : aux termes de l'article 18, la qualité de Français pourra être accordée par le même décret à la femme et aux enfants majeurs s'ils en font la demande ; ceux-ci pourraient d'ailleurs également passer la déclaration de l'article 10, s'ils étaient eux-mêmes nés étrangers. Quant aux enfants mineurs du père ou de la mère réintégrés, ils deviennent Français de plein droit, en conservant toutefois le droit de décliner cette qualité dans l'année de leur majorité, conformément aux dispositions de l'article 8, II, 4°.

Telle est du moins la règle générale posée quant aux enfants mineurs par l'article 18 ; qu'il s'agisse de la réintégration du père ou de la mère, ils deviennent Français par voie de conséquence, sauf faculté de répudiation. Indiquons immédiatement que l'article 19 apporte à ce principe général, dans une hypothèse déterminée, une exception qui paraît peu rationnelle ; elle détruit l'unité du système législatif sur la matière et ne peut guère être expliquée que par les vicissitudes de la rédaction.

Nous avons précédemment indiqué que la législation ancienne attribuait une situation particulièrement privilégiée à la Française qui, ayant épousé un étranger, résidait en France au moment où elle devenait veuve ; on avait même généralement étendu cette faveur à la femme dont le mariage avait été dissous par le divorce : la femme veuve et la femme divorcée recouvraient la nationalité française par le seul fait de leur résidence en France ; l'intervention du gouvernement n'était nécessaire que pour les femmes résidant à l'étranger au moment de la dissolution du mariage. La proposition Batbie n'innovait point à cet égard ; mais le Conseil d'État, dans le projet complet qu'il élabora sur la nationalité, apporta sur tous ces points des changements importants à la législation du code civil. Tout d'abord, il mit en harmonie la théorie de la réintégration avec celle de la naturalisation, en remplaçant dans les textes l'autorisation de rentrer en France par la réintégration accordée directement et en faisant disparaître la déclaration d'intention devenue sans objet aucun. Puis, il soumit la réintégration à une règle uniforme ; il assimila la femme française ayant perdu sa qualité par le mariage à l'ex-Français devenu étranger par naturalisation ; dans l'un et l'autre cas, la réintégration était subordonnée au retour du postulant en France et ne pouvait être accordée que par décret du Président de la République intervenant dans les conditions indiquées plus haut.

La commission du Sénat admit bien en thèse générale, avec le Conseil d'État, que la réintégration résulterait directement du décret du gouvernement. Mais, en ce qui concerne le recouvrement de sa nationalité d'origine par la femme française qui avait épousé un étranger, elle jugea d'abord préférable de reprendre le système ancien et posa par suite une alternative : ou la femme réside en France, et alors la réintégration résultera pour elle d'une simple déclaration d'intention ou même du seul fait de la résidence en France ; ou bien elle réside à l'étranger, et un décret sera nécessaire pour qu'elle redevienne française. Et, sous l'influence sans doute de la rédaction ancienne, on rédigea l'article, comme si le décret devait, dans cette hypothèse spéciale, accorder non plus la réintégration d'une manière directe, mais seulement l'autorisation de rentrer en France. Plus tard l'idée, qui avait prévalu dans le Conseil d'État, reparut et fut définitivement adoptée.: un décret fut jugé nécessaire dans tous les cas, aussi bien pour la femme veuve résidant en France que pour les autres ex-Français. Le rapport de M. Batbie s'explique à ce sujet en ces termes : « Actuellement la femme Française qui a épousé un étranger peut, si elle devient veuve, redevenir Française suivant une distinction entre la femme qui réside en France au moment où elle devient veuve et la femme qui réside à l'étranger. La première est de droit, si elle réclame, réintégrée dans la qualité de Française. La seconde doit obtenir l'autorisation de rentrer en France et venir s'y fixer effectivement. Pourquoi l'autorisation dans un cas et pas dans l'autre ? Qu'elle réside ou non à l'étranger, cette veuve peut ne pas mériter la réintégration. Elle était peut-être la femme d'un ennemi, et il n'est pas impossible qu'elle ait contre son pays d'origine les sentiments que lui avait inspirés son mari et qu'avait entretenus le séjour dans son pays d'adoption. Il existe d'ailleurs, pour nous, un motif de soumettre la veuve à l'autorisation, motif que n'avaient pas les rédacteurs du code ; c'est que, d'après notre proposition, la réintégration s'étend aux enfants mineurs lorsque le mariage est dissous par la mort du mari. Que la femme réside donc en France ou à l'étranger, elle ne sera réintégrée qu'avec l'autorisation par décret » (1).

Le rapporteur justifie ainsi, en termes d'ailleurs excellents, l'innovation de la loi qui, dans tous les cas, exige l'intervention gouvernementale pour la réintégration de l'ex-Français.

(1) Rapp. suppl., *Sénat*, Sess. 1886, n° 19, p. 6.

Mais au texte si clair du Conseil d'État se trouvait substitué un texte qui se ressentait de ces remaniements successifs. L'alternative, qui n'avait plus sa raison d'être, entre la veuve ex-Française résidant en France et la veuve résidant à l'étranger, subsistait ; le texte continue en effet à prévoir tour à tour les deux hypothèses, pour donner dans chacune la même solution. De plus, et par un redoublement de bizarrerie, l'intervention du gouvernement semble devoir porter non plus, comme dans la théorie générale, sur le recouvrement de la nationalité française, mais sur le séjour de l'ex-Française en France ; et le texte prévoit une déclaration d'intention qui n'a d'utilité que dans le système ancien, si la veuve sollicite et obtient simplement du gouvernement l'autorisation de se fixer en France et non pas, d'une manière directe, sa réintégration. « Si son mariage (de la Française devenue étrangère par son mariage) est dissous par la mort du mari ou le divorce, elle recouvre la qualité de Française avec l'autorisation du gouvernement, pourvu qu'elle réside en France ou qu'elle y rentre en déclarant qu'elle veut s'y fixer ».

Au surplus les critiques que nous venons de formuler sont des critiques de pure forme ; aucune difficulté quant aux règles de fond ne peut se présenter. Malgré la rédaction de l'article 19, il est certain, d'abord, que le décret qui interviendra accordera dans tous les cas aux ex-Françaises leur réintégration ; de plus, qu'aucune déclaration d'intention ne sera exigée de la veuve qui veut recouvrer la nationalité française. Il n'en est pas moins fâcheux que, puisque l'on retouchait le texte, on ne lui ait pas donné un aspect plus satisfaisant.

Mais telle n'est point la seule incorrection législative que nous ayons à relever dans l'article 19. Nous avons vu plus haut qu'aux termes de l'article 18, lorsque le père ou la mère se font réintégrer, les enfants mineurs acquièrent la nationalité française en conservant néanmoins la faculté de la répudier dans l'année qui suivra leur majorité. Cette acquisition de la qualité de Français par voie de conséquence est un effet de la loi et se produit de plein droit, sans l'intervention ni des mineurs, ni de leurs protecteurs légaux. Aucun doute ne peut s'élever à cet égard, lorsqu'il s'agit de la réintégration du père ; il en est de même de la réintégration de la mère, lorsque cette réintégration intervient après le décès du père, au profit d'une femme qui avait perdu sa qualité de Française par une cause autre que son mariage avec un étranger, par exemple dans l'hypothèse, où ayant épousé un Français, elle s'est fait ultérieurement naturaliser à l'étranger avec son mari. Mais il en est autrement lorsqu'il s'agit d'une femme française qui a épousé un étranger et qui obtient, après la dissolution de son mariage par la mort du mari, sa réintégration dans sa qualité de Française. Cette réintégration lui est en principe exclusivement personnelle et le bénéfice de l'acquisition de la nationalité française ne s'étend pas de plein droit à ses enfants mineurs ; aux termes, en effet, de l'article 19 § 2, le décret qui restitue à la mère la nationalité française, ne touchera à la nationalité de ses enfants mineurs que si elle en a fait la demande formelle. A défaut de cette demande, ils demeureront étrangers ; d'ailleurs un décret ultérieur pourra leur accorder la qualité de Français, si la demande en est faite par le tuteur avec l'approbation du conseil de famille. Dans l'un et l'autre cas, ils deviendront irrévocablement Français, le texte ne faisant aucune réserve relative à une faculté de répudiation.

Nous ne chercherons pas à expliquer juridiquement cette dérogation étrange au système général adopté par la loi quant aux effets de l'acquisition de la nationalité française par le chef de la famille, réintégration ou naturalisation; elle est incontestablement le résultat d'une inadvertance du législateur. La première rédaction du projet de loi (proposition Batbie) faisait produire exactement les mêmes effets aux diverses variétés d'acquisition de la nationalité française. Les rédactions successives maintinrent quelque temps cette concordance ; mais vint un moment où elle disparut. On laissa subsister la rédaction de l'article 19 telle qu'elle avait été arrêtée à une des étapes du projet, en conformité du système général contenu dans les articles 12 et 18, bien que ce sytème général eût été modifié, et qu'à une acquisition de nationalité ne s'appliquant aux mineurs que sur la demande expresse de leurs parents on eût substitué en principe une acquisition de nationalité de plein droit et sauf faculté de répudiation. En sorte qu'aujourd'hui l'article 19 se trouve en pleine contradiction avec les articles 12 et 18, sans qu'il y ait pour cela aucune raison plausible.

M. Léon Clément avait remarqué cette contradiction, et dans la séance du 6 juin 1889, il s'était efforcé de la signaler au Sénat. « Le cas de réintégration, disait à juste titre l'honorable sénateur, semble plutôt favorable à la mère ; elle remplit une formalité qui semble naturelle, elle se trouve dans la situation de tout Français qui a perdu cette qualité et qui demande à la recouvrer. Si sa demande est faite dans des conditions régulières, elle ne peut pas être refusée par le gouvernement (1) et cependant elle est moins bien traitée en ce qui concerne son pouvoir sur ses enfants. En effet, en cas de naturalisation sollicitée ou obtenue par une veuve, ses enfants mineurs, de plein droit et sans demande nouvelle, suivent sa condition et deviennent Français avec elle. Au contraire, si la femme demande à recouvrer sa nationalité après la dissolution du mariage, il faut deux choses : d'abord qu'elle fasse pour ses enfants une demande et ensuite que le gouvernement accorde. Ces deux textes sont donc en désaccord. Or, la situation devrait être la même dans les deux cas : il s'agit en effet d'une acquisition ou nouvelle ou renouvelée de la nationalité française et les enfants se trouvent par rapport à la mère dans la même condition » (2). Les observations de M. Clément étaient faites à propos de l'article 12 et le rapporteur, M. Delsol, se contenta de répondre qu'il réfuterait les arguments de M. Clément lorsque la discussion porterait sur l'article 19. Malheureusement M. Clément ne crut pas devoir insister au moment où il fut donné lecture de l'article 19, de sorte qu'il ne nous a pas été donné de connaître l'argumentation juridique par laquelle le rapporteur devait, selon ses propres expressions, « démontrer que son collègue était tombé dans une confusion ». Ajoutons que M. Delsol lui-même semble avoir oublié cette distinction prétendue rationnelle, si nous en jugeons

(1) L'expression a certainement ici dépassé la pensée que l'honorable sénateur voulait rendre ; la régularité de la demande formée par la veuve ne saurait porter atteinte au pouvoir d'appréciation du gouvernement qui demeure plein et entier.

(2) *Journal officiel* du 7 juin 1889.

par un passage de son discours, où, cherchant à justifier la réintégration collective, il envisage précisément l'hypothèse d'une ex-Française devenue veuve après son mariage avec un étranger, et affirme « que les enfants mineurs qui suivent la nationalité de leur mère réintégrée ne peuvent éprouver aucun dommage, *en raison du droit d'option qui leur a été reconnu dans l'année de leur majorité* (1) ». Le rapporteur oubliait quelle était la disposition de cet article 19 qu'il cherchait à défendre; dans cette hypothèse, il importe de le rappeler, les enfants mineurs sont réintégrés sur la demande formelle de la mère ou du tuteur autorisé, et ne conservent *aucune faculté d'option*; en s'exprimant en ces termes, M. Delsol appliquait donc purement et simplement à cette hypothèse même, et malgré le texte adopté, le principe général qui étend, sauf faculté de répudiation, l'acquisition de la nationalité française aux enfants mineurs de l'individu réintégré, principe qu'il eût sans doute fallu appliquer, comme le demandait M. Clément, aussi bien au cas où la veuve est réintégrée dans la qualité que lui avait fait perdre son mariage avec un étranger, mais que dès ce moment l'article 19 écartait formellement (2).

Quoi qu'il en soit, dans le cas où le mariage est dissous par la mort du mari, la réintégration de la veuve ne s'étend pas de plein droit aux enfants mineurs; il faut une demande formelle pour que la qualité de Français leur soit conférée. Comment et par qui cette demande est-elle faite ? L'article 19 établit ici une nouvelle distinction qui, elle aussi, prête à la critique. De deux choses l'une : ou la qualité de Français est accordée aux enfants mineurs par le décret même qui réintègre la mère, ou elle leur est accordée par un décret ultérieur. Pour que la qualité de

---

(1) *Journal officiel* du 7 juin 1889, p. 667, colonne 2 *in medio*.

(2) En présence de ces contradictions, on pourrait se demander si l'article 19 ne doit pas être considéré comme implicitement abrogé par l'article 18 qui suffirait, somme toute, à régler toutes les hypothèses de réintégration, sauf une distinction qu'il faudrait emprunter à l'article 19 entre les effets de la réintégration de la femme veuve et ceux de la réintégration de la femme divorcée, précisément quant aux enfants. — Mais, eu égard à la tentative avortée de M. Clément, il semble que cette solution soit téméraire; l'article 19 paraît devoir recevoir son application entière, à côté de l'article 18.

Français puisse être attribuée aux enfants mineurs par le décret de réintégration de la mère, il suffit que celle-ci en ait exprimé le désir, soit dans sa propre demande de réintégration, soit dans une demande postérieure qu'elle adresserait au ministère de la justice avant l'intervention du décret ; aucune autorisation n'est exigée de la mère qui sollicite la naturalisation de ses enfants en même temps que sa réintégration (1). Il en est différemment au cas où la qualité de Français est postérieurement revendiquée pour les enfants mineurs de la veuve réintégrée ; le tuteur ne peut agir qu'avec l'approbation du conseil de famille, et il en sera ainsi, encore que les fonctions de tuteur soient exercées par la mère, ce qui sera le cas le plus fréquent en fait.

Pourquoi exiger l'autorisation du conseil de famille dans un cas et ne point l'imposer dans l'autre, alors que la même per-

(1) En parlant des effets de la réintégration sur les enfants mineurs de la personne réintégrée, il importe d'éviter l'emploi de cette locution : « la réintégration s'étend aux enfants mineurs ». Elle est en effet juridiquement impropre : ces enfants ne peuvent être réintégrés, puisqu'en principe ils n'ont jamais été Français s'ils ont jamais cessé de l'être. Supposons en effet qu'il s'agisse des enfants d'un individu qui s'est fait naturaliser à l'étranger : s'ils sont nés postérieurement à cette naturalisation, ils sont nés étrangers, et il ne peut être question de les *réintégrer* ; — s'ils sont nés antérieurement, ils sont demeurés Français. De même, les enfants d'une femme française devenue étrangère par son mariage avec un étranger sont nécessairement nés étrangers. La véritable formule, dans ces hypothèses, est celle que nous avons reproduite au texte et que le Sénat avait d'abord consacrée (séance du 15 novembre 1886), à la suite des observations de M. Lenoël : « la réintégration emporte la naturalisation des enfants mineurs ». Il s'agit donc bien d'une naturalisation, mais d'une naturalisation essentiellement privilégiée, puisqu'elle n'est soumise à aucune condition. La situation n'en est pas moins singulière en droit, cette naturalisation résultant en définitive d'un décret de réintégration. On comprend d'ailleurs l'intérêt pratique de notre observation : les enfants mineurs des réintégrés seront dans la situation des naturalisés ordinaires et n'acquerront le droit d'éligibilité aux assemblées législatives que dans les conditions de l'art. 3 de la loi du 26 juillet 1889. Le texte des art. 18 et 19, tout en ne reproduisant pas la formule indiquée ci-dessus, ne laisse aucun doute à ce sujet ; ces dispositions disent en effet ou bien que « les enfants mineurs deviennent Français », ou bien que « la qualité de Français pourra leur être accordée ». — Ajoutons qu'il est cependant possible qu'en fait les enfants mineurs aient perdu par eux-mêmes la qualité de Français ; dans cette hypothèse, qui sera nécessairement exceptionnelle (V. *infrà*), ils bénéficieront d'une véritable réintégration. De même, les enfants majeurs peuvent être nés Français et l'acquisition de la nationalité française, par voie de conséquence, constituera pour eux également une réintégration.

sonne (la mère) présentera la demande dans les deux cas au nom des enfants mineurs ? Il est difficile de l'expliquer ; au cours de la discussion au Sénat, M. Humbert, dans une interruption adressée à M. Clément, disait que le texte de l'article 19 contient une alternative : « Quand c'est la mère qui fait la demande, s'écriait-il, il n'y a pas besoin de l'autorisation du conseil de famille ; lisez le texte » (1). Le texte, contient, il est vrai une alternative, mais ce n'est pas l'alternative rationnelle que croyait y voir M. Humbert, et que consacre déjà l'article 9 § 2 relatif aux déclarations de nationalité. L'alternative que contient l'article 19 est en effet une alternative quant au temps, et non une alternative quant aux personnes : aucun doute ne peut s'élever à ce sujet, l'article 19 § 2 étant en effet ainsi conçu : « Dans le cas où le mariage est dissous par la mort du mari, la qualité de Français peut être accordée *par le même décret* de réintégration aux enfants mineurs sur la demande de la mère, *ou par un décret ultérieur* si la demande en est faite par le tuteur avec l'approbation du conseil de famille ». Il envisage donc deux hypothèses : l'attribution de la qualité de Français aux enfants mineurs par le décret qui réintègre la veuve et l'attribution de cette qualité par un décret postérieur ; c'est dans la première hypothèse seulement qu'il n'exige point l'autorisation du conseil de famille.

Observons d'ailleurs qu'au lieu de solliciter un décret pour ses enfants mineurs, il est loisible à la mère de passer en leur nom la déclaration de l'article 10 ; elle recourra en fait d'autant plus volontiers à ce moyen qu'elle n'aura pas besoin de se faire habiliter à cet effet par le conseil de famille. Le tuteur autre que la mère, s'il voulait user de ce procédé, devrait au contraire, comme s'il s'agissait de l'obtention d'un décret, être muni de l'autorisation du conseil de famille (art. 9 et 10 combinés).

Mais que décider au cas où la mère ne se trouve pas investie de la tutelle ? Supposons qu'elle réclame ensuite sa réintégration ; pourra-t-elle en même temps demander que la qualité de Français soit attribuée à ses enfants mineurs par le même décret ? Nous ne le pensons point, quoique le texte interprété strictement

(1) Séance du 6 juin 1889.

autorise peut-être une telle solution ; c'est au seul tuteur que le législateur a entendu conférer le droit de disposer de la nationalité des enfants mineurs de la veuve réintégrée, et sans distinguer si ce tuteur est la mère ou une autre personne. Si la mère n'est point tutrice, elle ne pourra valablement prétendre à l'exercice d'un droit inhérent à la nature même des fonctions du tuteur.

Nous conclurons de là que lorsqu'une veuve demandera sa réintégration et en même temps l'attribution de la qualité de Français à ses enfants mineurs, le gouvernement aura le devoir de rechercher si c'est elle qui est la tutrice de ses enfants : c'est seulement au cas de l'affirmative que sa demande pourra être accueillie en ce qui concerne ses enfants.

On peut également supposer que l'ex-Française, réintégrée à la suite de la mort de son mari étranger, ait des enfants majeurs; ceux-ci pourront se faire attribuer la qualité de Français par le décret de réintégration de la mère. Cette solution résulte bien de l'article 18 § 2 qui est conçu en termes généraux et qui s'applique dans tous les cas de réintégration, sauf disposition spéciale et contraire.

Le mariage de la femme française qui a épousé un étranger peut être dissous par le divorce. Dans ce cas, la réintégration de la femme lui demeure strictement personnelle ; il ne peut être question en effet d'étendre à cette hypothèse l'article 19 § 2 et de décider que les enfants mineurs pourront devenir Français sur la demande de la mère et par le même décret. Le cas de dissolution du mariage par le divorce n'a pas été en effet réglé par cette disposition, et la comparaison de ce texte avec le premier alinéa du même article 19, qui autorise la réintégration de la femme aussi bien au cas de divorce qu'au cas de mort du mari, prouve surabondamment que le législateur a entendu, dans le second paragraphe, soustraire la personne des enfants mineurs de la femme divorcée à toute conséquence de la réintégration de leur mère. Ajoutons qu'on ne saurait prétendre davantage appliquer ici, à défaut de l'article 19 § 2, le principe général de l'article 18, aux termes duquel les enfants mineurs du père ou de la mère réintégrés deviennent Français de plein droit, sauf faculté de répudiation dans l'année qui suivra leur majorité. La réintégration de la mère ne peut produire effet sur la personne des enfants que quand la mère exerce la puissance paternelle à défaut du père ; or, s'il est vrai que la dissolution du mariage par le divorce fasse perdre au père l'exercice exclusif de la puissance paternelle et confère à la mère un droit égal au sien, le père n'en conserve pas moins, encore que la garde des enfants ait été confiée à la mère, une portion de l'autorité paternelle, et dans ces conditions la réintégration de la mère divorcée ne saurait réfléchir sur les enfants (1). Au surplus, il a été formellement décidé au cours des travaux préparatoires que les enfants mineurs conserveraient leur nationalité d'origine au cas de réintégration de la mère suivant la dissolution du mariage par le divorce (2).

Mais, dans un ordre d'idées voisin de celui que nous venons d'examiner, qu'arriverait-il au cas où un ex-Français divorcé obtiendrait sa réintégration ? Devrait-on appliquer en ce qui concerne les enfants mineurs l'article 18 et décider qu'ils deviennent Français de droit, même au cas où le divorce aurait été prononcé contre le père ? L'affirmative s'impose incontestablement ; l'article 18 n'établit en effet aucune distinction fondée sur le divorce, et que le mariage du père soit ou non dissous, sa réintégration a pour conséquence d'attribuer toujours, sauf faculté de répudiation à leur majorité, la qualité de Français à ses enfants mineurs.

Enfin, les effets de la réintégration, de même que ceux de la naturalisation, ne doivent pas être restreints aux enfants mineurs du premier degré ; si donc les enfants mineurs de l'individu réintégré ont eux-mêmes des enfants mineurs, la réintégration du grand-père a pour effet de leur conférer la qualité de Français dans les termes de l'article 18, à moins que, nés en France d'un père qui lui-même y est né, ils ne soient Français de plein droit, en vertu de l'article 8, II, 3°. Il va de soi, par application

(1) V. sur ce point les articles 302 et 303, C. civ. *Adde*: Curet, *Code du divorce*, p. 221, n°s 284 et suiv. C'est ainsi qu'il a été jugé que quelle que soit la personne à laquelle la garde des enfants a été confiée, le domicile légal des enfants mineurs non émancipés est toujours chez le père. V. Angers, 5 mai 1885 (Sir. 1886. 2. 15).

(2) Discours de M. Batbie, Sénat, séance du 15 novembre 1886.

des mêmes principes, que si les enfants majeurs de l'individu réintégré demandent que la qualité de Français leur soit attribuée par le même décret, leurs enfants mineurs deviendront également Français sauf faculté de répudiation, à moins qu'ils ne le soient déjà irrévocablement selon l'article 8, II, 3°. L'article 18 du projet voté par la Chambre des députés contenait une disposition expresse en ce sens, relativement aux enfants mineurs des majeurs qui avaient obtenu la qualité de Français en vertu du décret réintégrant leur père ou leur mère; cette disposition a été supprimée, parce qu'on l'a considérée sans doute comme inutile.

Il faut remarquer d'ailleurs que l'article 8, II, 3° restreindra souvent en fait la portée d'application de l'article 18 § 3: il suffira, en effet, que l'ex-Français soit né en France, pour que ses enfants mineurs, s'ils sont également nés en France, soient irrévocablement Français de plein droit (1).

Le bénéfice de la réintégration proprement dite peut en principe être invoqué par tout Français qui, ayant perdu sa qualité, demande à la recouvrer ; il n'est point nécessaire pour cela que le postulant soit Français d'origine. Rien ne s'oppose en effet à ce que la réintégration soit accordée aux étrangers qui, après s'être fait naturaliser Français, auraient ensuite perdu la nationalité ainsi acquise; l'article 18 est conçu en termes absolument généraux et les étrangers naturalisés sont pleinement assimilés aux Français d'origine, sauf en ce qui concerne l'éligibilité aux assemblées législatives (art. 3 de la loi du 26 juin 1889).

La réintégration peut également être obtenue par l'ex-Français, quelle que soit la cause en vertu de laquelle il a perdu sa nationalité. A cette règle, il n'y a qu'une seule exception ; elle est formulée par l'article 21 du code civil. Le Français, qui, sans autorisation du gouvernement, prend du service militaire à l'étranger, perd sa qualité de Français, aux termes de l'article 17, 4°, sans préjudice des lois pénales contre celui qui se soustrait aux obligations de la loi militaire. L'article 21 ajoute une nouvelle rigueur à cette déchéance : cet ex-Français ne pourra rentrer en France qu'en vertu d'une permission accordée par dé-

---

(1) V. *suprà*, p. 20, et p. 28 et suiv.

cret (1) et ne recouvrera la qualité de Français qu'en remplissant les conditions imposées en France à l'étranger pour obtenir la naturalisation ordinaire. La disposition de l'article 21 se justifie d'elle-même : les Français qui prennent du service militaire à l'étranger, sans laisser le gouvernement juge de l'intérêt qu'il peut y avoir pour la France à l'accomplissement de cet acte, sont à bon droit suspects parce que, selon les expressions du rapporteur, M. Dubost, « ils s'exposent volontairement à porter les armes contre leur patrie, tout au moins à participer à une œuvre que les intérêts de la France commandent de ne pas encourager ». Ils ne sont donc dignes d'aucune faveur.

Rappelons que les décrets des 6 avril 1809 et 26 août 1811 ajoutaient aux déchéances prononcées par le code civil des pénalités exorbitantes, mais que celles-ci ont aujourd'hui complètement disparu, en vertu de l'abrogation formelle de ces textes, par l'article 6 de la loi du 26 juin 1889.

Aux termes de l'article 3 de la loi du 26 juin 1889, les Français qui recouvrent cette qualité après l'avoir perdue acquièrent *de plano* tous les droits civils et politiques, même l'éligibilité aux assemblées législatives. Quoique l'article 21 du code civil emploie, en parlant de l'ex-Français qui a pris du service militaire à l'étranger, l'expression « recouvrer », et que l'article 3 précité n'établisse aucune distinction quant au mode de recouvrement de la nationalité française, il nous semble que cet individu serait mal venu à invoquer en sa faveur l'application de ce texte. L'inaptitude à l'exercice du droit d'éligibilité aux assemblées législatives constitue sans doute une exception qui, comme telle, ne paraît pas devoir être étendue ; mais il nous semble, avec M. Vincent, que permettre à cet ex-Français d'être immédiatement éligible aux assemblées législatives, ce serait aller à l'encontre de l'intention du législateur qui, en édictant la dis-

---

(1) Il faut remarquer que cette prescription est totalement dépourvue de sanction ; l'individu visé par l'article 21 se trouve simplement privé du bénéfice de la réintégration accordée sans condition de stage. L'autorisation de rentrer en France se confondra donc avec l'admission à domicile, si l'ex-Français veut recouvrer sa qualité perdue ; elle disparaîtra même tout à fait, s'il peut justifier d'une résidence décennale et obtenir sa naturalisation *de plano*.

position de l'article 21, a voulu précisément traiter cet ex-Français comme un naturalisé ordinaire (1).

Parmi les causes de perte de la qualité de Français, il en est une qui ne figure pas dans l'article 17 du code civil, parce qu'elle relève plutôt du droit des gens : nous voulons parler des démembrements de territoire. Mais cette particularité ne constitue pas un obstacle à l'acquisition de la nationalité française par un ex-Français au moyen de la voie simplifiée de la réintégration ; il n'en pourrait être autrement que si l'on envisageait les traités de cessions de territoire comme ayant un effet rétroactif en ce qui concerne les habitants des provinces cédées ; et nous avons vu que cette interprétation ne pouvait être admise, même en ce qui concerne les traités de 1814. Toutefois, il ne faut pas méconnaitre qu'il y a là une sorte d'atteinte portée aux traités, qui ont soin en général de déterminer les conditions dans lesquelles les Français dénationalisés peuvent conserver leur nationalité (2).

(1) Vincent, *Nationalité*, n° 205.

(2) C'est, semble-t-il, par suite de cette considération que la Chancellerie n'accorde la *réintégration* aux Alsaciens-Lorrains que d'après la distinction suivante : les Alsaciens-Lorrains, nés *avant le* 1er *janvier* 1851, peuvent solliciter leur réintégration dans la qualité de Français, sans aucune condition ; il suffit qu'ils joignent à leur demande rédigée sur papier timbré une expédition de leur acte de naissance et un extrait de leur casier judiciaire. Quant aux Alsaciens-Lorrains nés *après le* 1er *janvier* 1851, ils ne peuvent demander la réintégration que s'ils sont munis d'un permis d'émigration de l'autorité allemande ou d'un certificat de réforme dans l'armée allemande, ou s'ils peuvent justifier de services militaires dans l'armée française ; dans le cas contraire, ils peuvent solliciter la *naturalisation* à la condition de justifier d'une résidence non interrompue en France pendant dix années ; sinon, ils doivent se borner à demander l'*admission à domicile*. — Mais traitera-t-on les Alsaciens-Lorrains, naturalisés en vertu de cette pratique, comme des étrangers naturalisés, ou comme des ex-Français réintégrés ? La question est importante au point de vue du droit d'éligibilité aux assemblées législatives (art. 3 de la loi du 26 juin 1889). Nous serions assez disposés à leur reconnaître ce droit *de plano* ; il est en effet suffisamment rigoureux de leur refuser le bénéfice du droit commun, en les forçant à recourir aux formalités de la naturalisation ordinaire, sans encore pousser à l'excès les conséquences d'une situation dont ils ne sont pas responsables. D'ailleurs l'art. 3 § 2 de la loi du 26 juin 1889 est entièrement favorable à notre opinion : « les Français, y est-il dit, qui recouvrent cette qualité après l'avoir perdue, acquièrent immédiatement tous les droits civils et politiques, même l'éligibilité aux assem-

APPENDICE. — **Des descendants de religionnaires expatriés**.

A la suite de la révocation de l'Édit de Nantes, un grand nombre de protestants quittèrent la France et furent ainsi déchus de leur qualité de Français en même temps que dépouillés de leurs biens. La Révolution essaya de réparer dans la mesure du possible « cette grande iniquité »; la loi du 15 décembre 1790 vint restituer aux religionnaires expatriés leurs biens et leurs droits. Elle ne statuait pas expressément sur leur nationalité ; la jurisprudence les a cependant considérés comme réintégrés de plein droit dans leur qualité de Français (1).

Les descendants des religionnaires expatriés étaient nés étrangers; l'article 22 de la même loi régla formellement leur situation au point de vue de la nationalité. Ce texte disposait « que toutes les personnes qui, *nées en pays étranger*, descendent, *à quelque degré que ce soit*, d'un Français ou d'une Française expatriés pour cause de religion, sont *déclarés naturels français* et jouiront des droits attachés à cette qualité, *si* elles reviennent en France, y fixent leur domicile et prêtent le serment civique. — Les fils de famille ne pourront jouir de ce droit sans le consentement de leurs père, mère, aïeul au aïeule, qu'autant qu'ils seront majeurs et maîtres de leurs droits ».

La loi du 15 décembre 1790 reçut en pratique de nombreuses et remarquables applications (2); mais son interprétation n'avait

blées législatives ». Ce texte ne distingue point selon le mode par lequel cette qualité a été recouvrée ; qu'on redevienne donc Français par la naturalisation ou la réintégration, peu importe, il suffit de le redevenir pour jouir de la plénitude des droits de citoyen. Si nous avons cru devoir admettre une solution contraire en ce qui concerne les individus qui, ayant perdu la qualité de Français par le service militaire pris à l'étranger, la recouvrent conformément à l'article 21, c'est que précisément la loi elle-même dans cet article 21 semble assimiler de tous points ces ex-Français à des étrangers ordinaires. Au contraire, quand il s'agit d'Alsaciens-Lorrains naturalisés nous sommes en présence d'une simple pratique administrative qui ne paraît pas devoir influer sur les droits de ceux à qui elle s'applique.

(1) Cass., 30 avril 1806 ; 13 juin 1811.

(2) C'est grâce à la loi du 15 décembre 1790, pour ne citer qu'un exemple, que M. Victor Cherbuliez a pu réclamer la nationalité française, et entrer à l'Académie.

pas laissé que de soulever certaines difficultés. On avait même
pu contester qu'elle fût encore en vigueur (1). D'autre part,
l'acquisition de la qualité de Français dépendait d'une déclaration de volonté, et l'on se rappelle quels inconvénients offrait en
pratique ce mode de naturalisation (2).

Aussi le projet élaboré par le Conseil d'État proposait-il l'abrogation pure et simple de ce texte, et cette décision avait été tout
d'abord consacrée par la commission du Sénat. Mais, au cours
de la discussion publique devant cette assemblée, M. de Pressensé demanda le maintien de « ce grand acte de réparation »,
en proposant d'ailleurs de tenir compte dans la disposition
nouvelle des difficultés auxquelles nous venons de faire allusion (3).

Le Sénat adopta la proposition de M. de Pressensé ; elle est
devenue l'article 4 de la loi du 26 juin 1889, qui est ainsi conçu :
« Les descendants des familles proscrites lors de la révocation
de l'Édit de Nantes continueront à bénéficier des dispositions de
la loi du 15 décembre 1790, mais *à la condition d'un décret
spécial* pour chaque demandeur ; le décret ne produira d'effet
que pour l'avenir ».

Les dispositions de la loi du 15 décembre 1790 sont donc maintenues ; mais, pour en invoquer le bénéfice, il ne suffit plus aux
descendants des religionnaires expatriés de rentrer en France et
d'y faire une déclaration de domicile (4). Un décret seul peut les
autoriser à s'en prévaloir et il est nécessaire qu'un décret spécial
intervienne pour chaque demandeur.

La première conséquence qui découle de ce texte, c'est que les
individus dont il s'agit n'ont pas un droit absolu à l'acquisition
de la qualité de Français ; ils ne peuvent se prétendre devenus
Français que lorsqu'ils y ont été autorisés par un décret. Or, si le

---

(1) Demante, *Cours*, t. I, p. 72 ; on se prononçait en général dans le sens du
maintien de la loi de 1790 : Aubry et Rau, t. I, § 70, texte et note 32 ; Demolombe, t. I, p. 200.

(2) V. *suprà* p. 109.

(3) Séance du 15 novembre 1886.

(4) La déclaration de domicile avait été substituée à la prestation du serment civique, que prévoyait la loi de 1790, mais que la Constitution de 1793
avait abolie.

gouvernement a la faculté de leur accorder cette autorisation, il
est également libre de la leur refuser ; s'il en était autrement, on
ne comprendrait point l'utilité de l'intervention gouvernementale
et la loi de 1889 se serait certainement bornée à reproduire la
disposition de la loi du 15 décembre 1790 d'après laquelle ces personnes avaient un véritable droit à la nationalité française, sauf
à prescrire l'enregistrement de la déclaration à la Chancellerie.
Ce pouvoir d'appréciation du gouvernement a d'ailleurs été formellement reconnu par le rapporteur, M. Batbie, au cours de la
discussion au Sénat ; il résulte bien de ses déclarations que le
gouvernement ne pourra jamais être contraint de rendre un
décret conférant la nationalité française aux descendants de
religionnaires expatriés ; que dans tous les cas ce pouvoir d'appréciation demeurera absolu et pourra porter non seulement sur
la preuve de la descendance du postulant, mais encore sur sa
situation personnelle et sur sa moralité (1).

L'article 4 de la loi du 26 juin 1889 exige un décret spécial
pour chaque demandeur. Il en résulte que l'acquisition de la
qualité de Français, en vertu des dispositions de la loi de 1790,
est strictement personnelle à celui qui la réclame.

En ce qui concerne la femme et les enfants du majeur bénéficiaire du décret, c'est l'application du droit commun ; car, ainsi
que nous l'avons indiqué, et malgré les expressions ambiguës
de l'article 12 du code civil, la femme et les enfants majeurs du
naturalisé et du réintégré n'acquièrent la nationalité française
qu'au moyen d'un décret, rendu sans doute en même temps que
le décret principal naturalisant ou réintégrant le chef de la famille et accessoirement à celui-ci, mais cependant distinct (2).
En ce qui touche les enfants mineurs, la règle qui nous semble
résulter des termes de l'article 4 de la loi du 26 juin 1889 diffère
sensiblement de la règle que cette loi a établie pour les autres
modes d'acquisition de la nationalité française. Le texte exigeant un *décret spécial pour chaque demandeur* écarte par
là-même l'acquisition de plein droit pour les mineurs, telle

---

(1) Séance du 7 février 1887. V. *infra*, p. 229, l'hypothèse particulière sur
laquelle M. Batbie s'est prononcé.

(2) V. *suprà*, p. 85.

qu'elle se produit d'ordinaire. Et toutefois on peut soutenir que le principe posé par l'article 12 du code civil, en raison de sa généralité, doit être appliqué, malgré la formule que nous venons de rappeler.

Au surplus, la question est de pure forme. En effet, par une autre dérogation au droit commun, les descendants de religionnaires expatriés peuvent acquérir par voie directe et principale la qualité de Français, même en minorité. La disposition finale de l'article 22 de la loi du 15 décembre 1790 a en effet été maintenue, aussi bien que la première partie du texte, par la loi du 26 juin 1889, sauf la substitution du décret à la déclaration. Les descendants de religionnaires mineurs sont donc traités comme les enfants mineurs de la femme qui a perdu la nationalité française par son mariage et qui obtient sa réintégration : une demande doit être faite en leur nom par les personnes exerçant la puissance paternelle (1), et la qualité de Français leur est accordée par un décret spécial. Cette règle, évidemment applicable lorsque le mineur est seul à réclamer la qualité de Français, l'est également, et à plus forte raison, lorsque le chef de famille a lui-même formé une demande. La difficulté que nous avons indiquée se ramène donc uniquement à cette question : lorsque le mineur, descendant d'un religionnaire expatrié, désirera devenir Français en même temps que le chef actuel de la famille, devra-t-il former une demande spéciale ? L'affirmative nous paraît devoir être admise ; c'était d'ailleurs le système général adopté pour l'acquisition de la nationalité française par les enfants de naturalisés au moment où l'amendement de M. de Pressensé fut voté : ici encore on a omis de mettre les différents textes en harmonie (2).

Le postulant doit établir qu'il descend d'un religionnaire expatrié ; il produira toutes les pièces qui lui paraîtront de nature à justifier sa prétention ; on conçoit qu'aucune indication précise ne puisse être fournie à cet égard. Il doit de plus, comme s'il s'agissait d'une demande de naturalisation, produire son acte

---

(1) Ou bien la demande est faite par eux avec l'autorisation de leur père, mère, tuteur, etc. — V. *suprà*, p. 60.

(2) V. *suprà*, p. 83 et p. 212.

de naissance et l'extrait de son casier judiciaire. Un droit de sceau de 175 fr. 25 est, en principe, dû comme pour les décrets de naturalisation (1).

L'interprétation littérale de l'article 4 de la loi du 26 juin 1889 conduirait à penser que le décret rendu par le gouvernemeut aura simplement pour but d'autoriser les descendants des familles proscrites lors de la révocation de l'Édit de Nantes à bénéficier des dispositions de la loi du 15 décembre 1790 et de leur permettre par suite de faire la déclaration prescrite par ce texte; mais en fait le décret aura pour objet d'attribuer au demandeur la qualité de Français. Nous rencontrons ici une certaine opposition entre la pratique et les textes, analogue à celle que nous avons notée dans la matière de la réintégration (2); l'intervention gouvernementale, d'après l'article 18 (ancienne rédaction) et encore aujourd'hui d'après l'article 19 (nouveau texte), paraîtrait ne devoir porter que sur l'autorisation de rentrer en France et non point, comme cela se produit en fait, sur le rétablissement dans la qualité de Français. Au surplus, le législateur ne s'est point mépris; il s'est parfaitement rendu compte qu'il instituait pour la matière « une procédure nouvelle (3) ».

L'article 4 de la loi du 26 juin 1889 est conçu en termes généraux ; il s'applique donc aux descendants des familles proscrites lors de la révocation de l'Édit de Nantes à quelque degré que ce soit ; aux descendants par les femmes aussi bien qu'aux descendants par les hommes ; qu'ils soient nés en France ou bien à l'étranger (4).

---

(1) C'est la conséquence forcée de la substitution du décret à la déclaration. — Mais en raison du caractère même de cet acte de réparation, l'exonération totale des droits est accordée par la Chancellerie.

(2) V. *suprà*, p. 206.

(3) Rapport de M. Dubost : *Chambre des députés*, Session 1887, n° 2083, p. 53.

(4) Weiss, *Droit International privé*, p. 139 ; — *Contrà* : Brocher, t. I, p. 239. — Rappelons pour mémoire une controverse évidemment tranchée par la loi nouvelle; on avait prétendu que les descendants de religionnaires nés avant 1790 pouvaient seuls invoquer la loi du 15 décembre. Cette opinion avait d'ailleurs été repoussée par la Cour de Paris (19 septembre 1847, D. 48, 2, 501).

On a soutenu autrefois que le bénéfice de la loi du 15 décembre 1790 ne pourrait être invoqué par un descendant de religionnaire expatrié qu'autant qu'il ne se serait pas mis dans une
situation qui, d'après le droit commun, lui eût fait perdre
la qualité de Français ; cet individu ayant été déclaré Français par la loi de 1790, disait-on, peut, comme tous autres
individus, perdre cette qualité par les causes prévues au
code civil. Cette opinion, consacrée par la cour de Cassation dans
un arrêt déjà ancien (1), était combattue en doctrine (2). Aucune
difficulté ne nous semble plus pouvoir subsister aujourd'hui : les
descendants des familles proscrites lors de la révocation de
l'Édit de Nantes ne sont pas Français de droit, puisqu'un décret
est indispensable pour leur conférer cette qualité ; aucune des
causes de perte de la nationalité française ne peut donc les
atteindre.

Le descendant d'un religionnaire expatrié pourrait-il se prévaloir des dispositions de la loi de 1790, si, né en France et mis
en demeure de participer aux opérations du recrutement, il avait
excipé de sa nationalité d'origine, ou bien encore si, touché par
l'article 8, II, 4°, il avait formellement décliné la qualité de Français ? On a prétendu qu'il devrait être considéré comme frappé
de déchéance (3). Mais il ne s'agit plus, pour le descendant de
religionnaire, d'un droit dont on le concevrait déchu ; nous avons
admis que le gouvernement avait en cette matière un plein
pouvoir d'appréciation ; l'assimilation entre la situation de
l'individu, qui, né en France, a excipé de son extranéité et veut
néanmoins bénéficier de la disposition de l'article 10, et celle du
descendant de religionnaire dont nous nous occupons, ne se
conçoit plus. Il y a simplement ici un élément d'appréciation
dont le gouvernement tiendra compte.

Les descendants des familles proscrites pourraient invoquer
les dispositions de la loi de 1790, même si un de leurs ascen-
dants en ligne directe avait renoncé à la nationalité française,

(1) Cass., 13 juin 1811.
(2) De Folleville, *Naturalisation*, n° 222, p. 168 ; Cogordan, 2ᵉ édition, p. 75 ;
Aix, 15 mars 1866, S. 66, 2, 171.
(3) Vincent, *Nationalité*, n° 87.

après l'avoir acquise en vertu de cette loi. Un amendement de
M. Lalanne proposait d'exclure ces individus du bénéfice de ces
dispositions pour les soumettre au droit commun, c'est-à-dire à
la naturalisation. Cet amendement fut rejeté sur la demande de
M. Batbie, qui fit observer que cette restriction était inutile, puisque ces étrangers ne pourraient devenir Français qu'en vertu
d'un décret et que le gouvernement aurait la faculté de rejeter
leur demande (1). C'est à cette occasion que le rapporteur fut
conduit à affirmer l'existence du pouvoir d'appréciation du gouvernement, tel que nous l'avons signalé plus haut.

Enfin, une controverse s'était élevée sur le point de savoir si
les descendants de religionnaires expatriés qui, se prévalaient
des dispositions de la loi du 15 décembre 1790, devaient être ou
non considérés comme Français rétroactivement. L'article 4 de la
loi du 26 juin 1889 a mis fin au débat, en décidant que le décret,
intervenu en leur faveur, ne produira d'effet que pour l'avenir.

Les dispositions de l'article 4 de la loi du 26 juin 1889 pourront-
elles être invoquées par les descendants de protestants expatriés
antérieurement à la révocation de l'Édit de Nantes? La question
peut se poser notamment à l'occasion des individus descendant
de protestants qui auraient échappé aux massacres de la St-Bar-
thélemy. La difficulté provient de ce que l'article 4 de la loi nouvelle n'a visé formellement que les descendants des familles
proscrites lors de la révocation de l'Édit de Nantes, tandis que
la loi du 15 décembre 1790, beaucoup plus large, étendait le
bénéfice de ses dispositions à toutes les personnes descendant
de Français ou de Françaises expatriés pour cause de religion.
Mais il importe de remarquer que les dispositions de la loi de
1790, loin d'avoir été expressément abrogées, ont été formellement maintenues par l'article 4 de la loi du 26 juin 1889 ; ce dernier texte paraît simplement avoir statué *de eo quod plerumque
fit*, et il semble par suite qu'on puisse admettre tous les descendants de religionnaires expatriés à bénéficier de la loi de 1790,
mais en combinant les dispositions de cette loi avec le système
nouveau de l'examen par le gouvernement et du décret spécial
pour chaque intéressé.

(1) *Sénat*, séance du 7 février 1887.

CHAPITRE VII. — LE RECRUTEMENT ET LA NATIONALITÉ.

I. — La plus lourde, sinon la seule charge de la nationalité française est aujourd'hui le service militaire. Cette obligation, qui pèse sur tous les Français mâles, sans distinction de classe ou de fortune, interrompt leurs études, leur éducation professionnelle, arrête et quelquefois brise leur carrière. De là une situation vraiment privilégiée faite aux étrangers qui sont établis en France dès leur jeunesse, et que leur loi nationale n'astreint pas à des obligations si rigoureuses (1), ou bien qui savent s'y soustraire (2).

Diverses mesures ont été proposées depuis quelques années dans la pensée d'atténuer les inconvénients qui résultent, au

---

(1) « Sur 1,126,000 étrangers que signale le recensement de 1886, 65,000 appartiennent à des nationalités pour lesquelles les obligations du service militaire ne sont nullement comparables aux nôtres. — Ainsi, l'Angleterre ignore absolument la conscription : la Belgique et la Hollande ont ·bien le tirage au sort, mais avec le système des bons numéros et le remplacement; pour les moins favorisés, la durée du service militaire est encore très restreinte. Elle est moins longue encore en Suisse ». Discours de M. Maxime Lecomte, *Chambre des députés*, séance du 16 mars 1889.

(2) Les avantages assurés à l'étranger par cette exonération effective du service militaire sont assez heureusement indiqués dans une lettre lue par M. Maxime Lecomte à la tribune de la Chambre des députés (Séance du 16 mars 1889) : « Voyez tel ou tel atelier où travaillent des Français et des fils d'étrangers. Supposons-les tous travaillant comme seconds ouvriers, ils ont seize à vingt ans. Arrive le tirage au sort, c'est le moment où les travailleurs allaient passer premiers ouvriers : c'est ce qui a lieu seulement pour les étrangers, parce que les Français vont faire un an, trois ans, quarante mois... et reviennent ensuite pour se retrouver sous les ordres de leurs anciens compagnons, et pour gagner 2 fr. 50 ou 4 fr. au plus par jour. Chez nous, tous les contremaîtres sont étrangers. Autre chose : des parents ont une fille à marier et peuvent lui donner de l'argent en dot; elle est courtisée par un Français et un fils d'étranger, qui ont à peu près la même position. Les parents se disent : « Celui-ci ne fera pas ou peu de service ; il n'aura ni les vingt-huit jours, ni » les treize jours, il n'ira jamais en campagne en cas de guerre ; notre fille sera » bien plus heureuse avec lui ». Vous voyez l'intérêt des patrons et l'intérêt des familles. C'est ainsi que les étrangers nous prennent nos places, nos emplois, nos fiancées. Et quand ils ont des dépenses à faire, des achats, ils ne veulent pas du travail français et s'adressent à des fournisseurs d'au-delà la frontière ou à des compatriotes ». — V. aussi le rapport de M. Pradon, *Chambre des députés*, session 1888, n° 2364.

détriment des Français, de cette condition inégale. Elles se rattachent à un ensemble de propositions dont la portée est d'ailleurs plus large, qui ont pour but de protéger d'une manière générale les travailleurs français contre la concurrence redoutable des travailleurs étrangers.

Ces propositions, formulées au cours de la dernière législature, ont été l'objet d'un rapport très étudié et en somme favorable de M. Pradon (1) ; depuis le renouvellement de la Chambre des députés, elles ont été reprises sous des formes sensiblement analogues (2). Nous nous bornons à indiquer sommairement celles des mesures projetées qui se rattachent plus particulièrement à l'ordre d'idées spécial qui nous préoccupe.

On demande que les étrangers résidant en France soient astreints au paiement d'une taxe militaire, telle que la taxe édictée par l'article 35 de la loi sur le recrutement du 15 juillet 1889 pour les individus exemptés (3), ou même au service militaire effectif dans la légion étrangère (4).

L'application des règles que ces propositions tendent à établir soulèverait à coup sûr de graves difficultés, soit dans les relations internationales (5), soit dans les relations de l'État français avec l'individu étranger. Aussi conçoit-on très bien que le

---

(1) *Chambre des députés*, session 1888, n° 2364.

(2) Propositions: 1° de M. Castelin et plusieurs de ses collègues, *relative aux conditions de séjour et de résidence des étrangers en France ; Chambre des députés*, sess. extra. 1889, n° 63; — 2° de M. Lalou, *tendant à régler la condition des étrangers en France ; Chambre*, sess. extra. 1889, n° 81 ; — 3° de M. Macherez et plusieurs de ses collègues, *ayant pour objet la protection du travail national contre les étrangers ; Chambre*, sess. extra. 1889, n° 119 ; — 4° de M. Brincard et plusieurs de ses collègues, *réglant les conditions de séjour des ouvriers étrangers en France et assurant la protection du travail national, Chambre*, sess. extra. 1889, n° 124 ; — 5° de MM. Hubbard, Barbe et Montaut, *ayant pour objet la défense du travail national et l'établissement d'une taxe de résidence sur les étrangers séjournant en France ; Chambre*, sess. extra. 1889, n° 187. — Elles ont fait l'objet d'un rapport sommaire concluant à la prise en considération, fait au nom de la 1re Commission d'initiative parlementaire, par M. Maxime Lecomte, *Chambre*, session 1890, n° 271.

(3) Propositions de M. Castelin, de M. Lalou, de M. Macherez et de M. Hubbard.

(4) Proposition de M. Brincard.

(5) L'une des raisons qui, sous les précédentes assemblées, ont mis obstacle au succès des propositions soumettant les étrangers à une taxe de séjour, a été

législateur ne soit pas jusqu'à présent entré dans cette voie. En l'état actuel de la législation, l'étranger résidant en France n'est soumis à aucune obligation militaire (1).

Il n'est cependant pas impossible qu'un étranger se trouve

l'existence de traités en vertu desquels les nationaux de la plupart des pays avec lesquels nous sommes en relations fréquentes « ne peuvent, en raison du commerce et de l'industrie qu'ils exercent, être soumis à une taxe que n'acquitteraient pas les ressortissants français »: Déclaration de M. Flourens, ministre des affaires étrangères, rapportée dans l'Exposé des motifs de la proposition Lalou, précitée. — De plus, les détails de l'application seraient très délicats. On ne veut par exemple astreindre au service dans la légion étrangère que les étrangers qui n'ont pas satisfait au service militaire dans leur pays d'origine ; mais « convient-il que la France applique, pour ainsi dire, l'extradition à la désertion et à l'insoumission de l'étranger, et se fasse, à ce point de vue, le gendarme des autres nations, obligeant à servir dans son armée ceux qui ne sont pas allés servir leur propre patrie ? » (Rapport sommaire Maxime Lecomte, précité). — Au surplus, l'idée qui dicte cette proposition conduirait à astreindre au service militaire en France, non pas seulement les étrangers réfractaires à leur loi militaire nationale, mais encore tous ceux dont la loi nationale n'exigerait qu'un service militaire nul ou insignifiant, solution que l'équité semblerait cependant repousser. L'application de la taxe, sans mériter les mêmes critiques, ne laisserait pas que d'offrir également des difficultés.

(1) Il y avait une exception à ce principe avant la promulgation de la loi du 26 juin 1889. Aux termes d'une convention consulaire Franco-Espagnole, en date du 7 janvier 1862, les jeunes gens nés en France de parents espagnols, et réciproquement ceux qui sont nés en Espagne de parents français, doivent figurer à l'âge de 20 ans sur les tableaux de recensement dans les pays où ils résident, à moins qu'ils ne justifient avoir satisfait à leurs obligations militaires dans leur pays d'origine. Mais cette convention, peu en accord d'ailleurs avec les textes qui ne permettent l'incorporation à l'armée française que des seuls Français, nous paraît depuis la loi nouvelle ne plus pouvoir être appliquée dans ses termes propres, du moins en France. Ou le jeune homme dont il s'agit est né en France d'un Espagnol qui lui-même y est né : et alors, déclaré Français par l'article 8, II, 3°, il doit être porté sur les tableaux, mais en sa qualité de Français et d'une manière définitive. Ou il est né en France d'un Espagnol né hors de France : et alors l'article 8, II, 4° lui est applicable, c'est-à-dire que cet individu, résidant en France, deviendra Français à sa majorité, puisqu'il ne pourra pas, par hypothèse, justifier qu'il a satisfait à la loi militaire espagnole. Dès lors il semble que la convention de 1862 doive être écartée comme réglant une situation qui ne peut plus se présenter : celle d'un Espagnol né et résidant en France, et demeurant Espagnol bien qu'il ait négligé de satisfaire au service militaire dans son pays. La conséquence au point de vue du recrutement, c'est que ces individus seront assimilés à tous les autres étrangers nés en France. V. infrà, p. 136.— V. dans ce sens, Rabany : *Loi sur le recrutement*, p. 213.

attaché au service militaire de la France ; légalement, ce fait ne peut se présenter que pour les troupes coloniales, et nous avons vu qu'il avait pour conséquence unique d'abréger le délai de stage au profit de cet étranger, en lui permettant d'obtenir la naturalisation après une année de domicile autorisé (1). Si cependant il avait été par erreur incorporé à l'armée continentale française, il ne retirerait du service militaire accompli aucun avantage au point de vue de la naturalisation ; la loi n'ayant pas prévu cette hypothèse exceptionnelle, il devrait subir l'admission à domicile préalable et le stage de trois années, à moins qu'il ne puisse invoquer pour s'y soustraire une des dispositions exceptionnelles qui permettent d'obtenir la naturalisation immédiate.

II. — Si l'obligation du service militaire n'a pas paru, jusque dans ces derniers temps, pouvoir s'appliquer aux étrangers résidant en France, il semble au contraire que lorsque ces étrangers deviennent Français, leur nouvelle patrie puisse à bon droit réclamer d'eux leur contribution à cette charge.

Cependant les lois militaires qui ont précédé la loi du 15 juillet 1889 n'imposaient pas, d'après une interprétation dominante, l'obligation du service militaire aux étrangers devenus Français par voie de naturalisation ou de réintégration. Elles les admettaient bien à servir, en les autorisant à se faire porter sur les listes de recrutement ; mais c'était là pour eux une simple faculté. Il en était de même en ce qui concerne les individus qui, invoquant leur qualité de fils d'un ex-Français, souscrivaient la déclaration · de l'article 10 § 2 du code civil. Seul l'individu, qui, né en France, devenait Français en vertu de l'article 9, était porté sur les tableaux de recensement de la classe dont la formation suivait l'époque où la déclaration avait été effectuée.

Le vice de notre législation militaire était peu sensible en raison du petit nombre des naturalisés ; mais si ce nombre augmentait notablement, ce privilège accordé aux étrangers naturalisés paraîtrait abusif. Aussi la loi militaire du 15 juillet 1889 (art. 12), a-t-elle d'une manière formelle soumis au service militaire les individus qui acquerront ou recouvreront la natio-

(1) V. *suprà*, p. 76.

nalité française, soit au moyen d'un décret de naturalisation ou de réintégration, soit en vertu de la naturalisation de faveur.

Les étrangers naturalisés, et ce que nous disons d'eux est applicable aux réintégrés, sont astreints au service militaire tel qu'il est encore dû au moment de leur naturalisation, par les hommes de leur âge. On ne pouvait en effet songer à réclamer d'eux un service égal à celui qui avait été fourni dans le passé par les Français de naissance. C'eût été attribuer à la naturalisation, au détriment de l'étranger, un effet rétroactif qu'elle n'a pas à son profit. De plus, l'étranger naturalisé a, d'ordinaire, satisfait aux obligations militaires que lui imposait son pays d'origine ; il eût été peu équitable de les lui imposer de nouveau dans son pays d'adoption, et à un âge où ses nouveaux concitoyens en sont généralement libérés. Au point de vue pratique, cette exigence eût probablement éloigné de la naturalisation bien des étrangers désireux de devenir Français.

L'étranger naturalisé sera donc inscrit sur les tableaux de la première classe formée après son changement de nationalité, comme le sont les omis des classes précédentes. D'ailleurs la ressemblance entre les omis et les naturalisés s'arrête là : la loi en effet impose précisément aux omis toutes les obligations de la classe avec laquelle ils sont appelés (1); au contraire, d'après ce que nous venons de dire et pour les raisons que nous venons d'indiquer, les naturalisés ne doivent jamais que le temps de service encore dû au moment où ils sont naturalisés par les hommes de la classe à laquelle ils appartiennent par leur âge. Pour prendre un exemple, les omis de la classe 1888, appelés en 1890 seulement, devront accomplir trois années de service, comme les hommes de la classe 1890 ; les étrangers appartenant par leur âge à la classe 1888, qui ont été naturalisés en 1890 et seront appelés avec la classe 1890, ne devront jamais accomplir que le service encore dû par les hommes de la classe 1888, soit quelques mois de service. Toutes les obligations militaires disparaissent pour les naturalisés, lorsqu'ils ont obtenu la natura-

---

(1) Toutefois ils sont définitivement libérés à l'âge de quarante-huit ans, même si les hommes de la classe avec laquelle ils ont été appelés se trouvent encore liés au service militaire.

lisation, passé l'âge de quarante-cinq ans. (Instruct. minist. Guerre, 4 déc. 1889.)

L'inscription est opérée, soit sur la réquisition des intéressés, soit même d'office : c'est là ce qui constitue, ainsi que nous l'avons vu, l'innovation de la loi du 15 juillet 1889.

On peut se demander si la loi a mis à la charge des naturalisés une obligation analogue à celle qu'elle a imposée à tout Français de naissance, c'est-à-dire l'obligation de veiller en personne à ce que leur inscription soit effectuée. L'intérêt de cette question est le suivant : s'il y a obligation à leur charge, ils seront considérés comme omis lorsque l'inscription n'aura pas eu lieu au moment fixé par la loi et déterminé ci-dessus. Ils devront par suite être inscrits sur les tableaux de recensement de la classe formée après la découverte de l'omission : ils seront astreints à un service d'une durée égale au temps dû par les autres étrangers naturalisés, portés sur ces mêmes tableaux, mais dont l'inscription a été régulière ; enfin leurs obligations se prolongeront jusqu'à l'âge de quarante-huit ans. Ces solutions nous paraissent plus justes ; l'individu naturalisé doit un temps de service qui se détermine d'après son âge au jour où il est naturalisé, et qui doit être fourni, même s'il a négligé de se faire porter sur les listes de recrutement à l'époque fixée par la loi et si par suite il n'est appelé qu'avec des individus naturalisés ultérieurement.

Les dispositions de la loi militaire ne touchent point d'ailleurs les individus devenus Français avant le 15 juillet 1889, eussent-ils été naturalisés ou réintégrés depuis le 26 juin de la même année. Toute idée de rétroactivité à cet égard, loin d'avoir été consacrée par un texte exprès, semble bien au contraire avoir été implicitement exclue par la loi nouvelle : « La présente loi, dit l'article 93, est applicable aux hommes appelés en vertu des lois antérieures, libérés ou non du service militaire, jusqu'à ce qu'ils aient atteint l'âge de 45 ans ». La loi du 15 juillet 1889 contient donc une disposition rétroactive, mais qui ne vise que les individus appelés en vertu des lois antérieures ; or, les naturalisés n'étaient point appelés en vertu des lois militaires qui ont précédé la loi de 1889.

La loi du 15 juillet 1889 a également pris des mesures relatives au service militaire éventuel des enfants des naturalisés, encore mineurs au moment du changement de nationalité de leur auteur ; nous les étudierons plus loin.

Les enfants majeurs n'ont d'obligations militaires que s'ils sont eux-mêmes devenus Français, au même titre que tous les naturalisés et à dater de leur naturalisation.

III. — L'inégalité de condition, existant au point de vue du service militaire entre les Français et les étrangers, avait paru plus particulièrement choquante lorsqu'il s'agissait d'étrangers résidant en France et qui y étaient nés. L'assimilation complète, qui s'établit d'ordinaire dès la première génération entre l'étranger né en France et le Français, rendait encore plus sensibles les avantages de la situation d'étranger ; on voyait les fils d'étrangers prendre sur leurs contemporains français une avance considérable, grâce à l'exonération effective du service militaire, grâce à ces quelques années consacrées par eux au labeur professionnel, quand les Français avaient dû les employer à leur éducation militaire (1).

Des règles ont été tracées qui remédieront, en ce qui touche les étrangers nés en France, à ces graves inconvénients. La loi sur la nationalité (art, 8, II, 3°, C. civ.) a fait du fils d'étranger né en France un Français, soumis comme tel à toutes les obligations militaires qui pèsent sur les Français, lorsque du moins l'un des auteurs de cet étranger est lui-même né en France. En second lieu, la loi sur la nationalité (art. 8, II, 4°, C. civ.) et la loi sur le recrutement du 15 juillet 1889 (art. 11) ont pris un ensemble de mesures destinées à imposer, dès la première génération, le service militaire à l'étranger né en France, à moins qu'il ne justifie avoir véritablement conservé sa nationalité d'origine et subi toutes les charges qni y sont inhérentes. Ces dispositions font évidemment perdre beaucoup d'intérêt aux propositions diverses que nous avons enregistrées plus haut.

Les prescriptions que nous avons à étudier résultent à la fois de la loi sur la nationalité (26 juin 1889) et de la loi sur le recrute-

_____

(1) C'est surtout aux étrangers nés en France que s'appliquent les passages des travaux préparatoires cités plus haut.

ment (15 juillet 1889). Il semble que l'élaboration concomitante et le vote à des dates si voisines de ces deux lois devaient permettre de donner une rédaction parfaitement harmonieuse à des textes se référant forcément les uns aux autres. Et cependant, par suite d'un vice du système actuel de préparation des lois, ce travail législatif parallèle a précisément été cause d'un défaut de concordance tout à fait regrettable. La loi sur le recrutement devait évidemment, au point de vue de la nationalité des personnes dont elle estimait devoir s'occuper, se référer purement et simplement aux dispositions de la loi civile. Comme elle paraissait devoir être adoptée par le Parlement avant la loi en discussion sur la nationalité, il sembla nécessaire de viser, en ce qui touchait ce point spécial, non pas la loi en discussion, mais les lois existantes. C'était en fait une solution très acceptable. Seulement, par suite d'incidents parlementaires, la loi sur la nationalité prit l'avance sur la loi militaire et fut promulguée avant elle : il eût fallu à ce moment refondre l'article de la loi militaire qui contenait des références désormais absolument erronées. Mais le temps pressait ; l'expiration des pouvoirs de la législature était imminente, et l'appareil de la procédure parlementaire eût retardé, peut-être empêché, le vote de la loi sur le recrutement. On se décida à ne point mettre son texte au courant de la législation nouvelle, et à subir, puisqu'on ne pouvait l'empêcher, ce résultat étonnant d'une loi votée le 15 juillet 1889 et qui contient des références à une législation abrogée depuis le 26 juin précédent.

Le défaut de concordance, qui en est résulté entre le texte de la loi militaire et le texte de la loi civile, devait être la source de graves difficultés. Il faut en effet combiner entre eux ces textes discordants et rechercher les solutions qui ne heurtent les termes ni des uns ni des autres. Une solution radicale consisterait à tenir pour non avenues les dispositions de la loi militaire qui se réfèrent aux textes abrogés sur la nationalité (1). Mais ce

---

(1) Telle paraît être l'opinion de M. Cogordan, *Nationalité*, 2ᵉ édition, p. 94, note 1, et p. 453, note 1. — L'honorable auteur attribue à une inadvertance du législateur, qui en réalité n'a pas été commise, cette contradiction des deux lois, contradiction qui s'explique, sans se justifier d'ailleurs, par les raisons

serait en somme faire sortir l'abrogation d'une loi d'une disposition légale votée antérieurement ; de plus, — et c'est là un principe d'interprétation certain — à supposer même que la loi sur la nationalité eût été votée postérieurement, l'abrogation des dispositions de la loi militaire n'en serait pas résultée : il s'agit en effet d'une loi mettant simplement en œuvre sur un point spécial les règles posées par la loi générale sur la nationalité. Il n'y a donc à tenir aucun compte de la date à laquelle chacune de ces lois a été votée : elles ont leur sphère propre et peuvent recevoir simultanément leur application distributive. Il faut par suite se borner à rechercher dans quelle mesure les dispositions de la loi spéciale modifient les dispositions de la loi générale. Nous prendrons successivement les deux catégories d'étrangers visés par la loi sur le recrutement, individus nés en France d'un étranger qni lui-même y est né : individus nés en France d'un étranger né hors de France.

En ce qui concerne les individus nés en France d'étrangers qui eux-mêmes y sont nés, la difficulté n'est pas grande. La loi militaire leur crée une situation spéciale, mais en se référant à la législation ancienne : or, la législation nouvelle en a fait des Français au même titre que les autres nationaux. La disposition de la loi militaire devient donc inutile, et les individus auxquels elle devait s'appliquer tombent désormais purement et simplement sous le coup du droit commun.

Les difficultés sont au contraire sérieuses en ce qui concerne les individus nés en France, mais d'un père né à l'étranger. Nous allons préciser, d'abord (A), les solutions qui nous paraissent résulter de la combinaison des différents textes, et pour y arriver, nous distinguerons suivant que l'individu né d'un étranger en France y est domicilié (a) ou bien est domicilié à l'étranger (b). Nous discuterons ensuite (B) les objections qui ont pu être faites à cette combinaison des deux lois.

A. — Combinaison de l'article 11 § 2 (l. 15 juillet 1889) et de l'article 8, II, 4° (C. civ.). — L'individu né en France

indiquées au texte, et dont on s'est bien aperçu au cours de la rédaction. V. notamment les séances des 16 et 24 mai 1889, à la Chambre, et des 18 et 20 décembre 1388, au Sénat.

d'un étranger est traité différemment au point de vue du recrutement, suivant qu'il est, soit domicilié ou résidant (1) en France, soit domicilié hors de France.

. a). — *Individu né et domicilié en France*. — S'il est domicilié en France, il doit, aux termes de l'article 11 § 2 de la loi militaire, qui s'applique dans ses termes exacts, être porté sur les tableaux de recensement de la classe dont la formation suit l'époque de sa majorité.

Deux hypothèses peuvent alors se présenter : ou bien ce jeune homme réclame contre son inscription, ou bien il l'accepte.

1°. — *Individu réclamant contre son inscription*. — S'il réclame, le succès de sa réclamation est subordonné à la production d'une déclaration d'extranéité souscrite dans les termes de l'article 8, II, 4°, qui règle sa situaton au point de vue de la nationalité (art. 11 §§ 1 et 2 combinés).

La réclamation doit se produire, aux termes de l'article 11 de la loi du 15 juillet 1889, soit lors de l'examen des tableaux de recensement, qui est fait au chef-lieu de canton par le sous-préfet et qui précède le tirage au sort (art. 16, l. 15 juillet 1889), soit devant le Conseil de révision (art. 18 et 19, même loi).

Si au moment où la réclamation se produit, le réclamant est porteur d'une déclaration d'extranéité régulière, et notamment enregistrée au Ministère de la Justice, pas de difficultés : il doit être rayé (2). Toutefois, si le sous-préfet a des doutes sur la

---

(1) On a accru la difficultés de cette question déjà si difficile en discutant sur le sens qu'il convenait de donner au mot « domicile », au point de vue spécial qui nous occupe. (V. Vincent, *Nationalité*, n° 45). A notre avis, il n'y a pas place pour une contestation sérieuse : les termes « domicile » et « résidence » doivent dans toute cette matière être pris pour synonymes. Nous l'avons démontré plus haut pour la loi sur la nationalité (V. *suprà*, p. 161). C'est également ce qui doit être admis pour la loi militaire, en présence des dispositions de l'article 13 (l. 15 juillet 1889) qui définit le domicile au point de vue du recrutement. — Tous les jeunes gens que la loi militaire qualifie dans son article 11 de *résidant* en France sont considérés par la loi sur la nationalité comme y étant *domiciliés*.

(2) L'instruction du ministère de la guerre (4 décembre 1889, n° 20 *in fine*) pour l'application de la loi sur le recrutement, semble exiger qu'à la déclaration *enregistrée* soient joints l'attestation du gouvernement étranger et le certificat militaire dont il est parlé dans l'article 8, II, 4°. Cette exigence se

validité de la déclaration d'extranéité produite, il devra s'abstenir d'effectuer la radiation. La réclamation sera portée devant le Conseil de révision, qui, à son tour, pourra, soit opérer la radiation définitive, s'il considère au contraire la déclaration d'extranéité comme valable, soit prononcer le maintien de l'inscription, si la réclamation lui paraît également mal fondée. Mais dans ce dernier cas, il ne peut prendre qu'une décision conditionnelle : il s'agit en effet de savoir si le réclamant a la qualité de Français ou la qualité d'étranger, question d'état, dont l'examen exclusif appartient aux tribunaux de l'ordre judiciaire, et non à un tribunal administratif comme le Conseil de révision. L'intéressé devra donc être inscrit provisoirement, à charge par lui de se faire rayer ultérieurement des contrôles en produisant une décision judiciaire favorable (1) ; si, méconnaissant ces règles, le Conseil de révision avait prononcé définitivement le maintien du réclamant sur les tableaux, la voie du recours au Conseil d'État serait ouverte ; le Conseil de révision aurait en effet commis un excès de pouvoirs (art. 31, l. 15 juillet 1889).

La procédure devant le Conseil d'État est la procédure ordinaire ; au contraire, lorsqu'il y a lieu pour l'intéressé de se pourvoir devant les tribunaux judiciaires, certaines règles spéciales ont été tracées par la loi sur le recrutement (art. 31, loi 15 juillet 1889). L'intéressé assigne le préfet, *au nom et comme représentant de l'État*, devant le tribunal de l'arrondissement où il est domicilié (2). Le préfet est dispensé de constituer avoué ; il comparaît par le ministère public (3), et le ministère public étant

comprend mal : il s'agit là de pièces qui ont dû être produites avec la déclaration d'extranéité, en vue de l'enregistrement, et qui demeurent annexées à la copie conservée aux archives du Ministère de la justice ; la déclaration n'eût pas été enregistrée, si ces pièces n'avaient pas été fournies. Il semble donc excessif de les réclamer de nouveau.

(1) V. Trib. civ. Nice, 26 février 1890.

(2) Le tribunal doit statuer *sans délai* (l. 15 juillet 1889, art. 31).— Nous avons déjà indiqué (V. *supra*, p. 126) cette qualité reconnue au préfet par la législation militaire, à l'occasion d'une extension que la pratique semble assez disposée à lui donner (V. cependant *contra* : Trib. civ. Seine, 18 février 1875, *Journal Droit Intern. Privé*, 1876, p. 168).

(3) Cette solution n'est pas donnée explicitement par la loi du 15 juillet 1889, qui se borne à dire que le tribunal statue « le ministère public entendu », ce

toujours présent à l'audience, le préfet ne peut par suite jamais faire défaut (1). La voie de l'opposition lui est donc toujours fermée, l'appel et le pourvoi en cassation sont seuls possibles (2). L'action peut d'ailleurs être formée contre le réclamant par le préfet demandeur (art. 31, 1. 15 juillet 1889).

Si le réclamant ne produit pas la déclaration d'extranéité, sa réclamation ne peut pas être accueillie. Cependant, le Conseil de révision peut lui accorder un délai afin qu'il produise les pièces indispensables. Ce délai est, bien évidemment, laissé à l'arbitraire du Conseil ; il ne peut néanmoins s'étendre au-delà des vingt jours qui suivent l'époque fixée pour la fin de la tournée de révision (3). Si donc, avant l'expiration du délai fixé, le réclamant produit une déclaration d'extranéité régulièrement enregistrée, la radiation devra être opérée. Nous croyons que la radiation des contrôles devra de même être effectuée, si l'intéressé établit qu'au moment où il a été convoqué par le conseil de révision, il était déjà devenu régulièrement étranger au moyen d'une déclaration valable, bien que l'enregistrement de cette déclaration n'ait eu lieu que tardivement ; nous avons en effet admis que l'enregistrement avait un effet rétroactif, et le maintien sur les listes du recrutement par le Conseil de révision ne peut avoir pour effet de faire perdre à cet individu sa qualité d'étranger. Mais après la convocation au Conseil ou après l'expiration des délais par lui accordés, la déclaration d'extranéité ne peut plus être souscrite : le réclamant est forclos.

Il en résulte que le délai imparti par l'article 8, II, 4° du Code

qui est le droit commun. Mais elle était admise sans difficulté sous l'empire de l'ancienne législation : une circulaire du 8 juillet 1819 a décidé qu'il y avait lieu d'appliquer en cette matière les règles posées par la loi en matière domaniale (1. 17 nivôse an IV). — Le préfet n'est pas tenu des frais : Trib. civ. Seine, 19 février 1878 ; Trib. civ. Lille, 6 mars 1890 (*Gaz. Pal.* n° des 9-10 avril) ; Trib. civ. Nice, 26 février 1890 (*Gaz. Trib.*, n° du 14-15 avril).

(1) Trib. civ. Seine, 19 février 1878.

(2) « Le délai de l'appel et du recours en cassation est de quinze jours francs à partir de la signification de la décision attaquée. — Le recours est, ainsi que l'appel, dispensé de la consignation de l'amende. — L'affaire est portée directement devant la Chambre civile. — *Les actes faits en exécution du présent article sont visés pour timbre et enregistrés gratis.* » (art. 31, 1. 15 juillet 1889).

(3) V. Rabany, *Loi sur le recrutement*, p. 307.

civil (nouvelle rédaction), pour l'exercice de la faculté de répudiation, se trouve sensiblement abrégé ; ce délai était d'une année à compter du jour où l'intéressé a atteint sa majorité ; par suite des dispositions de la loi militaire, il est d'une durée variable, plus ou moins longue suivant que cette majorité se place plus ou moins près de la convocation au conseil de révision.

2o. — *Individu acceptant son inscription sur les listes de recrutement.* — Supposons maintenant qu'au lieu d'élever une réclamation, l'individu né en France d'un étranger accepte son inscription sur les tableaux de recensement : il devient irrévocablement Français ; non pas en vertu du service militaire accepté par lui (on pourrait en effet être tenté d'appliquer l'article 9 § 3), mais parce qu'il était domicilié en France à sa majorité et qu'il n'a point exercé en temps utile la faculté de répudiation que lui reconnaissait l'article 8, II, 4o du Code civil. .

Il est donc Français depuis le jour de sa majorité ; mais d'après ce que nous avons indiqué, il en serait autrement si, par impossible, l'individu né d'un étranger en France et qui a été incorporé à l'armée française, se trouvait en réalité déjà redevenu étranger par une déclaration d'extranéité souscrite avant la convocation au conseil de révision. Le fait lui-même de l'incorporation, malgré le texte de l'article 9 § 3, serait impuissant à lui conférer cette qualité de Français, qu'il a déjà perdue par l'exercice de la faculté de répudiation ; il ne pourrait la recouvrer qu'au moyen de la réintégration. Cet individu serait donc en droit de réclamer sa radiation des contrôles, à quelque moment que ce soit, exactement comme le pourrait, au jour où il s'apercevrait de l'erreur commise, un étranger ordinaire incorporé à l'armée française.

3o. — *Individu inscrit sur les tableaux de recensement en minorité.* — Quelle est la situation de l'individu né en France d'un étranger qui, contrairement d'ailleurs aux prescriptions de la loi (art. 11, l. 15 juillet 1889), au lieu d'être porté sur les tableaux de la classe formée après sa majorité, a été porté sur les tableaux de recensement de la classe à laquelle il appartient par son âge, c'est-à-dire dès qu'il a atteint l'âge de vingt ans révolus (art. 10, l. 15 juillet 1889) ? Son droit strict est de se faire reporter à l'année suivante, et, à ce moment, il pourra indifféremment soit réclamer sa radiation, soit accepter le service militaire, exactement comme il est dit ci-dessus, et sans qu'on puisse en rien lui opposer l'attitude prise par lui l'année précédente.

Mais si, au lieu d'user de ce droit, il accepte la situation qui lui est faite, sa nationalité se fixe immédiatement : il y a lieu d'appliquer l'article 9 § 3. Le changement de nationalité s'opérera alors non pas à sa majorité, mais au jour du tirage au sort (arg. art. 11, l. 15 juillet 1889).

b). — *Individu né en France et domicilié à l'étranger*. — Quant à l'étranger né en France et domicilié à l'étranger, il ne doit pas être porté sur les tableaux de recensement. Il y sera inscrit seulement s'il fait la déclaration de l'article 9 du code civil et après qu'il l'aura faite ; en vertu non pas de l'article 11, mais de l'article 12 de la loi du 15 juillet 1889. Si, par erreur, il a été inscrit sur les listes, il pourra réclamer, sans avoir à établir autre chose que le fait de sa résidence à l'étranger ; aucune déchéance n'en résultera pour lui, au point de vue de la possibilité d'acquérir la nationalité française ; il pourra ultérieurement souscrire la déclaration de l'article 9.

Si au contraire il a accepté le service militaire, il devient immédiatement Français : le tirage au sort équivaut pour lui à la déclaration de l'article 9 du code civil.

B. — **Objections et discussion.** — Tel est, suivant nous, le système qui se dégage de la combinaison des différents textes législatifs, spécialement de la combinaison de l'article 8, II, 4° du code civil, avec l'article 11 § 2 de la loi du 15 juillet 1889. On se refuse à admettre même la possibilité de cette combinaison ; on déclare inconciliables l'article 11 de la loi militaire et les textes sur la nationalité. En effet, dit-on, la loi militaire, dans son article 11 § 2, règle la situation d'individus *étrangers*, qui peuvent devenir Français au moyen d'une déclaration ; l'article 8, II, 4° du code civil nous présente des individus *français*, qui ont simplement une faculté de répudiation : la situation est tout à fait différente (1).

_____

(1) Cogordan, p. 94, et p. 97 ; Vincent, n° 45 ; Despagnet, journal *le Droit*, n° du 19 octobre 1889.

L'observation est exacte, mais la portée ne doit pas en être exagérée. L'article 11 § 2 parle simplement d'un individu né d'un étranger en France et y résidant, sans que ses termes indiquent en aucune façon, s'il le considère comme étranger ou comme Français : il s'en réfère évidemment sur ce point à la loi qui régit la nationalité. Ce même individu est visé également par l'article 8, II, 4° du code civil, mais il ne s'ensuit pas que les deux textes soient inconciliables : l'un déclare cet individu Français, l'autre prescrit de le porter sur les tableaux de recensement ; ce sont là deux ordres de dispositions tout à fait distinctes. L'un reconnaît à l'intéressé une faculté de répudiation, l'autre prévoit qu'il pourra réclamer sa radiation ; rien n'empêche jusque-là de combiner ces dispositions, de subordonner par exemple, la radiation des listes de recrutement à l'exercice préalable de la faculté de répudiation. Cette faculté de répudiation peut, il est vrai, aux termes du code civil, s'exercer pendant un délai d'une année, tandis que, aux termes de la loi militaire, la radiation doit être demandée immédiatement, sous peine de déchéance. Mais n'arrive-t-il pas fréquemment qu'un délai imparti d'une manière générale se trouve restreint dans une circonstance déterminée et par suite de quelque disposition particulière ? Dans tous les cas, il n'y a vraiment là aucune incompatibilité. Toute la question est de savoir si l'on doit appliquer l'article 11 de la loi militaire et déclarer l'étranger déchu de la faculté de répudiation, faute par lui de l'avoir exercée dans les délais qui pourront lui être impartis par le Conseil de révision, — ou si au contraire on doit appliquer exclusivement la disposition de la loi sur la nationalité ; reconnaître par suite à l'intéressé le droit de se faire ajourner à l'année suivante, de manière à conserver son délai d'option dans toute son intégrité.

Nous n'hésitons pas à croire que, sur ce point spécial, la loi militaire doit prévaloir sur la loi civile. La solution contraire aurait pour effet de rendre les dispositions de la loi militaire lettre morte, ce qui est opposé aux plus élémentaires principes d'interprétation, tandis que notre solution laisse à chaque loi la part d'application qui lui revient d'après la nature des prescriptions qu'elle contient. On allègue que le jeune étranger, ainsi mis en demeure d'opter immédiatement, ne pourra souvent pas se procurer les pièces nécessaires ; il y a là, dit-on, une impossibilité matérielle. Cette impossibilité n'avait cependant pas arrêté le législateur, qui, dans la situation toute voisine de celle qui nous occupe, prévue par les lois de 1851 et de 1874, avait précisément donné dans l'article 11 § 1 (l. 15 juillet 1889) la règle qui, nous le croyons, résulte nécessairement de l'article 11 § 2. C'est bien certainement là l'esprit de la loi sur le recrutement : contraindre l'étranger né en France, auquel la loi sur la nationalité reconnaît une faculté d'option, — quelle que soit d'ailleurs cette faculté, faculté d'acquisition s'il est encore étranger, faculté de répudiation, s'il est déjà Français, — à l'exercer immédiatement, de manière à ne pouvoir pas retarder encore d'une année l'accomplissement des obligations militaires, dont la durée est déjà singulièrement abrégée à son profit. La volonté du législateur sur ce point nous paraît d'ailleurs résulter très nettement d'une déclaration du rapporteur de la loi du 26 juin 1889 à la tribune de la Chambre des députés (1), déclaration provoquée par M. des Rotours, à l'initiative duquel revient l'adoption de l'article 11 de la loi militaire.

Au surplus, il suffit de se mettre en présence des faits pour se rendre immédiatement compte que le jeune homme dont nous nous occupons ne peut pas se prétendre véritablement lésé par cette mise en demeure d'opter, à lui adressée lors de la formation de la classe qui suit l'époque de sa majorité. Un délai d'une durée suffisamment longue lui est laissé dans tous les cas ; à prendre l'hypothèse la moins favorable, celle d'un individu né le 31 décembre, il a pour effectuer la répudiation un délai d'au moins quatre mois, que le Conseil de révision, en raison de circonstances particulières, est encore en droit de prolonger, ce qui pourra porter le délai total au moins à six mois. D'autre part, l'individu qui est en droit d'user de la faculté de répudiation n'éprouvera aucune difficulté à se procurer les pièces nécessaires. Il ne faut en effet pas oublier que, pour pouvoir user de cette faculté, il doit avoir déjà répondu à l'appel sous les dra-

(1) Séance du 16 mars 1889.

peaux dans son pays d'origine, appel qui se produit toujours aux environs de la vingtième année ou même plus tôt, c'est-à-dire bien avant l'époque où l'exercice de la faculté de répudiation doit avoir lieu ; et il est alors évident que la production des pièces exigées, et notamment du certificat militaire, sera pour lui chose aisée. Ou il a satisfait au recrutement dans son pays d'origine, et il lui est facile de décliner la qualité de Français, soit lors de l'examen des tableaux de recensement, soit devant le conseil de révision ; ou il n'a pas satisfait à la loi militaire de son pays, et il ne peut dès lors se plaindre d'être soumis à notre loi puisqu'il est devenu irrévocablement Français, n'étant plus en mesure de décliner la nationalité française que lui confère l'article 8, II, 4° du code civil. Sans doute, les délais se trouvent abrégés, mais dans des conditions qui ne sauraient en fait lui porter aucun préjudice sérieux.

Il est un autre point sur lequel se sont également produites des divergences d'interprétation (1). Nous avons admis que tout individu né en France, qui satisfait à la loi militaire française, doit être par ce fait seul considéré comme Français ; la disposition de l'article 9 § 3 a, suivant nous, une portée générale. Or, on a prétendu au contraire que parmi les individus nés en France, ni ceux qui ont subi la loi du recrutement étant encore mineurs, ni ceux qui l'ont subie en majorité, mais étant domiciliés en France, ne deviennent Français immédiatement. Ils conserveraient la faculté d'opter pour la nationalité étrangère jusqu'à l'expiration de leur vingt-deuxième année. Ainsi, loin d'avoir une portée générale, l'article 9 § 3 du code civil devrait être exclusivement appliqué aux individus nés d'un étranger en France, qui sont *majeurs et domiciliés à l'étranger lors de leur majorité* : le fait d'accepter le service militaire serait uniquement l'équivalent de la déclaration de nationalité prévue par le premier paragraphe de l'article 9 du Code civil (2).

A l'appui de cette théorie, on invoque tout d'abord la place qu'occupe dans la loi la disposition dont il s'agit : mais il ne faut

---

(1) Comp. en divers sens : Cogordan, p. 94 ; Vincent, n° 111 ; Despagnet, journal *le Droit*, n° du 19 octobre 1889.

(2) Vincent, *loc. cit.*

pas, suivant nous, y attacher trop d'importance. Nous l'avons déjà vu, l'article 9 contient des dispositions qui dépassent de beaucoup la portée de son premier paragraphe ; c'est ainsi que la seconde partie du texte ne vise certainement plus d'une manière exclusive l'individu né en France *et domicilié à l'étranger* ; il ne peut, tout au contraire, toucher que les mineurs *résidant en France* (1). De même, le paragraphe final ne doit pas s'appliquer exclusivement au majeur non domicilié en France ; il doit s'appliquer en outre et au majeur domicilié, et au mineur. On invoque, il est vrai, en sens contraire, une déclaration du rapporteur de la loi sur la nationalité au Sénat, M. Delsol, déclaration qui a été consacrée par une modification apportée au texte : « La commission, lit-on dans le rapport (2), pour bien marquer qu'il s'agit toujours de l'individu né en France d'un étranger et qui n'y est pas domicilié à l'époque de sa majorité, vous propose de dire simplement (au lieu de : Tout individu né en France d'un étranger devient....) « *Il* devient.... ». Mais il semble que cette modification a été dictée uniquement par le souci de faire un article homogène, et nullement par la volonté arrêtée de restreindre le bénéfice de la disposition finale à l'individu *né en France d'un étranger et qui n'y est pas domicilié à l'époque de sa majorité*, d'en exclure par suite les mineurs et l'individu visé par l'article 8, II, 4° du code civil. Au surplus, la modification n'a pas même toute la portée que paraissait vouloir lui attribuer le rapporteur : grammaticalement, le pronom *il* se rapporte à chacun des individus désignés dans les paragraphes précédents, au majeur non domicilié et *au mineur* qui, d'après ce que nous avons dit, est, par hypothèse même, résidant en France. De plus d'autres passages des travaux préparatoires sont en contradiction trop flagrante avec celui que nous venons de citer pour que, bien qu'ils soient antérieurs, on puisse les tenir pour non avenus. Il en est ainsi notamment de ceux qui annoncent l'abrogation de la loi du 22 mars 1849 « *comme inutile*, en raison de la règle posée par l'article 9 § 3 ». La loi du 22 mars 1849 s'appliquait à tous les individus

---

(1) V. *suprà*, p. 136.
(2) *Sénat*, Session 1889, n° 160.

nés en France qui acceptaient le service militaire ; l'article 9 § 3 doit avoir la même portée (1).

Il faut bien reconnaître d'ailleurs qu'en ce qui concerne du moins les mineurs nés en France, la théorie que nous avons adoptée, et que nous croyons être celle de la loi, présente quelque chose d'anormal ; elle tend à admettre en somme une option pour la nationalité effectuée par un mineur, et sans les garanties que le second paragraphe de l'article 9 exige pour les changements de nationalité accomplis au moyen d'une déclaration au cours de la minorité. Mais il y a là bien plutôt une apparence qu'une réalité : il est en effet impossible de concevoir un jeune homme appelé sous les drapeaux *à l'insu de ses parents*... Si donc les parents du jeune étranger né en France ne veulent pas l'autoriser à acquérir dès ce moment la nationalité française, ils réclameront simplement sa radiation, ou pour mieux dire, son ajournement à l'année suivante, ce qui n'entraînera pour lui aucune déchéance ; les choses se passeront comme nous l'avons indiqué plus haut, dans l'hypothèse où il aurait lui-même demandé cet ajournement. Nous sommes donc en présence, non pas d'un changement de nationalité effectué par un mineur seul et sans l'assistance de ses protecteurs légaux, mais d'un cas où la loi a admis, par exception, le consentement tacite des parents pour le changement de nationalité de leur enfant mineur.

Question transitoire. — Nous devons noter ici encore une lacune de la loi nouvelle relativement aux questions transitoires que peut soulever l'abrogation sans réserves des dispositions législatives anciennes. Les individus nés en France, qui, antérieurement à la loi du 26 juin 1889, avaient pris du service dans l'armée française ou subi la loi du recrutement, pourront-ils encore souscrire la déclaration prévue par la loi du 22 mars 1849? Évidemment non: cette loi a été abrogée sans aucune restriction, et les individus dont nous nous occupons n'avaient pas un droit acquis a invoquer ses dispositions. D'autre part, ils ne pourront pas davantage se fonder sur la disposition de l'article 9 § 3 du

(1) Despagnet, journal *le Droit,* n° du 19 octobre 1889.

code civil et prétendre qu'ils sont devenus Français en vertu de ce texte : ce serait bien faire produire à la loi nouvelle un effet rétroactif. Ces individus devront donc en principe (1) demander et obtenir la naturalisation.

IV. — Il est enfin une classe de personnes qui, comme les individus nés en France, étaient déclarés étrangers par la loi ancienne, sauf faculté d'option pour la nationalité française et que la loi nouvelle déclare Français, sauf faculté de répudiation : ce sont les enfants de naturalisés ou de réintégrés, encore mineurs au moment où se produit le changement de nationalité. Mieux traités encore, au point de vue du service militaire, que les étrangers nés en France, ils n'étaient, comme leurs parents, incorporés à l'armée que s'ils avaient réclamé leur inscription. Sur ce point encore, la loi militaire est venue consacrer une réforme ; en ce qui concerne le recrutement, l'article 11 § 3 (l. 15 juillet 1889), les a assimilés aux individus nés en France d'un étranger. Ils doivent donc être portés sur les tableaux de recensement de la classe dont la formation suit leur majorité, sauf à eux à obtenir leur radiation en produisant une déclaration d'extranéité enregistrée au Ministère de la justice.

Mais ici encore se reproduit la difficulté examinée plus haut : l'article 11 de la loi militaire, dit-on, *ne s'occupe que d'étrangers ;* il vise la situation des enfants de naturalisés, telle qu'elle était régie par la loi ancienne ; il faut par suite n'en tenir aucun compte (2). La réponse que nous avons donnée plus haut s'applique également ici ; la loi militaire sans doute s'occupe d'une classe d'individus qui, au moment où elle était rédigée, étaient étrangers, et qui, au moment où elle a été votée, étaient devenus Français ; mais rien dans son texte ne permet de dire que ses prescriptions soient incompatibles avec la situation nouvelle faite aux enfants de naturalisés. Les règles de la loi militaire et celle de la loi civile concordent au contraire parfaitement : c'est

---

(1) Il est en effet possible que ces individus soient en situation d'invoquer un autre texte leur permettant d'acquérir la nationalité française au moyen d'une déclaration de nationalité, par exemple l'article 10, s'ils sont nés d'une ex-Française, comme il arrivera très souvent en fait.

(2) Vincent, journal *le Droit*, n° du 12 février 1890.

une mise en demeure d'opter, qui peut s'adresser indifféremment soit à un Français avec faculté de répudiation, soit à un étranger avec faculté d'acquisition de la nationalité française.

De même que pour les individus nés en France, nous admettrons que les enfants de naturalisés pourront se faire purement et simplement reporter d'une année, s'ils ont été inscrits sur les tableaux de recensement avant l'époque fixée par la loi (art. 11 § 3, l. 15 juillet 1889), c'est-à-dire avant leur majorité.

Mais on ne saurait leur appliquer la disposition de l'article 9 § 3 : ce texte vise uniquement les fils d'étrangers nés en France et comme, d'après la loi nouvelle, l'individu dont nous nous occupons est Français d'ores et déjà, il n'y avait pas à prévoir et à régler pour lui cette situation peu explicable d'un étranger que des liens étroits attacheraient à la France, qui aurait subi le service militaire en France et qui néanmoins demeurerait étranger.

V. — Nous devons rapprocher de ces différentes règles celles qui ont été posées pour l'individu né d'un ex-Français. Étranger de naissance, il ne doit subir, en principe, aucune obligation militaire ; on ne le met même pas en demeure d'opter entre les deux nationalités auxquelles il se rattache, comme on le fait pour l'étranger né en France.

Cependant, s'il est né en France, et si son père y est lui-même né, il ne faut pas oublier qu'il est, dans l'opinion que nous avons adoptée (1), irrévocablement Français ; comme tel astreint à toutes les obligations militaires qui pèsent sur le Français. S'il est né en France, mais si son père est né à l'étranger, il faudra lui appliquer purement et simplement les dispositions de l'article 11 § 2 (l. 15 juillet 1889), combinées avec celles de l'article 8, II, 4° du code civil, comme à tout autre étranger né en France.

Il devra donc, s'il réside en France, pour échapper à la loi du recrutement, user de la faculté de répudiation de l'article 8, II, 4°. Mais, ce faisant, il aura dès lors fixé sa nationalité d'une manière irrévocable. Il ne pourra plus dans la suite, se prévalant

(1) V. *suprà*, p. 28.

de la seconde qualité qui réside en lui, réclamer la qualité de Français en vertu de l'article 10 ; la loi a eu soin de le dire formellement : « (Tout individu né d'un ex-Français pourra réclamer la qualité de Français) à moins que, domicilié en France et appelé sous les drapeaux lors de sa majorité, il n'ait revendiqué la qualité d'étranger ». La solution d'ailleurs, comme on l'a fait observer avec juste raison, n'aurait pu soulever de doutes sérieux, puisque l'individu dont il s'agit, ayant personnellement perdu la qualité de Français, ne pouvait plus, ainsi que nous l'avons dit plus haut (1), recouvrer la nationalité française qu'au moyen seulement de la réintégration (2). Et toutefois quelque difficulté aurait pu être faite en raison de la rétroactivité de la répudiation exercée (3) et c'est là ce qui rendait nécessaire la disposition dont nous nous occupons.

Il résulte bien des termes de cette disposition que la déchéance ainsi établie n'atteint pas l'enfant d'ex-Français né en France, qui, domicilié *à l'étranger* lors de sa majorité, a simplement fait constater que les règles de la loi sur le recrutement art. 11 § 2) ne permettaient point de le porter sur les listes du recrutement et qui, à ce titre, a réclamé sa radiation. Il n'a point en effet à proprement parler *revendiqué la qualité d'étranger*.

Il en sera de même de l'enfant d'ex-Français qui, inscrit sur les listes de recrutement *étant encore mineur*, demande simplement à être reporté à l'année suivante conformément aux dispositions de la loi militaire ; d'ailleurs il n'a point revendiqué la qualité d'étranger *lors de sa majorité*, comme l'exige le texte de l'article. Ces deux hypothèses ne rentrant pas parfaitement dans les termes de la loi, la déchéance qu'elle prononce ne doit pas leur être appliquée.

Une difficulté plus sérieuse peut s'élever en ce qui concerne les enfants d'ex-Français nés à l'étranger et qui ayant leur domicile en France sont portés par erreur sur les tableaux de recensement à leur majorité et excipent de leur qualité d'étranger ; l'article 10 *in fine* ne paraît nullement distinguer, en

(1) V. *suprà*, p. 139.
(2) Vincent, n° 121.
(3) V. *suprà*, p. 152.

édictant la déchéance dont nous nous occupons, entre l'individu né en France et l'individu né à l'étranger. Cependant ce que la loi a voulu éviter, en posant la règle dont nous nous occupons, c'est qu'un individu, qui avait été Français un instant de raison en vertu de l'article 8, II, 4°, et avait cessé de l'être par l'exercice de la faculté de répudiation, pût néanmoins se prévaloir de l'article 10 pour devenir Français, après avoir échappé à tout service militaire. Mais l'individu né à l'étranger n'a jamais été Français : s'il a été porté sur les tableaux de recensement, c'est par suite d'une erreur et non en vertu d'une disposition législative ordonnant son inscription... Nous ne croyons pas que a déchéance soit encourue (1).

S'appliquera-t-elle aux individus nés d'un ex-Français qui ont, avant la loi nouvelle, protesté contre leur inscription sur les tableaux de recensement? Le même raisonnement nous conduit à croire qu'ils pourront, malgré leur attitude à leur majorité, user de la faculté que leur donne l'article 10 dans sa première partie ; de plus, il s'agit d'une sorte de pénalité, qu'on ne saurait faire rétroagir, à moins d'une disposition expresse.

CHAPITRE VIII. — Naturalisation aux colonies.

La population de nos colonies se compose, indépendamment des Français d'origine qui sont fixés dans le pays, de deux éléments distincts : les indigènes et les étrangers. L'annexion ou la cession des territoires à la France a eu pour effet d'attribuer aux indigènes qui les habitaient la qualité de sujets français; mais il n'a pas paru possible, au moment de la conquête, d'imposer aux indigènes de nos colonies notre civilisation et nos lois : leur race, leur religion et leurs mœurs eussent été, en raison même de leur caractère tout particulier, un obstacle in-

---

(1) C'est ce qui explique que la Chancellerie exige seulement du fils d'ex-Français *né en France* un certificat établissant son domicile à sa majorité, lorsqu'il veut souscrire la déclaration de l'article 10. — M. Vincent (n° 121) ne semble pas avoir aperçu le fondement de cette décision ; il est vrai qu'il parait étendre la déchéance de notre article, même aux fils d'ex-Français nés à l'étranger.

surmontable à toute tentative de ce genre. Les indigènes ont donc conservé leur statut et leur état personnels ; ils sont devenus sujets français, sans devenir citoyens français. Mais en même temps il était du devoir de la puissance souveraine de faciliter aux indigènes, qui en auraient exprimé le désir, les moyens de jouir des droits de citoyen français. De là une sorte de naturalisation simplifiée, organisée en faveur des indigènes de nos colonies : c'est à proprement parler l'admission à la jouissance des droits de citoyen.

D'autre part, il est utile, dans l'intérêt même de la colonisation, que l'élément étranger ne prenne pas dans ce pays un développement exagéré ; le législateur a donc à se préoccuper d'ouvrir aussi largement que possible la porte aux étrangers désireux de devenir Français ; la naturalisation aux colonies a été dégagée de toute entrave et sensiblement plus facilitée que la naturalisation des étrangers établis en France.

Si la naturalisation aux colonies a été simplifiée quant aux conditions de fond auxquelles elle est subordonnée, il était plus difficile d'introduire cette simplification dans la procédure même des actes de naturalisation : l'obligation de faire une instruction sur place, l'éloignement des différentes colonies, la multiplicité des rouages administratifs, l'intervention nécessaire du chef de l'État sont de nature à rendre inévitablement compliquée dans la forme la concession de la nationalité française aux étrangers fixés dans les colonies. Ces inconvénients ont été signalés au cours de la discussion au Sénat et c'est avec mission de les atténuer que le législateur a délégué au gouvernement le pouvoir de déterminer par règlement d'administration publique les formes à suivre pour la naturalisation aux colonies (art. 5, 1. du 26 juin 1889) (1). Il convient d'ajouter que ces inconvénients ont peut-être été exagérés devant le Parlement : c'est ainsi que M. Isaac s'est plaint à la tribune du Sénat de ce que toute demande de naturalisation, émanée d'un étranger habitant une colonie, dût être nécessairement adressée au ministre de la justice qui la transmet au ministre des colonies pour qu'elle soit

---

(1) Ce règlement d'administration publique n'a pas encore été promulgué jusqu'à ce jour.

par ce département adressée au gouverneur de la colonie,
chargé de procéder à l'enquête réglementaire et de renvoyer
ensuite les pièces au ministre des colonies pour être transmises
au garde des sceaux qui prépare enfin le décret (1). L'honorable
sénateur n'a pas ménagé les critiques à toutes ces transmissions
successives, nuisibles à la marche rapide des affaires, en exprimant le désir de voir ces demandes échapper à l'avenir à la première transmission au ministre de la justice ; il eût été facile de
lui répondre que cette première transmission se justifiait très
bien sous l'empire de la loi de 1867, du moins lorsqu'elle s'appliquait aux demandes d'admission à domicile, dont elle avait
pour but de hâter l'enregistrement, point de départ du délai de
stage pour la naturalisation. D'ailleurs, en ce qui concerne la
naturalisation proprement dite, elle ne se produit même pas :
en général toutes les demandes sont adressées directement par
le postulant au gouverneur de la colonie, qui ne les transmet
au ministre des colonies qu'après l'accomplissement de toutes
les formalités d'instruction sur les lieux.

Quoi qu'il en soit de ce point spécial, il sera difficile au gouvernement de simplifier considérablement les formes de la naturalisation aux colonies : le retard provient surtout de ce que ces
demandes doivent subir le passage à travers deux départements
ministériels, et pourtant il semble difficile, sinon impossible, de
ne point consulter le ministère des colonies sur l'opportunité de
ces naturalisations (2).

Au point de vue du régime législatif qui leur est applicable,
les colonies doivent être divisées en deux catégories ; d'une part,
l'Algérie, la Martinique, la Guadeloupe et la Réunion, régies,
selon l'importance des matières, par des lois, des règlements
d'administration publique ou des décrets simples ; d'autre part,
toutes les autres colonies, soumises exclusivement au régime
des simples décrets (art. 18 du sénatus-consulte du 3 mai 1854).

(1) Séance du 4 février 1887
(2) Il semble cependant qu'on pourra d'une façon générale réduire de dix
ans à trois, comme on l'a déjà fait pour diverses colonies ou pays de protectorat, la durée de résidence exigée pour obtenir *de plano* la naturalisation ;
quant aux droits de sceau, ils pourraient être abaissés ou même sup-
primés.

La loi du 26 juin 1889 a été appliquée aux colonies selon ces distinctions : elle n'a été étendue qu'à l'Algérie, à la Martinique, à la Guadeloupe et à la Réunion, et comme elle est une loi purement modificative du code civil et de lois préexistantes, elle y est devenue obligatoire sans promulgation spéciale (1).

C'est au contraire à un règlement d'administration publique qu'a été laissé le soin de déterminer les conditions auxquelles les dispositions de la loi du 26 juin 1889 seront applicables aux autres colonies (art. 5, 1. du 26 juin 1889). Cette disposition n'a eu pour effet que d'ajouter encore à l'incertitude si grande qui régnait déjà dans cette matière. Nous avons dit précédemment que les colonies dont il s'agit sont soumises au régime des simples décrets ; aussi le gouvernement a-t-il rendu les 25 mai 1881 et 10 mai 1882 deux décrets réglant la naturalisation des indigènes et des étrangers en Cochinchine et en Nouvelle-Calédonie. Mais la légalité de ces décrets avait été sérieusement contestée, au moins en ce qui concerne les dispositions relatives à la naturalisation des étrangers (2). Une loi du 29 mai 1874 était venue en effet déclarer applicables aux colonies les lois du 3 décembre 1849 et du 29 juin 1867 sur la naturalisation et le séjour des étrangers en France ; cette loi n'avait fait aucune réserve et l'on avait conclu de la généralité de ses termes que toutes les colonies, même celles qui étaient placées sous le régime des décrets simples par le sénatus-consulte de 1854, devaient être à l'avenir soumises au droit commun en matière de naturalisation.

Aujourd'hui ce n'est plus un décret simple, mais un règlement d'administration publique qui doit poser, en ce qui touche ces colonies, les règles applicables en matière de nationalité. Jusqu'à ce qu'il ait été rendu, les décrets de 1881 et de 1882 — réserve faite de la question de leur stricte validité — doivent continuer à recevoir leur application en Cochinchine et en Nouvelle-Calédonie. Dans les autres colonies, c'est également le régime anté-

---

(1) Comp. sur le principe : Cass., 5 novembre 1884, *Gaz. Pal.* 85, 2, supp. p. 109.

(2) Dislère, *Législation coloniale*, 1re partie, n° 254, p. 202.

rieur qui subsiste, c'est-à-dire l'application de la loi du 29 juin 1867 qui leur a été étendue par la loi du 29 mai 1874.

Ce point peut cependant faire quelque doute : la loi du 26 juin 1889 n'a sans doute pas abrogé la loi de 1874, mais elle a abrogé la loi de 1867, dont la loi de 1874 se bornait à étendre l'application ; dès lors, peut-on considérer comme encore en vigueur aux colonies la loi abrogée d'une manière complète et sans réserves ? On peut répondre qu'en déclarant applicable aux colonies la loi de 1867, la loi de 1874 s'en est approprié les termes ; elle s'est bornée à un renvoi, mais les solutions doivent être les mêmes que si elle en avait intégralement reproduit les dispositions ; il ne serait pas douteux alors, et il ne nous paraît pas douteux davantage, que la loi de 1874 demeurant en vigueur, on dût appliquer ses prescriptions, c'est-à-dire les règles contenues dans la loi de 1867, qui n'a pu être abrogée par la loi du 26 juin 1889 que dans les territoires mêmes régis par cette dernière.

Il paraît d'ailleurs résulter des termes de l'article 5 de la loi du 26 juin 1889 que le gouvernement est aujourd'hui dépouillé du droit, de réglementer en cette matière par voie de simples décrets. L'intervention du Conseil d'État lui sera donc nécessaire pour légiférer sur la naturalisation aux colonies et ce sont en principe les dispositions de la loi de 1889 qui devront leur être étendues.

Avant d'analyser succinctement les termes des décrets du 29 mai 1881 et du 10 mai 1882, nous étudierons rapidement les règles qui déterminent la nationalité en Algérie; nous terminerons par un examen très bref du régime spécial aux pays de protectorat (Tunisie, Tonkin et Annam).

1°. — **Algérie.** — Aucune difficulté ne s'éleva au sein du Parlement lorsqu'il s'agit d'appliquer à l'Algérie les dispositions de la loi nouvelle sur la nationalité. Le législateur de 1889 poursuivait, nous l'avons dit, un but de préservation sociale contre l'envahissement des étrangers. Or c'est dans notre grande colonie africaine tout particulièrement que s'était révélé le danger auquel il essayait de remédier.

« Sans tenir compte de l'élément indigène, dit le rapport de M. Dubost, il se trouve en Algérie une population étrangère douée d'une natalité supérieure à la nôtre et déjà presque égale en nombre à la population française d'origine. Cette population composée pour huit dixièmes d'Espagnols et d'Italiens augmente chaque année et par l'immigration et par l'excédent des naissances. Elle sera bientôt plus nombreuse que la population française. Quelques chiffres en donneront une idée suffisante. En 1865, on comptait en Algérie : 122,119 Français et 95,871 étrangers. Le recensement de 1886 a fourni les résultats suivants : 219,627 Français et 202,212 étrangers de nationalités diverses, auxquels il y aurait peut-être lieu d'ajouter 17,445 Marocains (1). On voit que, même sans tenir compte de ces derniers, la population étrangère n'est pas éloignée d'être égale en nombre à la population française en Algérie. Si même on décompose ces chiffres par province, on trouve que, dans l'une d'elles, la province d'Oran, la population étrangère est déjà très sensiblement supérieure à la population française : on y compte en effet 64,717 Français et 95,522 étrangers. Viennent, comme on l'a fait remarquer, certaines complications qui sont dans l'ordre des choses possibles et il peut y avoir là pour la France un danger réel » (2).

MM. Jacques et Forcioli avaient déjà signalé ces dangers au Sénat et déposé, au cours de la discussion en 1887, un amendement tendant à imposer la qualité de Français à tout individu né en Algérie d'un étranger, sauf faculté de répudiation dans l'année de sa majorité (3). Cet amendement fut repoussé ; mais ce fut précisément cette proposition que reprit plus tard la Chambre des députés pour la généraliser et en faire la disposition qui est devenue l'article 8, II, 4°.

On avait observé d'autre part que la législation particulière à l'Algérie contenait des dispositions accordant de grandes facilités pour la naturalisation. Aussi l'article 2 de la loi du 26 juin 1889, après avoir étendu à l'Algérie la législation nouvelle, a-t-

(1) V. aussi aux Annexes le rapport adressé au garde des sceaux par M. Bard, directeur des affaires civiles et du sceau, sur l'application de la loi du 26 juin 1889.

(2) *Chambre des députés*, session 1887, n° 2083.

(3) Séance du 7 février 1887.

il stipulé expressément qu'on continuerait d'appliquer à cette colonie les dispositions qui avaient été prises pour y rendre la naturalisation plus accessible. Au cas où ces dispositions seront contraires à celles de la loi du 26 juin 1889, il paraît certain, vu l'esprit de la loi, qu'il y aura lieu de faire prévaloir les textes qui seront les plus favorables à l'acquisition de la nationalité française.

Les différentes dispositions spéciales à l'Algérie sont le sénatus-consulte du 14 juillet 1865 et les décrets des 21 avril 1866, 24 octobre 1870 et 7 octobre 1871 ; ils déterminent la condition des étrangers non musulmans, des indigènes musulmans et des israélites indigènes.

a). — *Étrangers non musulmans.* — L'étranger qui est né en Algérie devient Français, conformément aux dispositions de l'article 8, II, 4o ou de l'article 9 du code civil, c'est-à-dire sauf faculté de répudiation s'il est domicilié dans la colonie au moment de sa majorité, ou au moyen d'une déclaration acquisitive, s'il n'y est pas domicilié ; il est Français de plein droit et irrévocablement s'il est né en Algérie d'un étranger qui lui-même y est né (art. 8, II, 3o, C. civ.).

L'étranger qui n'est pas né en Algérie peut obtenir sa naturalisation dès qu'il justifie de trois années de résidence dans le pays (S.-C. du 14 juillet 1865, art. 3). Cette résidence triennale suffit ; il n'est point nécessaire qu'elle soit précédée, comme pour la naturalisation en France, de l'autorisation d'établir son domicile en Algérie.

Mais d'autre part l'article 8, III, 3o et 4o du code civil a institué une naturalisation exceptionnelle au profit de certaines catégories d'étrangers particulièrement dignes de cette faveur. Cette naturalisation exceptionnelle pourra être invoquée par les étrangers, établis en Algérie, dans les mêmes conditions que par les étrangers établis en France : ils pourront donc solliciter la naturalisation après une année de résidence, mais à condition qu'ils aient obtenu préalablement l'autorisation d'établir leur domicile en Algérie, conformément aux articles 8, III, 3o-4o et 13 du code civil (1).

(1) V. Conf., Audinet, *Revue Algérienne*, 1889, p. 160.

Le temps passé par l'étranger sous les drapeaux en Algérie est compté dans la durée de la résidence légale exigée (décret du 21 avril 1866, art. 17). L'étranger qui a servi dans la légion étrangère obtiendra donc la naturalisation après une ou après trois années de service, selon qu'il aura ou non été autorisé à établir son domicile en Algérie (S.-C. du 14 juillet 1865, et art. 8, III, 3°, C. civ. combinés). Toutefois la question pourrait se poser de savoir si le service militaire *en Algérie* est bien le service militaire aux *colonies* qu'exige l'article 8, III, 3° du code civil.

Le décret du 21 avril 1866 détermine la procédure à suivre pour l'octroi de la naturalisation : la demande est formée par le postulant devant le maire de la commune de son domicile ou devant la personne qui en remplit les fonctions dans le lieu de sa résidence ; il lui en est donné acte dans un procès-verbal dressé à cet effet. L'étranger doit joindre à sa demande les documents propres à établir la durée de sa résidence en Algérie ; cette preuve est faite par des actes officiels et publics ou ayant date certaine, et à défaut par un acte de notoriété, dressé, sur l'affirmation de quatre témoins, par le juge de paix du lieu. L'enquête administrative est faite par les soins du maire, du chef du bureau arabe ou du chef du corps dans lequel sert le postulant ; le dossier est transmis au gouverneur général, qui le fait parvenir au ministre de la justice. La naturalisation algérienne n'est soumise qu'au droit de sceau de un franc (décret du 21 avril 1866, art. 20).

La naturalisation algérienne produit, tant sur la personne du bénéficiaire que sur sa famille, les mêmes effets que la naturalisation accordée en France ; les textes spéciaux ne contenant aucune disposition à cet égard, les effets sont ceux qui ont été déterminés par la loi du 26 juin 1889 (1). Il va de soi que les effets subsistent aussi bien en France qu'en Algérie (2).

b). — *Indigènes musulmans.* — Le sénatus-consulte du 14 juillet 1865 (art. 1) les a déclarés sujets français, sans leur

(1) V. *suprà*, p. 92 et suiv.
(2) Cogordan, *Nationalité*, p. 136.

attribuer la qualité de citoyens, continuant à les laisser régis par la loi musulmane.

De ce que les indigènes musulmans sont sujets français, il résulte qu'ils seront à l'étranger protégés comme tels par les agents diplomatiques de la France (1) ; ils pourront également être admis à servir dans les armées de terre et de mer et à remplir en Algérie certaines fonctions et certains emplois civils, dont l'énumération est contenue dans un tableau annexé au sénatus-consulte du 14 juillet 1865.

Mais les indigènes musulmans ne sont pas citoyens et par suite ne jouissent pas des droits politiques des autres Français. Aussi le sénatus-consulte du 14 juillet 1865 les a-t-il autorisés à solliciter l'admission aux droits de citoyen français. L'indigène musulman qui a obtenu l'admission aux droits de citoyen français est désormais régi par les lois civiles et politiques de la France (S.-C. de 1865, art. 1). Cette sorte de naturalisation s'appliquera-t-elle à la femme et aux enfants de l'indigène auquel elle a été concédée ? La question était discutée avant 1889 et l'on admettait assez communément que la naturalisation du mari musulman n'entraînait pas la naturalisation de sa femme (2). Quoique la naturalisation des indigènes musulmans soit exclusivement régie par le sénatus-consulte de 1865, nous estimons qu'il y a lieu de lui étendre les dispositions de l'article 12 de la loi du 26 juin 1889 ; ces dispositions constituent le droit commun quant aux effets de la naturalisation sur la famille de l'individu naturalisé ; elles ont d'ailleurs été précédemment appliquées à la naturalisation des indigènes en Cochinchine (décret du 25 mai 1881, art. 1) (3). Peu importe du reste que l'indigène musulman qui sollicite l'admission aux droits de citoyen n'habite pas l'Algérie,

---

(1) V. Teissier, *Répertoire encyclopédique du Droit français* (Labori et Schaffhauser), v° Algérie, n° 446.

(2) Alger, 5 juin 1883, *Journ. de la Jur. de la cour d'Alger*, 1883, p. 317. Cet arrêt a été cassé par un arrêt de la cour de Cassation du 15 juillet 1885, qui d'ailleurs ne tranche pas la question, en ce qui touche la femme. — Circul. du gouverneur général de l'Algérie du 27 août 1883, Sautayra, Hugues et Lapra, t. III, v° *Naturalisation*, p. 268 ; V. *contrà*, Alger, 12 mai 1879. — La doctrine de la Chancellerie était également contraire. V. les réquisitions du procureur général, pour l'arrêt de cassation du 15 juillet 1885.

(3) Conf. Audinet, *Revue algérienne*, octobre-novembre 1889, p. 163.

mais réside en France ou même à l'étranger ; il s'agit en effet ici, non pas d'une véritable naturalisation, mais d'un simple complément aux droits que lui assure la qualité de Français qu'il possède déjà.

L'admission aux droits de citoyen français ne conférera-t-elle à l'indigène musulman l'éligibilité aux assemblées législatives qu'àprès le délai de dix années imposé par l'article 3 de la loi du 26 juin 1889 ? Quoiqu'il s'agisse à certains égards d'une sorte de naturalisation, nous pensons que l'indigène musulman deviendra immédiatement éligible; l'article 3 § 2 de la loi du 26 juin 1889, dispense en effet de ce stage de dix années l'ex-Français qui recouvre sa nationalité après l'avoir perdue: il nous semble dès lors que cette disposition doit, *a fortiori*, être appliquée à l'individu qui, comme l'indigène musulman, n'a pas eu à recouvrer sa qualité de Français qu'il n'avait pas perdue, mais a simplement corroboré cette qualité par l'acquisition des droits politiques.

Les formalités de la naturalisation des indigènes sont édictées par les articles 11 à 14 du décret du 21 avril 1866 et le décret du 24 octobre 1870 : elles sont sensiblement les mêmes que celles indiqués plus haut pour la naturalisation des étrangers.

c). — *Indigènes israélites.* — Les indigènes israélites des départements de l'Algérie ont été déclarés citoyens français par le décret du 24 novembre 1870 ; en conséquence leur statut reel et leur statut personnel sont réglés par la loi française. Cette disposition a été confirmée par un décret du 7 octobre 1871.

Mais cette naturalisation en masse n'a pu saisir que les Israélites qui pouvaient, en 1870, être considérés comme indigènes algériens ; elle ne saurait évidemment être invoquée par les Israélites fixés dans des pays qui ont été rattachés à l'Algérie depuis cette époque. Il en est ainsi spécialement des Israélites établis dans le M'zab, annexé à l'Algérie en décembre 1882 : ils demeurent donc soumis, quoique sujets Français, à leur statut personnel, comme l'étaient leurs corréligionnaires des départements algériens avant 1870, et devront, comme les indigènes musulmans, obtenir la naturalisation individuelle pour jouir de la qualité de citoyen français (1).

(1) Lettre du garde des sceaux au ministre de l'intérieur en date du 7

2°. — Cochinchine française et Nouvelle-Calédonie. —
Ces colonies sont régies par les décrets du 25 mai 1881 et du
10 mai 1882.

Le décret du 25 mai 1881, spécial à la Cochinchine française,
distingue les indigènes annamites et les étrangers.

Les indigènes annamites nés et domiciliés en Cochinchine sont
sujets français ; néanmoins ils continuent à être soumis aux
lois annamites, conformément à la législation en vigueur. Mais
l'indigène annamite peut, sur sa demande, à partir de l'âge de
vingt et un ans être appelé à jouir des droits de citoyen
français ; dans ce cas, il est régi par les lois civiles et politiques
applicables aux Français dans la colonie. L'admission à la
jouissance des droits de citoyen français profite à la femme et
aux enfants mineurs du bénéficiaire ; ses enfants majeurs n'ont
au contraire aucune situation privilégiée à cet égard.

Les conditions auxquelles est subordonnée pour les indigènes
annamites la jouissance des droits de citoyen français sont
d'ailleurs des plus simples ; aucun stage préalable n'est exigé.
Il suffit que le postulant se présente soit devant le maire de la
commune de son domicile, soit devant l'administrateur de l'arrondissement dans lequel il réside, pour former sa demande et
déclarer qu'il entend être régi par les lois civiles et politiques de
la France ; il doit justifier de la connaissance de la langue française,
à moins qu'il ne soit décoré de la Légion d'honneur, de la médaille
militaire ou d'une médaille d'honneur. Procès-verbal est dressé
de la demande et de la déclaration. Le maire ou l'administrateur
de l'arrondissement procède d'office à une enquête sur les
antécédents et la moralité du demandeur ; le résultat de cette
enquête est envoyé, avec le procès-verbal et les pièces à l'appui,
au directeur de l'intérieur qui transmet le dossier, avec son avis
motivé, au gouverneur de la colonie.

Le gouverneur en conseil privé émet son avis sur la demande
et la fait parvenir, avec pièces à l'appui, au ministère des
colonies. Le président de la République statue ensuite, sur la
proposition du ministre des colonies et du garde des sceaux.

novembre 1882 (Sautayra, Hugues et Lapra, t. II, v° *Naturalisation*,
p. 319).

Si le demandeur est sous les drapeaux, le procès-verbal de déclaration est dressé par le chef de corps et la procédure est suivie par le général commandant supérieur, aux lieu et place du directeur de l'intérieur. Aucun droit de sceau n'est perçu pour l'admission des indigènes annamites aux droits de citoyen français.

Les étrangers fixés en Cochinchine peuvent obtenir la naturalisation, en se conformant à la procédure suivie pour l'admission aux droits de citoyen, pourvu qu'ils soient établis dans la colonie depuis trois années au moins ; mais leur naturalisation donne lieu à la perception d'un droit de 100 francs, au profit de la colonie de Cochinchine.

A la différence de la naturalisation des indigènes, la naturalisation des étrangers est strictement personnelle à ceux qui l'obtiennent. Aucune disposition du décret ne l'étend, en effet, ni à la femme ni aux enfants mineurs du postulant, et il ne nous paraît pas possible, jusqu'à ce qu'il en ait été décidé autrement par règlement d'administration publique, d'appliquer à la Cochinchine les dispositions contraires de la loi du 26 juin 1889.

Les indigènes placés sous le protectorat de la France dans l'Extrême-Orient, peuvent également réclamer le bénéfice des dispositions exceptionnelles établies par le décret du 25 mai 1881 en faveur des indigènes annamites, mais à condition ou bien d'avoir établi depuis un an leur domicile en Cochinchine, ou bien d'avoir rendu des services aux intérêts français. Ils ne sont astreints au paiement d'aucun droit de sceau.

Le décret du 10 mai 1882 a étendu littéralement à la Nouvelle-Calédonie, mais seulement en ce qui touche la naturalisation des étrangers, les dispositions du décret du 25 mai 1881.

Nous rappellerons, en terminant sur ce point, que la naissance sur le territoire des colonies équivaut à la naissance sur le territoire continental de la France, au point de vue de l'acquisition de la nationalité française (art. 8, II, 3°, art. 8, II, 4° et art. 9 du code civil) (1).

La naturalisation, acquise en Cochinchine ou en Nouvelle-Ca-

(1) V. *suprà*, pp. 30 et 132.

lédonie, produira-t-elle ses effets en France? La solution de
cette question dépend de la solution de la question plus générale de savoir si un acte, ayant force légale dans une colonie
déterminée, peut avoir une valeur quelconque dans la métropole, alors surtout qu'il n'a pas été rendu dans les formes obligatoires pour la métropole. M. Dislère enseigne la négative et refuse toute efficacité en France aux naturalisations obtenues
par application des décrets des 25 mai 1881 et 10 mai 1882 (1).
Sans prendre parti au débat, — ce qui nous entraînerait hors des
limites de cette étude — nous estimons que si l'on attribue une
vertu en France aux actes de naturalisation dont il s'agit, leurs
effets devront être ceux qu'entraine la naturalisation accordée
selon la loi du 26 juin 1889 ; les dispositions de cette loi sont en
effet seules applicables sur le territoire continental français.

3°. — **Pays de Protectorat : Tunisie, Annam et Tonkin.**
— Les pays placés sous le protectorat de la France ne peuvent
être considérés comme faisant partie de son territoire ; on comprend donc que la loi du 26 juin 1889 ne leur ait pas été déclarée
applicable. Mais s'ils relèvent jusqu'à un certain point d'une
souveraineté indépendante, ces pays n'en sont pas moins reliés
à la France et il importe en tous cas à l'intérêt français que
l'acquisition de la qualité de Français soit facilitée aux indigènes
et aux étrangers qui y sont établis. Tel a été le but qu'ont
poursuivi deux décrets du 29 juillet 1887 relatifs à la naturalisation en Tunisie, en Annam et au Tonkin.

Nous retrouvons dans cette matière la distinction entre l'é-
tranger et l'indigène. En Tunisie, l'étranger peut être admis à
jouir des droits de citoyen français, à condition qu'il justifie de
trois années de résidence soit en Tunisie, soit en France ou en
Algérie et en dernier lieu en Tunisie ; en Annam et au Tonkin,
on exige une résidence de la même durée, qui doit avoir eu lieu
soit en Annam ou au Tonkin, soit en Cochinchine et en dernier
lieu en Annam ou au Tonkin ; la résidence en France est inopé-
rante à cet égard.

Quant aux sujets tunisiens, aux indigènes annamites ou ton-

_____

(1) *Législation coloniale*, 1ᵣₒ partie, n° 254, p. 201.

kinois, ils bénéficient de la même faveur quand pendant trois ans ils ont servi dans les armées françaises de terre ou de mer, ou rempli des fonctions ou emplois civils rétribués par le Trésor français, ou encore lorsque, sans avoir servi ni dans l'armée ni dans les fonctions ou emplois civils, ils ont rendu à la France des services exceptionnels.

Le délai de trois ans, imposé en principe pour la naturalisation, peut être réduit à une seule année en faveur des individus qui auraient rendu à la France des services exceptionnels. Mais dans tous les cas, qu'il s'agisse d'un étranger ou d'un indigène, la naturalisation ordinaire ou exceptionnelle ne peut être accordée qu'aux individus majeurs de vingt et un ans.

Les articles 4 à 7 des décrets du 29 juillet 1887 déterminent les formalités de la naturalisation : la demande est présentée, en Tunisie au contrôleur civil, en Annam et au Tonkin au résident ou vice-résident ou chef de poste dans le ressort duquel est domicilié l'impétrant ; si le postulant est sous les drapeaux, la demande est adressée au chef de corps qui la transmet au général commandant supérieur. Ces fonctionnaires procèdent d'office à une enquête sur la moralité et les antécédents du demandeur ; le résultat de l'enquête, avec la demande et les pièces à l'appui, sont envoyés au résident général qui transmet le dossier, avec son avis motivé, au ministre dont il relève hiérarchiquement, affaires étrangères ou colonies. Il est statué par décret du Président de la République, sur la proposition collective du ministre des affaires étrangères ou des colonies et du garde des sceaux ministre de la justice. Aucun droit de sceau, n'est perçu pour la naturalisation des individus attachés au service de la France ; pour les autres, le droit est fixé à 50 francs et la perception de ce droit est faite au profit du protectorat.

La question de savoir si les décrets accordant la naturalisation dans les pays de protectorat produisent leurs effets en France se résoudra comme nous l'avons indiqué plus haut, relativement aux décrets qui la confèrent en Cochinchine ou en Nouvelle-Calédonie (1).

(1) V. Audinet, *Revue Algérienne*, décembre 1889, p. 168 et suiv.

Enfin, à la différence de la naissance dans les colonies, la naissance sur le territoire des pays protégés ne peut équivaloir à la naissance en France au point de vue de l'acquisition de la nationalité française (1).

Observons en terminant que le gouvernement continuera à réglementer valablement la matière par voie de décrets simples dans les pays de protectorat : ce n'est en effet que dans les colonies que l'article 5 de la loi du 26 juin 1889 a exigé pour l'avenir l'intervention nécessaire d'un règlement d'administration publique.

(1) V. *suprà*, p. 30.

ANNEXES

A. — TEXTES LÉGISLATIFS.

1° LOI sur la Nationalité du 26 juin 1889.
(Journal officiel du 28 juin 1889.)

ART 1er. — Les articles 7, 8, 9, 10, 12, 13, 17, 18, 19, 20 et 21 du code civil sont modifiés ainsi qu'il suit :

« Art. 7.— L'exercice des droits civils est indépendant de l'exercice des droits politiques, lesquels s'acquièrent et se conservent conformément aux lois constitutionnelles et électorales.

» Art. 8. — I. — Tout Français jouira des droits civils.

» II. — Sont Français :

» 1° Tout individu né d'un Français en France ou à l'étranger.

» L'enfant naturel dont la filiation est établie pendant la minorité, par reconnaissance ou par jugement, suit la nationalité de celui des parents à l'égard duquel la preuve a d'abord été faite. Si elle résulte pour le père ou la mère du même acte ou du même jugement, l'enfant suivra la nationalité du père ;

» 2° Tout individu né en France de parents inconnus ou dont la nationalité est inconnue ;

» 3° Tout individu né en France d'un étranger qui lui-même y est né ;

» 4° Tout individu né en France d'un étranger et qui, à l'époque de sa majorité, est domicilié en France, à moins que, dans l'année qui suit sa majorité, telle qu'elle est réglée par la loi française, il n'ait décliné la qualité de Français et prouvé qu'il a conservé la nationalité de ses parents par une attestation en due forme de son gouvernement, laquelle demeurera annexée à la déclaration, et qu'il n'ait en outre produit, s'il y a lieu, un certificat constatant qu'il a répondu à l'appel sous les drapeaux, conformément à la loi militaire de son pays, sauf les exceptions prévues aux traités;

» 5° Les étrangers naturalisés.

» III. — Peuvent être naturalisés :

» 1° Les étrangers qui ont obtenu l'autorisation de fixer leur domicile en France, conformément à l'article 13 ci-dessous, après trois ans de domicile en France, à dater de l'enregistrement de leur demande au Ministère de la justice ;

» 2º Les étrangers qui peuvent justifier d'une résidence non interrompue pendant dix années ;

» **Est** assimilé à la résidence en France le séjour en pays étranger pour l'exercice d'une fonction conférée par le Gouvernement français ;

» 3º Les étrangers admis à fixer leur domicile en France, après un an, s'ils ont rendu des services importants à la France, s'ils y ont apporté des talents distingués ou s'ils y ont introduit soit une industrie, soit des inventions utiles, ou s'ils ont créé soit des établissements industriels ou autres, soit des exploitations agricoles, ou s'ils ont été attachés, à un titre quelconque, au service militaire dans les colonies ou les protectorats français ;

» 4º L'étranger qui a épousé une Française, aussi après une année de domicile autorisé.

» IV. — Il est statué par décret sur la demande de naturalisation, après une enquête sur la moralité de l'étranger.

» Art. 9. — Tout individu né en France d'un étranger et qui n'y est pas domicilié à l'époque de sa majorité pourra, jusqu'à l'âge de vingt-deux ans accomplis, faire sa soumission de fixer en France son domicile, et, s'il l'y établit dans l'année à compter de l'acte de soumission, réclamer la qualité de Français par une déclaration qui sera enregistrée au Ministère de la justice.

» S'il est âgé de moins de vingt et un ans accomplis, la déclaration sera faite en son nom par son père ; en cas de décès, par sa mère ; en cas de décès du père et de la mère ou de leur exclusion de la tutelle, ou dans les cas prévus par les articles 141, 142 et 143 du code civil, par le tuteur autorisé par délibération du conseil de famille.

» Il devient également Français si, ayant été porté sur le tableau de recensement, il prend part aux opérations de recrutement sans opposer son extranéité.

» Art. 10. — Tout individu né en France ou à l'étranger de parents dont l'un a perdu la qualité de Français pourra réclamer cette qualité à tout âge, aux conditions fixées par l'article 9, à moins que, domicilié en France et appelé sous les drapeaux, lors de sa majorité, il n'ait revendiqué la qualité d'étranger.

» Art. 12. — L'étrangère qui aura épousé un Français suivra la condition de son mari.

» La femme mariée à un étranger qui se fait naturaliser Français et les enfants majeurs de l'étranger naturalisé pourront, s'ils le demandent, obtenir la qualité de Français, sans condition de stage, soit par le décret qui confère cette qualité au mari ou au père ou à la mère, soit comme conséquence de la déclaration qu'ils feront dans les termes et sous les conditions de l'article 9.

» Deviennent Français les enfants mineurs d'un père ou d'une mère survivant qui se font naturaliser Français, à moins que, dans l'année qui suivra leur majorité, ils ne déclinent cette qualité en se conformant aux dispositions de l'article 8 § 4.

» Art. 13. — L'étranger qui aura été autorisé par décret à fixer son domicile en France y jouira de tous les droits civils.

» L'effet de l'autorisation cessera à l'expiration de cinq années, si l'étranger ne demande pas la naturalisation, ou si la demande est rejetée.

» En cas de décès avant la naturalisation, l'autorisation et le temps de stage qui a suivi profiteront à la femme et aux enfants qui étaient mineurs au moment du décret d'autorisation.

» Art. 17. — Perdent la qualité de Français :

» 1º Le Français naturalisé à l'étranger ou celui qui acquiert sur sa demande la nationalité étrangère par l'effet de la loi.

» S'il est encore soumis aux obligations du service militaire pour l'armée active, la naturalisation à l'étranger ne fera perdre la qualité de Français que si elle a été autorisée par le Gouvernement français;

» 2º Le Français qui a décliné la nationalité française dans les cas prévus au paragraphe 4 de l'article 8 et aux articles 12 et 18;

» 3º Le Français qui, ayant accepté des fonctions publiques conférées par un gouvernement étranger, les conserve nonobstant l'injonction du Gouvernement français de les résigner dans un délai déterminé;

» 4º Le Français qui, sans autorisation du Gouvernement, prend du service militaire à l'étranger, sans préjudice des lois pénales contre le Français qui se soustrait aux obligations de la loi militaire.

» Art. 18. — Le Français qui a perdu sa qualité de Français peut la recouvrer pourvu qu'il réside en France, en obtenant sa réintégration par décret.

» La qualité de Français pourra être accordée par le même décret à la femme et aux enfants majeurs s'ils en font la demande.

» Les enfants mineurs du père ou de la mère réintégrés deviennent Français, à moins que, dans l'année qui suivra leur majorité, ils ne déclinent cette qualité en se conformant aux dispositions de l'article 8 § 4.

» Art. 19. — La femme française qui épouse un étranger suit la condition de son mari, à moins que son mariage ne lui confère pas la nationalité de son mari, auquel cas elle reste Française. Si son mariage est dissous par la mort du mari ou par le divorce, elle recouvre la qualité de Française, avec l'autorisation du Gouvernement, pourvu qu'elle réside en France ou qu'elle y rentre, en déclarant qu'elle veut s'y fixer.

» Dans le cas où le mariage est dissous par la mort du mari, la qualité de Français peut être accordée par le même décret de réintégration aux enfants mineurs,'sur la demande de la mère ou par un décret ultérieur, si la demande en est faite par le tuteur avec l'approbation du conseil de famille.

» Art. 20. — Les individus qui acquerront la qualité de Français dans les cas prévus par les articles 9, 10, 18 et 19 ne pourront s'en prévaloir que pour les droits ouverts à leur profit depuis cette époque.

» Art. 21. — Le Français qui, sans autorisation du Gouvernement, prendrait du service militaire à l'étranger, ne pourra rentrer en France qu'en vertu d'une permission accordée par décret, et recouvrer la qualité de Français qu'en remplissant les conditions imposées en France à l'étranger pour obtenir la naturalisation ordinaire. »

ART. 2. — La présente loi est applicable à l'Algérie et aux colonies de la Guadeloupe, de la Martinique et de la Réunion.

Continueront toutefois de recevoir leur application le sénatus-consulte du 14 juillet 1865 et les autres dispositions spéciales à la naturalisation en Algérie.

ART. 3. — L'étranger naturalisé jouit de tous les droits civils et politiques attachés à la qualité de citoyen français. Néanmoins il n'est éligible aux assemblées législatives que dix ans après le décret de naturalisation, à moins qu'une loi spéciale n'abrège ce délai. Le délai pourra être réduit à une année.

Les Français qui recouvrent cette qualité, après l'avoir perdue, acquièrent immédiatement tous les droits civils et politiques, même l'éligibilité aux assemblées législatives.

ART. 4. — Les descendants des familles proscrites lors de la révocation de l'édit de Nantes continueront à bénéficier des dispositions de la loi du 15 décembre 1790, mais à la condition d'un décret spécial pour chaque demandeur. Ce décret ne produira d'effet que pour l'avenir.

ART. 5. — Pour l'exécution de la présente loi, un règlement d'administration publique déterminera : 1º les conditions auxquelles ses dispositions sont applicables aux colonies autres que celles dont il est parlé à l'article 2 ci-dessus, ainsi que les formes à suivre pour la naturalisation dans les colonies ; 2º les formalités à remplir et les justifications à faire relativement à la naturalisation ordinaire et à la naturalisation de faveur, dans les cas prévus par les articles 9 et 10 du code civil, ainsi qu'à la renonciation à la qualité de Français, dans les cas prévus par les articles 8 § 4, 12 et 18.

ART. 6. — Sont abrogés les décrets des 6 avril 1809 et 26 août 1811, les lois des 22 mars 1849, 7 février 1851, 29 juin 1867, 16 décembre 1874, 14 février 1882, 22 juin 1883, et toutes les dispositions contraires à la présente loi.

DISPOSITIONS TRANSITOIRES.

Toute admission à domicile obtenue antérieurement à la présente loi sera périmée si, dans un délai de cinq années à compter de la promulgation, elle n'a pas été suivie d'une demande en naturalisation, ou si la demande en naturalisation a été rejetée.

2° DÉCRET du 13 août 1889 portant règlement d'administration publique pour l'exécution de la loi du 26 juin 1889 sur la nationalité.

ART. 1er. — L'étranger qui veut obtenir l'autorisation de fixer son domicile en France, conformément à l'article 13 du code civil, doit adresser au Ministre de la justice une demande rédigée sur papier timbré, accompagnée de son acte de naissance et de celui de son père, de la traduction de ces actes, s'ils sont en langue étrangère, ainsi que d'un extrait du casier judiciaire français.

ART. 2. — L'étranger qui veut obtenir sa naturalisation doit, dans tous les cas, adresser au Ministère de la justice une demande sur papier timbré, en y joignant son acte de naissance, un extrait du casier judiciaire et, le cas échéant, son acte de mariage et les actes de naissance de ses enfants mineurs, avec la traduction de ces actes, s'ils sont en langue étrangère.

Dans le cas où les intéressés seraient dans l'impossibilité de se procurer les actes de l'état civil dont la production est exigée par le présent décret, ces actes seront suppléés par un acte de notoriété délivré par le juge de paix dans la forme prescrite par l'article 71 du code civil.

ART. 3. — L'étranger qui a épousé une Française doit, s'il veut obtenir la naturalisation après une année de domicile autorisé, produire l'acte de naissance de sa femme et l'acte de naissance du père de celle-ci, si cet acte est nécessaire pour établir son origine française.

ART. 4. — L'étranger qui sollicite la naturalisation immédiate, après une résidence non interrompue pendant dix ans, doit joindre à sa demande les documents établissant qu'il réside actuellement en France et depuis dix années au moins.

ART. 5. — La femme et les enfants majeurs de l'étranger qui demande à devenir Français, soit par la naturalisation ordinaire, soit par la réintégration, doivent, s'il désirent obtenir eux-mêmes la qua

lité de Français, sans condition de stage, par application des articles 12 et 18 du code civil, joindre leur demande de naturalisation à
la demande faite par le mari, par le père ou par la mère.

Dans les cas de naturalisation de faveur prévus par les articles 9 et
10 du code civil, la demande est jointe à la déclaration faite par le
mari, le père ou la mère.

Art. 6. — Les déclarations souscrites soit pour acquérir, soit pour
répudier la qualité de Français, sont reçues par le juge de paix du
canton dans lequel réside le déclarant.

Elles peuvent être faites par procuration spéciale et authentique.

Elles sont dressées en double exemplaire sur papier timbré.

Le déclarant est assisté de deux témoins qui certifient son identité ;
il doit produire à l'appui de sa déclaration toutes les justifications nécessaires, en y joignant son acte de naissance et, le cas échéant, son
acte de mariage et les actes de naissance de ses enfants mineurs, avec
la traduction de ces actes, s'ils sont en langue étrangère.

En cas de résidence à l'étranger, les déclarations sont reçues par les
agents diplomatiques ou par les consuls.

Art. 7. — Les deux exemplaires de la déclaration et les pièces
justificatives sont immédiatement adressés par le juge de paix au
procureur de la République, qui les transmet, sans délai, au Ministre
de la justice.

Art. 8. — La déclaration est inscrite à la Chancellerie sur un registre spécial ; l'un des exemplaires est déposé dans les archives,
l'autre envoyé à l'intéressé avec la mention de l'enregistrement.

La déclaration enregistrée prend date du jour de sa réception par le
juge de paix.

Art. 9. — Lorsqu'un individu né en France d'un étranger, et domicilié hors de France à l'époque de sa majorité, veut faire sa soumission de fixer en France son domicile dans les conditions prévues
par l'article 9 du code civil, cet acte de soumission est reçu par un
des agents diplomatiques ou consulaires de France à l'étranger. Il est
dressé en double exemplaire ; l'un est remis à l'intéressé, l'autre
transmis immédiatement au Ministre de la justice par la voie hiérarchique.

Art. 10. — L'individu né en France de parents dont l'un a perdu
la qualité de Français, et qui réclame cette qualité en vertu de l'article 10 du code civil, doit établir quel était son domicile et celui de ses
parents à l'époque de sa majorité, telle qu'elle est fixée par la loi
française.

Art. 11. — La renonciation du mineur à la faculté qui lui appartient, par application des articles 8 § 4, 12 et 18 du code civil, de décliner, à sa majorité, la qualité de Français, est faite en son nom par
les personnes désignées dans l'article 9 § 2 du code civil.

Art. 12. — Le Garde des sceaux, Ministre de la justice et des cultes, est chargé de l'exécution du présent décret, qui sera inséré au *Journal officiel* et au *Bulletin des lois*.

3°. — *LOI sur le Recrutement du 15 juillet* 1889.
(*art.* 11, 12, 31 *et* 32)

Art. 11. — Les individus déclarés Français en vertu de l'article premier de la loi du 16 décembre 1874 sont portés, dans les communes où ils sont domiciliés, sur les tableaux de recensement de la classe dont la formation suit l'époque de leur majorité. Ils sont soumis au service militaire s'ils n'établissent pas leur qualité d'étranger.

Les individus nés en France d'étrangers et résidant en France sont également portés, dans les communes où ils sont domiciliés, sur les tableaux de recensement de la classe dont la formation suit l'époque de leur majorité telle qu'elle est fixée par la loi française. Ils peuvent réclamer contre leur inscription lors de l'examen du tableau de recensement et lors de leur convocation au conseil de revision, conformément à l'article 16 ci-après. S'ils ne réclament pas, le tirage au sort équivaudra pour eux à la déclaration prévue par l'article 9 du code civil. S'ils se font rayer, ils seront immédiatement déchus du bénéfice dudit article.

Les mêmes dispositions sont applicables aux individus résidant en France et nés en pays étrangers, soit d'un étranger qui depuis lors a été naturalisé Français, soit d'un Français ayant perdu la qualité de Français, mais qui l'a recouvrée ultérieurement, si ces individus étaient mineurs lorsque leurs parents ont acquis ou recouvré la nationalité française.

Art. 12. — Les individus devenus Français par voie de naturalisation, réintégration, ou déclaration faite conformément aux lois, sont portés sur les tableaux de recensement de la première classe formée après leur changement de nationalité.

Les individus inscrits sur les tableaux de recensement en vertu du présent article et de l'article précédent ne sont assujettis qu'aux obligations de service de la classe à laquelle ils appartiennent par leur âge.

Art. 31. — Lorsque les jeunes gens portés sur les tableaux de recensement ont fait des déclarations dont l'admission ou le rejet dépend de la décision à intervenir sur des questions judiciaires relatives à leur état ou à leurs droits civils, le conseil de revision ajourne sa décision ou ne prend qu'une décision conditionnelle.

Les questions sont jugées contradictoirement avec le préfet, à la requête de la partie la plus diligente. Le tribunal civil du lieu du domicile statue sans délai, le ministère public entendu.

Le délai de l'appel et du recours en cassation est de quinze jours francs à partir de la signification de la décision attaquée.

Le recours est, ainsi que l'appel, dispensé de la consignation de l'amende.

L'affaire est portée directement devant la chambre civile.

Les actes faits en exécution du présent article sont visés pour timbre et enregistrés gratis.

Les paragraphes 2, 3, 4, 5 et 6 du présent article sont applicables au cas prévu par l'article 6.

ART. 32. — Hors les cas prévus par les articles 6 et 31, les décisions du conseil de revision sont définitives. Elles peuvent, néanmoins, être attaquées devant le Conseil d'État pour incompétence, excès de pouvoir ou violation de la loi.

Le recours au Conseil d'État n'aura pas d'effet suspensif et il ne pourra en être autrement ordonné.

L'annulation prononcée sur le recours du Ministre de la guerre profite aux parties lésées.

B. — DOCUMENTS DIVERS ET MODÈLES.

1°. — *NOTE MINISTÉRIELLE sur l'Admission à domicile, la Naturalisation et la Réintégration dans la qualité de Français.*

Aux termes de la loi du 26 juin 1889, l'étranger qui veut obtenir l'autorisation de fixer son domicile en France conformément à l'article 13 du code civil, en vue de solliciter ultérieurement la naturalisation, doit adresser au Ministre de la justice une demande rédigée sur papier timbré, accompagnée de son acte de naissance et de celui de son père, de la traduction de ces actes s'ils sont en langue étrangère, ainsi que d'un extrait du casier judiciaire français (1). La demande doit contenir l'engagement d'acquitter les droits de sceau s'é-

---

(1) La demande d'extrait du casier judiciaire doit être rédigée sur papier timbré et adressée soit au Procureur de la République de l'arrondissement d'origine si le pétitionnaire est né en France, en Corse ou en Algérie, soit au Garde des sceaux, Ministre de la justice, s'il est né à l'étranger, en Alsace-Lorraine ou dans les colonies. Cette demande doit présenter le nom du pétitionnaire, ses prénoms, le lieu et la date de sa naissance, les prénoms de son père, les nom et prénoms de sa mère, son domicile, son état civil et de famille et sa profession ; elle doit être signée par lui et accompagnée d'un mandat postal de 3 fr. 65, payable au greffier près le tribunal d'arrondissement du lieu de sa naissance, s'il est né en France, en Corse ou en Algérie ; et au greffier près le tribunal d'arrondissement de son domicile, s'il est né à l'étranger.

levant à la somme de 175 fr. 25. L'admission à domicile n'est valable
que pour une durée de cinq années à partir de la demande. A l'expiration de ce délai elle est périmée si l'étranger n'a pas formé une demande en naturalisation ou si sa requête a été rejetée.

La naturalisation peut être accordée : — 1° Après trois ans de domicile autorisé, à tout étranger qui a obtenu son admission à domicile. (Le point de départ des trois années est le jour de l'enregistrement de la demande au Ministère de la justice) ; — 2° Après une
année de domicile autorisé, à l'étranger qui a épousé une française ;
— 3° Également après une année de domicile autorisé, aux étrangers
qui ont rendu des services importants à la France, y ont apporté des
talents distingués ou introduit soit une industrie, soit des inventions
utiles, créé soit des établissements industriels ou autres, soit des exploitations agricoles, ou qui ont été attachés, à un titre quelconque,
au service militaire dans les colonies ou les protectorats français ; —
4° Sans autorisation préalable de fixer leur domicile en France, aux
étrangers qui justifient qu'ils résident en France depuis dix années
sans interruption.

L'étranger qui veut obtenir sa naturalisation doit, dans tous les
cas, rédiger sa demande sur papier timbré et y joindre son acte de
naissance, celui de son père, un extrait du casier judiciaire (1) et, le
cas échéant, son acte de mariage ainsi que les actes de naissance de
ses enfants mineurs, avec la traduction de ces actes, s'ils sont en
langue étrangère. Il doit prendre l'engagement de payer les droits
(175 fr. 25). — S'il sollicite la naturalisation en vertu soit du n° 2
soit du n° 4 ci-dessus, il doit produire en outre : dans le premier cas,
l'acte de naissance de sa femme et l'acte de naissance du père de
celle-ci, dans le second cas, des documents établissant qu'il réside
en France depuis dix ans au moins (pièces officielles ou ayant date
certaine, baux, quittances de loyer, patentes, livret d'ouvrier, certificats de patrons ou de propriétaires légalisés).

L'admission à domicile et la naturalisation étant des mesures prises exclusivement dans l'intérêt personnel des étrangers qui les obtiennent, la remise partielle des droits ne peut jamais être accordée
qu'aux postulants qui ont des titres à cette faveur, et qui justifient
de l'impossibilité d'acquitter les droits entiers ; la remise totale n'est
accordée qu'à titre exceptionnel, en considération notamment de
services publics, ou d'actes de courage et de dévouement, de distinction acquise dans les arts, les sciences ou les lettres...

Les Alsaciens-Lorrains nés *avant* le 1er janvier 1851 qui veulent
recouvrer leur nationalité d'origine peuvent solliciter la réintégration
dans la qualité de Français par application de l'article 18 du code

(1) Voir la note de la page 274.

civil. — La demande tendant à la réintégration doit être rédigée sur papier timbré et accompagnée de l'acte de naissance ainsi que d'un extrait du casier judiciaire. — Les Alsaciens-Lorrains nés *après* le 1er janvier 1851 ne peuvent demander la réintégration que s'ils sont munis d'un permis d'émigration de l'autorité allemande ou d'un certificat de réforme dans l'armée allemande, ou s'ils peuvent justifier de services militaires dans l'armée française. Dans le cas contraire, ils pourront solliciter la naturalisation à la condition de justifier d'une résidence non interrompue en France pendant dix années ; sinon ils se borneront à demander l'admission à domicile dans la forme indiquée ci-dessus.

La femme et les enfants *majeurs* de l'étranger qui demande à devenir Français soit par la naturalisation, soit par la réintégration doivent, s'ils désirent obtenir eux-mêmes la qualité de Français, sans condition de stage, par application des articles 12 et 18 du code civil, joindre leur demande de naturalisation à la demande faite par le mari, par le père ou par la mère. — Aux termes des mêmes articles, les enfants *mineurs* d'un père ou d'une mère survivant naturalisés ou réintégrés deviennent Français.

Les demandes d'admission à domicile, de naturalisation, de réintégration et d'extrait du casier judiciaire central adressées au Garde des sceaux, Ministre de la justice, peuvent être envoyées directement par la poste, sans affranchissement. — Toutefois les Référendaires au Sceau de France, chargés de la perception et du versement des droits, peuvent également présenter les demandes et agir comme conseils ou mandataires des parties intéressées, si celles-ci désirent recourir à leur ministère.

RÉFÉRENDAIRES AU SCEAU DE FRANCE.

MM. ANDRÉ★, rue Montaigne, 9.
VERSTRAETE, boulevard Saint-Germain, 147.
MANSAIS, rue Fortuny, 16.
RENAUX, boulevard Malesherbes, 68.
COLLAS, rue de l'Université, 3.
MÉRIC, rue de Madrid, 22.

MM. LAINÉ, rue de la Victoire, 73.
DE BERLY, rue Godot-de-Mauroi, 26.
SAVIGNAC SOUVILLOUSE, rue de Trévise, 41.
LEROY, rue des Mathurins, 13 *bis.*
LABRUYER, rue Volney, 3.
BOUIS, boulevard Saint-Germain, 179.

2° — *NOTE MINISTÉRIELLE spéciale aux Alsaciens-Lorrains.*
(*Mode d'acquisition de la nationalité française.*)

L'Alsacien-Lorrain *né avant le* 1er *janvier* 1851 peut recouvrer la qualité de Français en sollicitant la réintégration par application de l'article 18 du code civil. — Celui qui est né *après le* 1er *janvier* 1851 et *avant le* 20 *mai* 1871, s'il est en mesure de produire, soit un permis d'émigration l'affranchissant de la nationalité allemande, soit un certificat de réforme définitive dans l'armée allemande, est également en droit de solliciter la réintégration. S'il n'est pas en mesure de produire l'un ou l'autre de ces documents, mais s'il peut justifier d'une résidence *ininterrompue* en France pendant les dix dernières années qui précèdent sa requête, il doit solliciter la naturalisation immédiate en vertu de l'article 8 § 5, n° 2 du code civil modifié par la loi du 26 juin 1889 sur la nationalité.

L'Alsacien-Lorrain, né après le 1er janvier 1851 et avant le 20 mai 1871, qui ne se trouve pas dans l'une ou l'autre des deux conditions ci-dessus, doit solliciter l'admission à domicile afin de pouvoir demander la naturalisation après un stage de 3 ans (art. 8 § 5, n° 1 du code civil) ou d'une année seulement s'il a épousé une Française (art. 8 § 5, n° 4 du code civil).

La réintégration en vertu de l'article 18 du code civil peut être accordée à l'Alsacien-Lorrain *mineur* qui est porteur d'un permis d'émigration l'affranchissant de la nationalité allemande. Dans ce cas, la demande doit être faite en son nom par son représentant légal (voir art. 9 § 2 du code civil).

L'Alsacien-Lorrain *né entre le* 20 *mai* 1871, date de ratification du traité de Francfort, et le 30 septembre 1872, date à laquelle expiraient les délais d'option, et dont les parents n'ont pas opté pour la nationalité française, peut, d'après la jurisprudence de mon département, devenir Français, en souscrivant devant le juge de paix du canton de sa résidence la déclaration prévue par l'article 10 du code civil pour ce motif qu'il est né sur un territoire étranger d'un père Français ayant perdu cette qualité avant sa naissance. — Les individus de cette catégorie étant encore mineurs, la déclaration dont s'agit doit être souscrite en leur nom par leur représentant légal (voir art. 9 § 2 du code civil).

Quant aux individus nés en Alsace-Lorraine depuis le 1er octobre 1872, c'est-à-dire en Allemagne de parents Alsaciens-Lorrains, Français avant l'annexion, ils peuvent également pour les mêmes raisons et dans les mêmes formes réclamer le bénéfice de l'article 10 du code civil.

3° — *MODÈLES de Demandes d'Admission à domicile,
Naturalisation et Réintégration* (1).

I. — Admission à domicile.

A Monsieur le Garde des sceaux, Ministre de la Justice.

Le soussigné.... (2), demeurant à... département de... a l'honneur de solliciter l'admission à domicile en vue d'obtenir ultérieurement la naturalisation.

Il est en France depuis... (3).

Il est de nationalité... né à... le...

Il est célibataire :.... — *ou bien* : marié à une femme d'origine... (4).

Il a... (5) enfants majeurs et... (6) enfants mineurs :.... (7).

Il s'engage à acquitter le montant des droits de sceau (175 fr. 25) *ou bien* : il sollicite l'exonération totale (*ou* partielle) des droits de sceau, en raison de... (8).

Il joint à sa demande son acte de naissance et l'extrait de son casier judiciaire français (9).

Il vous prie, Monsieur le Garde des sceaux, de vouloir bien agréer l'expression de son profond respect (*Signature*).

---

(1) Feuille de papier timbré à 0 fr. 60, ou 1 fr. 20.

(2) Nom et prénoms.

(3) Indiquer la date à laquelle le postulant s'est *fixé* en France.

(4) Indiquer la nationalité originaire de la femme.

(5 et 6) Nombre des enfants.

(7) Prénoms, date et lieu de naissance, lieu de résidence des enfants.

(8) Indiquer les motifs invoqués en vue de l'exonération demandée.

(9) Le casier judiciaire français des individus nés à l'étranger doit être demandé au Ministère de la justice, dans la forme suivante, sur une feuille de papier timbré à 0,60 :

« A M. le Garde des sceaux, Ministre de la justice.

» Le soussigné (nom et prénoms), demeurant à... département de... exerçant la profession de... a l'honneur de solliciter l'extrait du casier judiciaire central le concernant, en vue de demander l'admission à domicile (*ou* la naturalisation, *ou* la réintégration).

» Il est né à... le... de... (nom et prénoms du père); il est célibataire, *ou* veuf, *ou* marié, et a... nombre d'enfants ».

Le postulant doit joindre le montant des droits (3, fr. 65) en un mandat au nom du greffier du tribunal de l'arrondissement où il réside. Si le postulant est né en France, l'extrait du casier est délivré par le greffe du tribunal dans l'arrondissement duquel se trouve le lieu de naissance de l'intéressé ; la demande est faite au Procureur de la République et accompagnée d'un mandat postal de 3 fr. 65 au nom du greffier.

II. — Naturalisation.

A M. le Garde des sceaux, Ministre de la justice.

Le soussigné... demeurant à... département... a l'honneur de solliciter la naturalisation.

Il a précédemment été admis à domicile par décret du... (n° du dossier :... x... (1); ayant accompli le délai de stage de trois années exigé par la loi (2), il demande à bénéficier des dispositions de l'article 8, III, 1° du Code civil.

---

(1) L'indication du n° du dossier se trouve sur l'ampliation du décret d'admission à domicile remise à l'intéressé ; cette ampliation doit d'ailleurs être produite ; les autres pièces à fournir sont les mêmes que pour l'admission à domicile ; l'ampliation peut être suppléée par le numéro du *Bulletin des lois* dans lequel a été inséré le décret (V. *suprà*, p. 74, note 3).

(2) Le délai de stage court du jour de l'enregistrement de la demande d'admission à domicile

Ce paragraphe se modifie comme suit, d'après les circonstances de la cause :

Ou bien : Il a précédemment été admis à domicile par décret du... (n° du dossier :... x...) ; ayant accompli un délai de stage d'une année, il demande à bénéficier des dispositions de l'article 8, III, 3° du code civil, comme ayant... (1) *ou* de l'article 8, III, 4° du code civil, comme ayant épousé une Française (2).

Ou bien : Il demande à bénéficier des dispositions de l'article 8, III, 2°, comme pouvant justifier d'une résidence non interrompue en France pendant dix années (3).

Ou bien : Il demande à bénéficier des dispositions de l'article 12 (*ou* de l'art. 18) du code civil, étant fils d'un étranger qui est lui-même en instance de naturalisation (*ou* de réintégration) (4).

Le reste comme pour la demande d'admission à domicile.

Lorsque le postulant est marié, la femme peut solliciter en même temps que lui sa naturalisation ou sa réintégration, suivant qu'elle est d'origine étrangère ou française. Elle le fait sur la même requête, qu'elle signe, à l'aide de la formule suivante, qui se place après les mots : marié à une femme d'origine... *du modèle de demande d'admission à domicile :* Sa femme sollicite en même temps que lui sa naturalisation (*ou* sa réintégration) (5).

Dans le cas où elle refuserait de s'associer à la demande de son mari, l'indiquer et en donner la raison.

---

au Ministère de la justice (V. *suprà*, p. 74). La demande de naturalisation peut donc être utilement formée dès que trois années se sont écoulées depuis le jour où la demande d'admission à domicile a été déposée (l'enregistrement a dû avoir lieu presque immédiatement).

(1) Viser d'une manière précise la disposition de l'article 8, III, 3° que l'on invoque. Aux pièces ordinaires, il faudra joindre les justifications spéciales nécessaires. V. *suprà*, p. 75, note 2 et p. 76, note 1.

(2) Fournir la justification de la nationalité de la femme. (V. *suprà*, p. 77, note 2).

(3) V. l'indication des pièces justificatives à produire, *suprà*, p. 79, note 2.

(4) Donner l'indication exacte des nom et prénoms, date et lieu de naissance, et domicile de la personne dont on invoque la naturalisation ou la réintégration éventuelle ; le n° du dossier, si on le connaît, doit être rappelé.

(5) La femme doit produire son acte de mariage, son acte de naissance et l'extrait du casier judiciaire ; si elle sollicite la réintégration, comme étant d'origine française, elle doit fournir des justifications à cet égard (V. *suprà*, note 5). — Un droit de sceau de 175 fr. 25 sera dû au cas d'intervention d'un décret de naturalisation ou de réintégration au profit de la femme, droit que les époux devront s'engager à acquitter (au total : 350 fr. 25), ou dont ils devront solliciter la remise avec motifs à l'appui, comme il est indiqué dans le modèle de demande d'admission à domicile.

III. — Réintégration.

A. M. le Garde des sceaux, Ministre de la justice.

Le soussigné... demeurant à... département de... a l'honneur de solliciter la réintégration dans la qualité de Français, qu'il a perdue par suite de... (1).

Le reste comme pour la demande d'admission à domicile en supprimant toutefois l'indication de la nationalité originaire du postulant, qui est inutile.

Si le postulant est marié, sa femme sollicitera sa réintégration ou sa naturalisation dans les mêmes termes que la femme de l'étranger en instance de naturalisation. (V. modèle de naturalisation).

---

(1) Indiquer la cause de la perte de la qualité de Français, naturalisation à l'étranger, démembrement de territoire, etc. — Lorsque cette perte est due à une cause particulière comme la naturalisation à l'étranger, une justification doit être fournie. — V. *suprà*, p. 207.

4°. — *CIRCULAIRE du Ministre de la Justice aux Procureurs Généraux, relativement aux Déclarations de Nationalité.*
(23 *août* 1889)

Monsieur le Procureur général, la loi du 26 juin 1889 sur la nationalité admet dans certains cas l'acquisition de la qualité de Français par voie de simple déclaration. Cette faculté, qui existait dans la législation antérieure, avait été déjà assimilée par la doctrine et par certaines décisions de jurisprudence à un mode spécial de naturalisation. Elle a été consacrée de nouveau par le législateur sous le nom de naturalisation de faveur. — Aux termes de l'article 9 du code civil, modifié par la loi du 26 juin, tout individu né en France d'un étranger et qui n'y est pas domicilié à l'époque de sa majorité peut, jusqu'à l'âge de 22 ans accomplis, faire sa soumission de fixer en France son domicile et, s'il l'y établit dans l'année à compter de l'acte de soumission, réclamer la qualité de Français par une déclaration qui doit être enregistrée au Ministère de la justice. — La même faculté de réclamer la qualité de Français est accordée par l'article 10, sans limitation d'âge, à tout individu né en France ou à l'étranger de parents dont l'un a perdu la qualité de Français.

D'autre part, les articles 8 § 4, 12 et 18 du code civil modifié reconnaissent à certaines catégories d'individus en possession de la nationalité française le droit de décliner cette nationalité dans l'année qui suit leur majorité telle qu'elle est fixée par la loi française. C'est le cas de tout individu né en France d'un étranger et qui, à l'époque de sa majorité, est domicilié en France ; la qualité de Français qui résulte pour lui de la réunion de ces deux circonstances (naissance sur le territoire français et domicile sur ce même territoire lors de la majorité) peut être répudiée par une déclaration accompagnée des pièces justificatives prévues par la loi. Il en est de même des enfants mineurs devenus Français soit par la naturalisation, soit par la réintégration de leurs parents ; ils peuvent, à leur majorité, opter pour leur nationalité d'origine (1).

Par sa circulaire du 24 mars 1881, le Ministre de l'intérieur avait prescrit, dans les municipalités, la tenue d'un registre spécial destiné à recevoir toutes les déclarations qui seraient souscrites pour réclamer ou répudier la qualité de Français. En outre, une circulaire de mon prédécesseur, en date du 20 octobre 1888, avait chargé

(1) A côté de ces dispositions de la loi du 26 juin 1889, il convient de rappeler le cas particulier prévu par la convention intervenue le 23 juillet 1879 entre la France et la Suisse. D'après cette convention, les individus dont les parents, Français d'origine, obtiennent la naturalisation suisse, et qui sont mineurs au moment de cette naturalisation, ont le droit d'opter, dans le cours de leur vingt-deuxième année, pour la nationalité suisse.

les préfets d'inviter les maires à transmettre à la Chancellerie une copie de toutes les déclarations de ce genre qui seraient reçues par eux. — Il importait, en effet, à tous égards, que la répudiation de la qualité de Français et l'acquisition de cette qualité ne pussent être, au gré des intéressés, dissimulées ou invoquées suivant les circonstances, et il fallait éviter que des déclarations ne fussent reçues en dehors des cas prévus par la loi. Pour mieux assurer ces garanties, la loi du 26 juin et le décret du 13 août 1889 ont prescrit l'enregistrement de toutes les déclarations de ce genre à ma Chancellerie et confié le soin de les recevoir aux juges de paix qui sont plus compétents que la majorité des maires en matière juridique, et sur lesquels le contrôle de mon administration pourra s'exercer plus efficacement. — L'article 6 du règlement d'administration publique du 13 août décide que les déclarations souscrites soit pour acquérir, soit pour répudier la qualité de Français seront reçues à l'avenir par le juge de paix du canton dans lequel réside le déclarant (1). — Ces déclarations pourront être faites par procuration spéciale et authentique. — Elles seront dressées en double exemplaire sur papier timbré. — Le déclarant sera assisté de deux témoins qui certifieront son identité ; il devra produire toutes les justifications nécessaires pour établir la régularité de sa déclaration et l'état civil de ses enfants mineurs appelés à devenir Français en vertu de la naturalisation de leur auteur. La demande de la femme ou des enfants majeurs qui voudront profiter des dispositions de la loi pour solliciter leur naturalisation, sans condition de stage, devra être jointe à la déclaration faite par le mari, le père ou la mère. — Les deux exemplaires de la déclaration avec les pièces justificatives et, le cas échéant, la demande de la femme et des enfants majeurs, seront immédiatement adressés par le juge de paix au Procureur de la République, qui les transmettra sans délai au Ministère de la justice (art. 7 du règlement). La déclaration sera inscrite à la Chancellerie sur un registre spécial ; l'un des exemplaires sera déposé dans les archives, l'autre renoyé à l'intéressé avec la mention de l'enregistrement (art. 8). — Dans le cas où une déclaration ne me paraîtra pas souscrite dans les conditions régulières, l'intéressé en sera avisé et il pourra, s'il le juge à propos, faire trancher la question par les tribunaux, souverains juges en matière de questions de nationalité.

D'après l'article 10 du même règlement, il y a lieu de veiller à ce que l'individu qui réclame la qualité de Français en vertu de l'article 10 du code civil établisse, s'il est né en France, quel était son domicile et celui de ses parents à l'époque de sa majorité telle qu'elle est réglée

(1) Il ne sera dérogé à cette règle que dans le cas prévu par la convention franco-suisse du 23 juillet 1879 et mentionné à la note précédente. Les maires continueront à recevoir les déclarations d'option pour la *nationalité suisse* effectuées par *les enfants de Français naturalisés Suisses.*

par la loi française, afin de me permettre de vérifier si, lors de sa majorité, il n'a pas revendiqué la qualité d'étranger pour échapper au service militaire. Dans le cas de l'affirmative, en effet, la loi le déclare déchu du droit de réclamer la qualité de Français.

L'individu qui entend décliner la qualité de Français dans les cas prévus par les articles 8, 4°, 12 et 18 du code civil doit prouver qu'il a conservé la nationalité de ses parents par une attestation en due forme de son Gouvernement, laquelle demeurera annexée à la déclaration, et produire en outre, s'il y a lieu, un certificat constatant qu'il a répondu à l'appel sous les drapeaux conformément à la loi militaire de son pays, sauf les exceptions prévues aux traités.

Le droit de réclamer la qualité de Français dans les cas prévus par les articles 9 et 10 du code civil est reconnu même au mineur. Pareillement, dans les cas prévus par les articles 8, 4°, 12 et 18 du code civil, le mineur peut renoncer à la faculté qui lui appartient de décliner la qualité de Français dans l'année de sa majorité ; mais toutes les fois que l'intéressé est en état de minorité, la déclaration doit être souscrite en son nom par son représentant légal selon les distinctions établies dans l'article 9 § 2 du code civil (art. 11 du règlement).

Je vous prie, monsieur le Procureur général, d'appeler l'attention de MM. les juges de paix sur les divers points que je viens de vous signaler et de leur recommander la plus grande vigilance dans l'exercice de leurs nouvelles attributions. — Vous trouverez ci-après des modèles auxquels MM. les juges de paix devront se conformer pour la rédaction des déclarations de nationalité. — Vous voudrez bien m'accuser réception des présentes instructions, dont je vous transmets des exemplaires en nombre correspondant à celui des parquets et des justices de paix de votre ressort.

Recevez, Monsieur le Procureur général, l'assurance de ma considération très distinguée.

Le Garde des Sceaux,
Ministre de la Justice et des Cultes,
THÉVENET.

Le Conseiller d'État,
Directeur des Affaires civiles et du Sceau,
BARD.

5°. — *MODÈLES de Déclarations de Nationalité pouvant être souscrite devant les Juges de Paix* (*Décret du* 13 *août* 1889).

N° 1. — DÉCLARATION EN VUE DE RÉCLAMER LA QUALITÉ DE FRANÇAIS.

(Application de l'article 9 § 1, du Code civil, V. p. 133.)

L'an... et le... du mois d..., par devant nous, juge de paix du canton d.... arrondissement d... département d... s'est présenté le sieur (*nom, prénoms*), né le... à (*profession, domicile*), lequel nous a déclaré qu'il était né de (*nom, prénoms, date, lieu de naissance, domicile*), mais que, n'étant pas domicilié en France à l'époque de sa majorité, il avait fait le... à... devant... sa soumission (1) de fixer son domicile en France dans l'année de sa déclaration et réclamait par suite aujourd'hui, en vertu de l'article 9 § 1 du code civil, la qualité de Français.

À l'appui de sa déclaration, le sieur... nous a remis : 1° Son acte de naissance ; 2° L'acte de naissance ou de mariage de son père (*original et traduction*) ; 3° L'acte de soumission dont il est parlé ci-dessus ; pièces qui seront annexées à la déclaration qui doit être adressée au Ministre de la justice.

ÉTAIENT PRÉSENTS : Le sieur (*nom, prénoms*), âgé de... profession de... demeurant à... ; et le sieur (*mêmes indications*) ; lesquels nous ont attesté l'individualité du comparant, ont déclaré que ce qui précède est à leur connaissance personnelle et ont signé avec le déclarant et nous, juge de paix, après lecture faite.

(1) V. le modèle ci-après.

N° 1 *bis*. — ACTE DE SOUMISSION
EFFECTUÉ EN VUE D'UNE DÉCLARATION ULTÉRIEURE POUR RÉCLAMER LA QUALITÉ DE FRANÇAIS (1).

(Application de l'art. 9 § 1 du code civil, V. p. 134.)

L'an... et le... du mois de..., par devant nous..., s'est présenté le sieur... (*nom, prénoms*), né à... le..., demeurant à (*domicile, profession*), lequel nous a déclaré qu'il était né de (*nom, prénoms, date, lieu de naissance, domicile*), mais que, n'étant pas domicilié en France à l'époque da sa majorité, il se soumet et s'engage par les présentes à fixer son domicile en France, afin de pouvoir réclamer ultérieurement la qualité de Français, conformément aux prescriptions de l'article 9 du code civil.

DONT ACTE.

Dressé par nous..., à..., en présence de MM. (*noms, prénoms, qualités et domicile des deux témoins*), lesquels ont attesté l'individualité du comparant, ont déclaré que ce qui précède est à leur connaissance personnelle, et ont signé, avec le déclarant et nous..., après lecture faite.

(1) Cet acte de soumission est reçu par les agents diplomatiques et consulaires de la France à l'étranger.

N° 2. — DÉCLARATION EN VUE DE RÉCLAMER LA QUALITÉ DE FRANÇAIS.

(Application de l'article 10 du Code civil, V. p. 139.)

MODÈLE A. — INDIVIDU NÉ SUR LE TERRITOIRE FRANÇAIS (V. p.144.)

L an... et le... du mois d... par devant nous, juge de paix du canton d.... arrondissement d... département d...., s'est présenté le sieur (*nom, prénoms*), né le... à... lequel nous a déclaré que (1) son père (*nom, prénoms, date et lieu de naissance, domicile*) ayant perdu la qualité de Français en (*se reporter à l'article 17 du code civil et indiquer la cause qui a fait perdre la qualité de Français*), il réclamait la qualité de Français par application de l'article 10 du code civil.

Le sieur... nous a déclaré en outre que, bien que né en France, il n'y habitait pas lors de sa majorité et qu'il n'a pas été appelé à prendre part au recrutement.

A l'appui de sa déclaration, le sieur... nous a remis : 1° Son acte de naissance (A) ; 2° L'acte de naissance ou de mariage de son père ; 3° La pièce qui atteste que son père a perdu la qualité de Français ; 4° Le certificat officiel dûment légalisé établissant le domicile du déclarant lors de sa majorité ; pièces qui seront annexées à la déclaration qui sera transmise au Ministre de la justice.

ÉTAIENT PRÉSENTS : Le sieur... (*nom, prénoms*),, âgé de... profession de..., demeurant à..., et le sieur... (*mêmes indications que ci-dessus*); lesquels nous ont attesté l'individualité du déclarant, ont déclaré que ce qui précède est à leur connaissance personnelle et ont signé avec le déclarant et nous, juge de paix, après lecture faite.

(1) *Si c'est la mère qui a perdu la qualité de Française par son mariage* : que sa mère ayant perdu la qualité de Française par son mariage conformément aux dispositions de l'article 19 du code civil, il réclamait la qualité de Français en vertu de l'article 10 du code civil.
A l'appui de sa déclaration, le sieur... nous a remis : 1° Son acte de naissance ; 2° L'acte de mariage de sa mère ; 3° L'acte de naissance de sa mère ; 4° L'acte de naissance de son grand-père maternel ; 5° Le certificat officiel dûment légalisé établissant le domicile du déclarant lors de sa majorité ;
(A) Les pièces en langue étrangère doivent être accompagnées de leur traduction.

N° 3. — DÉCLARATION EN VUE DE RÉCLAMER LA QUALITÉ DE FRANÇAIS.

(Application de l'article 10 du Code civil, V. p. 139).

MODÈLE B. — INDIVIDU NÉ A L'ÉTRANGER (1).

(Cette déclaration peut être souscrite au nom des mineurs, V. p. 143.)

L'an..... et le.... du mois d....., par devant nous, juge de paix du canton d..., arrondissement d.... département d...., s'est présenté le sieur (*nom, prénoms*), né le... à... (*profession, domicile*), lequel nous a déclaré que (1)

(1) *Lorsque cette déclaration est souscrite au nom d'un mineur, elle se modifie ainsi* : qu'il avait perdu la qualité de Français en... (se reporter à l'art. 17, c. civ.,) et que son fils (*nom, prénoms, date, lieu de naissance, domicile*), désirant, bien qu'il soit encore mineur, s'assurer

son père (1) (*nom, prénoms, date et lieu de naissance, domicile*), ayant perdu la qualité de Français en (*se reporter à l'article 17 du code civil et indiquer la cause qui a fait perdre la qualité de Français*), il réclamait la qualité de Français en vertu de l'article 10 du code civil.

A l'appui de sa déclaration, le sieur... nous a remis : 1° Son acte de naissance (A) ; 2° L'acte de naissance ou de mariage de son père (*et toute autre pièce nécessaire pour établir sa nationalité française*) ; 3° La pièce qui atteste que le père a perdu la qualité de Français ; pièces qui seront annexées à la déclaration qui sera transmise au Ministre de la justice.

ÉTAIENT PRÉSENTS : Le sieur (*nom et prénoms*), âgé de... profession d... demeurant à... ; et le sieur (*mêmes indications*); lesquels nous ont attesté l'individualité du déclarant, ont déclaré que ce qui précède est à leur connaissance personnelle et ont signé avec le déclarant et nous, juge de paix, après lecture faite.

la qualité de Français, il réclamait en son nom la qualité de Français en vertu de l'article 10 du code civil.

Dans ce cas, l'acte de naissance du fils au nom duquel la déclaration est faite doit être produit en outre des pièces ci-dessus.

(1) *Si c'est la mère qui a perdu la qualité de Française par son mariage :* que sa mère ayant perdu la qualité de Française par son mariage conformément aux dispositions de l'article 19 du code civil, il réclamait la qualité de Français en vertu de l'article 10 du code civil.

A l'appui de sa déclaration, le sieur... nous a remis : 1° son acte de naissance, 2° l'acte de mariage de sa mère, 3° l'acte de naissance de sa mère, 4° l'acte de naissance de son grand-père maternel ; pièces qui seront annexées.... (le reste comme ci-dessus).

(A) Les pièces en langue étrangère doivent être accompagnées de leur traduction.

N° 4. — DÉCLARATION EN VUE DE RÉCLAMER LA QUALITÉ DE FRANÇAIS

(Application de l'article 9 § 2, V. p. 136 et p. 154.)

ET DE RENONCER ÉVENTUELLEMENT A SE PRÉVALOIR DE LA FACULTÉ DE RÉPUDIATION PRÉVUE PAR L'ARTICLE 8 § 4.

MINEUR NÉ EN FRANCE ET ACTUELLEMENT DOMICILIÉ EN FRANCE.

L'an... et le... du mois d..., par devant nous, juge de paix du canton d... arrondissement d... département d..., s'est présenté le sieur (*nom et prénoms*) né le... à (*profession, domicile*), lequel nous a déclaré que son fils (*nom, prénoms, date, lieu de naissance, domicile*), désirant, bien qu'il soit encore mineur, s'assurer la qualité de Français, il réclamait, au nom de celui-ci, la nationalité de Français en vertu de l'article 9 § 2 du code civil, et renonçait, en tant que besoin, par avance, au droit que lui confère l'article 8 § 4 du code civil de décliner la nationalité française dans l'année de sa majorité.

A l'appui de sa déclaration, le sieur... nous a remis : 1° Son acte de naissance ou de mariage (A) ; 2° L'acte de naissance de son fils, pièces qui seront annexées à la déclaration qui sera transmise au Ministre de la justice.

ÉTAIENT PRÉSENTS : Le sieur (*nom, prénoms*), âgé de... profession de... demeurant à... et le sieur (*mêmes indications*); lesquels nous ont attesté l'individualité du comparant, ont déclaré que ce qui précède est à leur connaissance personnelle et ont signé avec le déclarant et nous, juge de paix, après lecture faite.

(A) Les pièces en langue étrangère doivent être accompagnées de leur traduction.

N° 5. — DÉCLARATION EN VUE DE RENONCER
A SE PRÉVALOIR DE LA QUALITÉ D'ÉTRANGER
FAITE AU NOM DU MINEUR PAR SON REPRÉSENTANT LÉGAL.

(Application des articles 12 § 3, et 18 du Code civil, V. p. 154.)

L'an... et le... du mois de..., par devant nous, juge de paix du canton d...
arrondissement d... département d..., s'est présenté le sieur (*nom et prénoms*),
né le... à (*profession, domicile*), lequel nous a déclaré que son fils (*nom, prénoms, date et lieu de naissance, domicile*), désirant contracter un engagement
volontaire dans l'armée française (*ou entrer dans une des écoles du gouvernement, ou fixer, bien que mineur, sa nationalité*),il renonçait, au nom de celui-ci,
au droit que lui confère l'article 12 (*ou 18*) du code civil de décliner la nationalité française dans l'année de sa majorité, afin d'établir définitivement sa qualité de Français.

A l'appui de sa déclaration, le sieur... nous a remis : 1° L'acte de naissance
de son fils (A) ; 2° Son acte de naissance ou de mariage ; 3° L'ampliation du
décret d'où résulte pour lui la qualité de Français ; pièces qui seront annexées
à la déclaration qui doit être adressée au Ministre de la justice.

ÉTAIENT PRÉSENTS : Le sieur (*nom, prénoms*), âgé de... profession de...
demeurant à... et le sieur (*mêmes indications*) ; lesquels nous ont attesté l'individualité du comparant, ont déclaré que ce qui précède est à leur connaissance personnelle et ont signé avec le déclarant et nous, juge de paix, après lecture faite.

(A) Les pièces en langue étrangère doivent être accompagnées de leur traduction.

N° 6. — DÉCLARATION EN VUE DE DÉCLINER
LA QUALITÉ DE FRANÇAIS.

(Application des articles 8 § 4, 12 § 3 et 18 du Code civil, V. p. 147.)

L'an... et le... du mois d..., par devant nous, juge de paix du canton d...
arrondissement d... département d... (1), s'est présenté le sieur (*nom, prénoms*),
né le... à (*profession, domicile*), lequel nous a déclaré qu'étant (2) né en France
de (*nom, prénoms, date, lieu de naissance, domicile du père*) et y étant domicilié, il voulait décliner la qualité de Français que lui conférait l'article 8 § 4
du code civil et réclamait la nationalité....

A l'appui de sa déclaration, le sieur... nous a remis : 1° Son acte de naissance (3) ; 2° L'acte de naissance ou de mariage de son père ; 3° Une attestation
en due forme du Gouvernement du pays dont il se réclame et constant
qu'il est considéré comme son national ; 4° Un certificat constatant qu'il a

(1) Cette déclaration peut être souscrite à l'étranger devant les agents diplomatiques ou consulaires de France ; la formule se modifie alors en conséquence.
(2) Devenu Français en vertu de l'article... du code civil par suite de (*la naturalisation ou la réintégration dans la qualité de Français*) accordée à... par décret du... il voulait décliner la qualité de Français et réclamait la nationalité... (*Le reste comme ci-dessus, mais une copie du décret accordant la qualité de Français doit être en outre produite.*)
(3) Les pièces en langue étrangère doivent être accompagnées de leur traduction.

répondu dans son pays d'origine à l'appel sous les drapeaux (1) ; pièces qui se-ront annexées à la déclaration qui doit être adressée au Ministre de la justice.

ÉTAIENT PRÉSENTS : Le sieur (*nom, prénoms*), âgé de..., profession de... demeurant à... et le sieur (*mêmes indications*) ; lesquels nous ont attesté l'individualité du comparant, ont déclaré que ce qui précède est à leur con-naissance personnelle et ont signé avec le déclarant et nous, juge de paix, après lecture faite.

(1) Si dans le pays dont se réclame le déclarant le service militaire n'existe pas (comme en Angleterre), ou s'il en est dispensé pour ce motif qu'il appartient à une classe d'individus qui n'y est pas astreinte (comme les chrétiens en Turquie), un certificat constatant cette situation doit être produit aux lieu et place du certificat exigé sous le n° 4 ci-dessus.

6°. — *RAPPORT adressé par M. Bard, Conseiller d'État, Di-recteur des Affaires civiles et du Sceau, à M. le Garde des Sceaux, Ministre de la Justice, sur l'application de la loi du 26 juin 1889.*

(Journal officiel du 15 mars 1890).

Monsieur le Garde des sceaux,

Une nouvelle et importante loi sur la nationalité est entrée en vi-gueur le 26 juin 1889. Il a paru intéressant d'examiner dès cette année les effets de cette loi et les résultats qui paraissent se dégager de ses premières applications. On précisera, par la même occasion, les con-ditions dans lesquelles fonctionne la naturalisation, car le rôle et la portée de cette institution ont été tantôt exagérés, tantôt diminués faute de renseignements statistiques suffisamment complets et dé-taillés. — En ce qui concerne la loi du 26 juin 1889, il faut distinguer deux ordres de disposition. Les unes attribuent de plein droit la qua-lité de Français à des individus qui jusque-là vivaient sur notre ter-ritoire en dehors de notre nationalité, et qui, désormais, seront Fran-çais sans qu'aucune mesure ait besoin d'être prise à leur égard. Les autres visent l'acquisition de la nationalité française, soit par décret, soit par voie de déclaration des intéressés, c'est-à-dire par la natura-lisation ordinaire ou par une sorte de naturalisation de faveur mise à la disposition des étrangers qui se trouvent dans certains cas déterminés. — Le nombre des individus devenus Français par l'effet pur et simple de la loi ne peut être évalué qu'approximati-vement. D'après la statistique de 1886 (Ministère du commerce), sur 1.126.531 étrangers établis en France, 431.423 étaient nés sur notre territoire. La loi du 26 juin 1889 déclare Français sans fa-culté de répudiation ceux qui sont nés d'un étranger né lui-même en France. Le nombre des répudiations ordinairement effectuées pour échapper au service militaire était, d'ailleurs, extrêmement restreint. — Quant aux individus nés en France d'un étranger qui n'y est pas né, la nationalité française leur appartient désormais de plein droit lorsqu'à leur majorité ils sont domiciliés en France, sauf la faculté qui leur est réservée de décliner notre nationalité en prouvant qu'ils ont conservé celle de leurs parents et qu'ils ont répondu à l'appel sous les drapeaux dans le pays qu'ils revendiquent pour leur patrie. La différence essentielle entre le régime nouveau et la législation antérieure, c'est qu'autrefois ces individus avaient besoin d'acquérir la nationalité française soit en prenant l'initiative d'une déclaration qui ne pouvait être faite après vingt-deux ans, soit en se soumettant à la procédure de l'admission à domicile et de la naturalisation, tandis que depuis le 26 juin dernier tout individu né en France et qui s'y trouvera domicilé à sa majorité est Français sans avoir aucune formalité à accomplir. Il est présumé appartenir au pays où il est né et où il est établi ; c'est pour sortir de la nationalité française et non pour y rentrer qu'il peut avoir à faire certaines démarches. — Le nombre des répudiations paraît devoir être assez faible. Autant, en effet, on acceptait volontiers le bénéfice des loi précédentes qui présumaient l'extranéité et par suite ne faisaient pas du service militaire une obligation formelle, autant, en présence des dispositions nouvelles sur le recrutement et la nationalité, les individus fixés en France hésiteront à décliner une nationalité dont ils recueillent en grande partie les avantages. Il convient d'ajouter que ces individus sont exclus par le législateur du droit de réclamer ultérieurement la qualité de Français par voie de déclaration, et que le gouvernement s'inspirera évidemment de l'esprit de la loi en leur refusant la faveur de l'admission à domicile ainsi que celle de la naturalisation. — Les répudiations de ce genre, comme d'ailleurs toutes les déclarations relatives à la nationalité, sont actuellement vérifiées, et, lorsqu'elles sont régulières, enregistrées à la chancellerie ; le relevé qui en a été fait pour le second semestre de 1889 ne donne qu'un nombre de 49 répudiations. Mais l'application du régime nouveau peut, en cette matière, comporter pour les intéressés une période d'incertitude et de tâtonnements dont il y a lieu, si courte qu'elle soit, de tenir compte dans une mesure notable. La proportion indiquée ci-dessus ne doit donc pas être considérée comme normale, et les résultats de l'année courante seront seuls décisifs.

Admission à domicile et naturalisation. — Indépendamment des dispositions qui ont pour effet d'incorporer *de plano* dans la nationalité française un grand nombre d'individus, Français de fait, mais dont la situation restait indécise, la loi du 26 juin 1889 a voulu rendre la qualité de Français plus accessible à ceux qui, en la sollicitant, offraient des garanties particulières d'assimilation avec nos nationaux. — Parmi les modifications apportées au régime antérieur, les plus sensibles dans la pratique sont les suivantes : 1° l'étranger peut-être dispensé du préliminaire de l'admission à domicile s'il justifie d'une résidence non interrompue pendant dix années ; 2° le stage de l'admission à domicile est réduit à une année pour l'étranger qui a épousé une Française ; 3° les enfants des étrangers naturalisés ou réintégrés sont, durant la minorité, naturalisés avec leurs parents, et, après la majorité, dispensés du stage s'ils forment leur demande en même temps que leurs parents. — Sous l'empire de la loi de 1867, le nombre total des admissions à domicile a été de 29.679. En 1868 et 1869 il était de 303 et de 234. En 1887 et 1888, il s'est élevé à 3.974 et à 5.082. — Du nombre des admissions à domicile, il convient de rapprocher celui des naturalisations (l'Algérie non comprise). Quoiqu'un intervalle d'au moins trois ans séparât les deux mesures de l'admission à domicile et de la naturalisation, et que, par suite, une correspondance exacte ne puisse être établie entre les chiffres qu'elles ont présentés pendant une même période, on peut évaluer approximativement aux deux tiers le nombre des admis à domicile qui sont restés étrangers. — Le total des naturalisations comprises entre la loi de 1867 et celle de 1889 ne s'est, en effet, élevé qu'à 10.123 contre 29.679 admis à domicile. — En 1868 et 1869, le nombre des individus naturalisés n'était que de 159 et 80. En 1872, il était de 169, en 1873 de 137. En 1887, il a été de 1.522, et en 1888 de 1.959. — Pour 1889, le total des naturalisations (abstraction toujours faite de l'Algérie et des pays régis par des dispositions spéciales) a été de 2.943 ; mais il y a lieu de distinguer la période antérieure à la loi du 26 juin et celle qui a suivi. — Le nombre des naturalisations avant le 26 juin a été de 720. Il eût été sensiblement plus élevé si l'éventualité prochaine du vote de la loi n'avait fait ajourner la solution d'un certain nombre d'affaires. — Du 26 juin au 31 décembre 1889, il y a eu 2.223 naturalisations, chiffre très notablement supérieur à ceux que donnait l'application de la loi de 1867. Pendant la même période le nombre des admissions à domicile, qui avait été de 2.152 avant le 26 juin, est tombé à 471, un grand nombre de ceux qui auraient sollicité cette mesure se trouvant dans le cas d'être naturalisés immédiatement. — Sur les 2.943 individus naturalisés en 1889, il y a 2.524 hommes et 419 femmes.

Sur les 419 femmes, 50 veuves ou célibataires ont été naturalisées isolément, 369 femmes ont été naturalisées avec leur mari. Le nombre des ex-Françaises qui ont été réintégrées alors que leur mari était naturalisé sera indiqué plus loin. — Des 2.524 hommes, 2.160 résidaient en France depuis plus de dix années ; 407 étaient nés en France. Le nombre de ces derniers eût été plus considérable si l'on ne se montrait sévère pour les postulants qui, étant nés sur notre territoire, ont excipé de leur extranéité lorsqu'on les appelait au service militaire. — Sur ces 2.524 hommes, 1.401 était marié à des ex-Françaises, 379 à des étrangères ; total, 1.780 mariés contre 744 célibataires.

Avaient moins de 25 ans. 89
De 25 à 30 ans. 426
De 30 à 35 ans. 550
De 35 à 40 ans 448
Avaient plus de 40 ans 1.011

Au point de vue de la condition sociale, on trouve 91 individus vivant exclusivement de leurs revenus, 142 exerçant des professions libérales, 389 industriels ou commerçants établis à leur compte, 324 employés de commerce ou d'administration, 884 ouvriers ayant un métier spécial, sur lesquels 713 sont occupés dans la petite industrie et 171 seulement dans de grandes usines, dans des chantiers ou des mines. Il y a 42 travailleurs agricoles et 61 marins pêcheurs, presque tous des bords de la Méditerranée. Le reste des individus naturalisés (591) n'a pu être classé avec certitude dans une des catégories qui précèdent. — Au point de vue du pays d'origine, si l'on fait abstraction des Alsaciens et des Lorrains annexés qui forment le contingent le plus élevé des naturalisés, on trouve que c'est l'Italie qui donne le chiffre le plus important (563). Viennent ensuite 463 Belges ou Luxembourgeois, 91 Suisses, etc. Il convient d'ajouter immédiatement que la proportion des étrangers fixés en France et qui deviennent Français par voie de déclaration est, au contraire, en faveur des Belges, et cela depuis l'important arrêt rendu par la cour de cassation le 7 décembre 1883. — Si l'on rapproche pour chaque nationalité le nombre des hommes naturalisés de celui des résidants du sexe masculin (statistique de 1886), ce sont les pays de race slave qui donnent la proportion la plus forte, puis successivement l'Autriche-Hongrie, la Grèce, les États scandinaves. Les pays voisins de la France donnent, au contraire, une proportion très faible : la Suisse 2,024 p. 1.000 résidants, la Belgique 1.692 p. 1,000, l'Espagne 0,467 p. 1.000 (21 naturalisations seulement en 1889 sur 44,888 Espagnols résidant en France). Ces résultats, qui paraissent inattendus, s'expliquent d'ailleurs facilement et par plusieurs raisons.

Réintégrations. — La loi du 26 juin 1889 ne paraît pas devoir influer, même indirectement, sur les réintégrations. Cette influence ne s'est du moins pas encore manifestée d'une manière appréciable. Le nombre des individus réintégrés dans la qualité de Français en 1889 est de 3.680. Il avait été de 4.111 en 1887, et de 3.838 en 1888. — Sur les 3.680 réintégrés en 1889, il y a 2.469 femmes. De ces 2.469 femmes 1.401 ayant perdu la qualité de Françaises en épousant un étranger ont été réintégrées lors de la naturalisation de leur mari, 86 après la dissolution du mariage, 524 femmes ont été réintégrées avec leur mari.

Mineurs. — D'après la loi nouvelle, les enfants mineurs des individus naturalisés ou réintégrés deviennent Français. Pour que cette disposition produise son effet, il faut que les parents ou les enfants soient nés en pays étranger. Elle est superflue lorsque les uns et les autres sont nés en France. Aussi le nombre des mineurs devenus Français par la naturalisation ou la réintégration de leurs parents ne s'élève-t-il qu'à environ 2.000 pour le second semestre de 1889, qui compte 1.456 ménages naturalisés ou réintégrés.

Déclarations pour obtenir la qualité de Français. — Déjà sous la législation antérieure certaines catégories d'étrangers pouvaient obtenir la qualité de Français par une simple déclaration. Ces déclarations étaient faites alors devant l'autorité municipale de la résidence des intéressés. Mais, jusqu'à 1888, aucune mesure générale n'avait été prise pour les porter à la connaissance du gouvernement, ni pour en contrôler la régularité. Aussi étaient-elles très souvent faites en dehors des cas prévus par la loi, et les intéressés se croyaient Français alors que cette qualité ne leur eût pas été reconnue par les tribunaux. D'autre part, les individus qui avaient opté pour la nationalité française pouvaient invoquer cette option quand ils y avaient intérêt et la passer sous silence quand ils voulaient se soustraire aux charges qui en résultaient. Les autorités administratives ou judiciaires se trouvaient dans l'impossibilité de faire à l'égard de ces individus la preuve de leur nationalité, lorsque la commune où leur déclaration avait été reçue n'était pas connue. — Pour remédier à ces inconvénients, il fut décidé d'abord, en 1888, qu'on centraliserait au ministère de la justice, où elles seraient classées par ordre alphabétique, toutes les déclarations de nationalité. La loi du 26 juin 1889, en les soumettant, conformément à la proposition du gouvernement, à la formalité obligatoire de l'enregistrement à la chancellerie, vint donner une consécration légale et une sanction efficace aux mesures qui avaient été prises. Pour mieux en assurer l'application, le règlement d'administration publique du 13 août suivant confia le soin de recueillir ces déclarations aux juges de paix, qui sont plus compétents que la majorité des maires en matière juridique, et sur lesquels le contrôle de la chancellerie peut s'exercer plus directement. Le nombre des déclarations acquisitives de la nationalité française devait d'ailleurs diminuer considérablement sous la législation nouvelle puisque, comme on l'a expliqué plus haut, la qualité de Français appartient aujourd'hui de plein droit au plus grand nombre de ceux qui autrefois devaient recourir à une déclaration pour se la procurer. — Le service du sceau a relevé les chiffres suivants : — Déclarations en vue d'obtenir la qualité de Français :

1º Faites devant les maires avant la loi du 26 juin 1889. .   3.971

2º Faites devant les maires depuis la loi, mais avant le décret du 13 août   17

3º Faites devant les juges de paix depuis le décret du 13 août et enregistrées avant le 1er janvier de la présente année . . .   173

Total. 4.161

Si l'on additionne les chiffres relevés ci-dessus (non compris celui des enfants mineurs d'individus naturalisés ou réintégrés), on trouve les totaux suivants :

Devenus Français par décret. 6.623

Devenus Français en vertu de déclarations vérifiées au ministère de la justice 4.161

Total 10.784

Algérie. — La loi du 26 juin 1889 est applicable à l'Algérie. — On évalue à environ 100.000 le nombre des étrangers nés en Algérie et qui habitent actuellement l'une des trois provinces. En vertu de la loi de 1889, leurs enfants nés eux-mêmes en Algérie sont désormais irrévocablement Français. En outre, les enfants d'immigrés entreront de plein droit dans la nationalité française lorsque, nés en Algérie, ils y résideront à leur majorité. Enfin la naturalisation de parents profite maintenant aux enfants mineurs. — Pour le surplus, le sénatus-consulte de 1865 continue de régir la naturalisation des étrangers comme l'admission des indigènes aux droits de citoyen. — En 1867, 1868 et 1869 le nombre des naturalisations algériennes était de 466, de 432 et de 203. De 1867 à 1888, en vingt-deux années, leur nombre total a été de moins de 12.000 (11.750 environ), soit une moyenne de 524 par année. — En 1889 le nombre des naturalisés, en y comprenant 31 indigènes admis au droit de citoyen, est de 1.546 individus sur lesquels 197 femmes. Des 197 femmes naturalisées, 174 l'ont été avec leur mari, 23 isolément. — Sur les 1.318 hommes naturalisés, défalcation faite des indigènes musulmans, 504 appartenaient à l'armée, 814 à la population civile. — Sur les 814 civils, 517 étaient célibataires, 175 étaient nés en Afrique, 639 hors d'Afrique. On comptait 438 Italiens, 104 Espagnols, 38 Maltais. La province de Constantine donne 334 naturalisations, Alger, 281, Oran 199. La proportion est en sens inverse du nombre des étrangers résidant sur le territoire des trois départements. — Les professions exercées par les 814 naturalisés civils se répartissent ainsi :

Agriculture, commerce, industrie.   257

Pêche maritime.   406

Emplois divers.   121

Professions libérales.   12

Propriétaires et rentiers.   18

Total   814

Le quart des indigènes admis aux droits de citoyen appartient aux professions libérales. Le surplus se répartit d'une façon à peu près égale entre les emplois publics, l'armée et l'agriculture ou le commerce.

Tunisie, Indo-Chine et colonies. — Le nombre des naturalisations tunisiennes, de 41 en 1888, a été de 47 en 1889. — L'Indo-Chine a donné, — 10 naturalisations en 1886, — 10 naturalisations en 1887, — 33 naturalisations en 1888, 43 naturalisations en 1889.

Le nombre des naturalisations calédoniennes a été de six. — Dans les colonies où les dispositions des lois de 1867 et de 1889 ont été ou sont applicables, le nombre des affaires de ce genre est trop restreint pour qu'on puisse dresser utilement une statistique spéciale.

TABLE DES ARTICLES DU CODE CIVIL

ET DES LOIS DIVERSES

CODE CIVIL

LOIS DIVERSES

TABLE ALPHABÉTIQUE

———

Les chiffres renvoient aux pages.

Imp. G. Saint-Aubin et Thevenot, Saint-Dizier. 30, passage Verdeau, Paris.

LA FRANCE JUDICIAIRE

REVUE MENSUELLE

DE LÉGISLATION ET DE JURISPRUDENCE

CONTENANT

DES ÉTUDES JURIDIQUES VARIÉES

AINSI QUE LES LOIS ET DÉCISIONS JUDICIAIRES LES PLUS IMPORTANTES ET LES PLUS RÉCENTES

Fondée en 1876 sous le patronage de

MM. G. Bédarrides (C. ✻), président à la Cour de cassation ; — Larombière (G. O. ✻) président à la Cour de cassation, membre de l'Institut ; — E. Glasson (✻), professeur à la Faculté de droit de Paris, membre de l'Institut ; — E. Rousse (✻), ancien bâtonnier de l'Ordre des avocats de Paris, membre de l'Académie française,

ET PUBLIÉES SOUS LA DIRECTION DE

M. Charles CONSTANT

Avocat à la Cour d'appel de Paris, officier d'Académie.

ABONNEMENT ANNUEL : 18 FR. — ÉTRANGER : 20 FR.

Les abonnements partent du 1ᵉʳ janvier.

Imp. G. Saint-Aubin et Thevenot, Saint-Dizier, 30, passage Verdeau, Paris.

www.ingramcontent.com/pod-product-compliance
Lightning Source LLC
Chambersburg PA
CBHW060419200326
41518CB00009B/1407